西部乡村旅游中的人地协同发展研究

李　佳　田　里　著

科学出版社

北　京

内容简介

在巩固拓展脱贫成果同乡村振兴有效衔接的背景下，西部乡村旅游如何让人地两个交互约束的系统实现协同发展，是一个值得探讨和研究的重要课题，是推动乡村旅游高质量发展、实现共同富裕的必然要求。本书共分为四个部分。第一部分以我国欠发达地区为研究对象，构建了欠发达地区旅游与乡村发展耦合协调评价指标体系，分析二者的耦合协调度及其空间差异，探讨相关影响因素；第二部分选择不同类型的西部乡村旅游典型案例地进行实地调研，全面调查其旅游助力乡村发展的情况，总结其旅游助力乡村发展值得推广的做法，比较其乡村旅游发展对农户生计的影响；第三部分评估西部乡村旅游典型案例地的人地协同绩效，明确影响旅游助力乡村发展绩效的主要因素；第四部分基于乡村旅游中人地协同发展的理论阐释，借鉴国内外旅游助力欠发达地区发展的有益经验，结合西部乡村典型案例地的乡村旅游发展实际，提出其人地协同发展的路径，并对未来的研究进行了展望。

本书可供从事乡村旅游、乡村振兴、区域经济的研究、教学和技术人员参考，也可供各级政府的乡村振兴和旅游相关部门参考。

图书在版编目(CIP)数据

西部乡村旅游中的人地协同发展研究 / 李佳，田里著. —北京：科学出版社，2023.2 (2024.3 重印)

ISBN 978-7-03-071477-0

Ⅰ.①西… Ⅱ.①李… ②田… Ⅲ.①乡村旅游–旅游业发展–研究–中国 Ⅳ.①F592.725

中国版本图书馆 CIP 数据核字（2022）第 024149 号

责任编辑：武雯雯 / 责任校对：彭 映
责任印制：罗 科 / 封面设计：义和文创

科 学 出 版 社 出版

北京东黄城根北街16号
邮政编码：100717
http://www.sciencep.com

成都锦瑞印刷有限责任公司 印刷
科学出版社发行 各地新华书店经销

*

2023 年 2 月第 一 版　　开本：787×1092 1/16
2024 年 3 月第二次印刷　　印张：10
字数：238 000

定价：89.00 元

（如有印装质量问题，我社负责调换）

中国博士后科学基金面上资助项目（2016M602727）
中国博士后科学基金特别资助项目（2017T100717）

本书由云南大学社科处"云南大学高端智库建设项目"双一流经费资助出版

作 者 简 介

  李佳，中国科学院地理科学与资源研究所理学博士，云南大学工商管理博士后流动站博士后。曾任北京旅游学会高端旅游研究中心副主任，现为云南大学工商管理与旅游管理学院副教授、硕士研究生导师，先后入选文化和旅游部旅游业青年专家培养计划人选、云南省博士后定向培养资助计划、云南省高层次人才引进计划青年人才，是《旅游学刊》《中国人口·资源与环境》《桂林理工大学学报》等学术期刊审稿专家。主持完成国家社科基金、文化和旅游部旅游业青年专家培养计划课题、中国博士后科学基金面上和特别资助项目、北京市教委社科计划面上项目5项，主持在研国家社科基金一般项目、云南省高层次人才引进计划青年人才项目2项，出版专著2部，发表论文20余篇，其中1部专著获得全国旅游管理博士后优秀成果奖，4篇论文获会议优秀论文奖。

  田里（田卫民），男，云南大学工商管理与旅游管理学院二级教授，博士生导师，博士后合作导师，国家级教学名师，任国家社科基金评委、教育部旅游管理类教指委主任、学位办旅游管理硕士教指委委员、学位办工商管理硕士教指委委员、中国旅游研究院学术委员、中国旅游教育分会副会长、云南省旅游业协会副会长，是中国旅游研究院边境旅游研究基地首席专家、云南省旅游管理创新团队首席专家，担任《旅游学刊》（北京）、《旅游科学》（上海）、《中国旅游研究》（香港）、《旅游研究》（昆明）等学术期刊编委。

前　　言

中国组织实施了脱贫攻坚战,现行标准下农村贫困人口全部脱贫。中共中央总书记、国家主席、中央军委主席习近平 2021 年 2 月 25 日在北京举行的全国脱贫攻坚总结表彰大会上宣布,中国脱贫攻坚战取得了全面胜利,完成了消除绝对贫困的艰巨任务。本书成书较早,书中反映的贫困问题是对过去扶贫、脱贫工作经验、教训的总结,对巩固脱贫成果、接续乡村振兴、实现共同富裕具有一定的借鉴意义。2020 年 12 月 2 日,国务院新闻办公室就防止返贫监测和帮扶工作情况举行新闻发布会。原国务院扶贫开发领导小组办公室副主任欧青平在谈到相对贫困问题时表示:"相对贫困还将伴随着我国社会主义初级阶段长期存在,需要我们继续努力做好有关工作。"中共中央、国务院于 2021 年 3 月下发了《关于实现巩固拓展脱贫攻坚成果同乡村振兴有效衔接的意见》,提出"脱贫摘帽不是终点,而是新生活、新奋斗的起点"。乡村旅游已经在助力脱贫攻坚中发挥了重要作用,相信也一定能在巩固脱贫攻坚成果和推进乡村全面振兴中继续发挥重要作用。

西部乡村是我国脱贫攻坚和乡村振兴的重难点区域。在旅游助力农户脱贫和乡村振兴的背景下,如何让人地两个交互约束的系统实现协同发展,是一个值得探讨和研究的重要课题。在相关研究进展述评的基础上,以下从宏观和微观两个角度切入。在宏观区域层面,以我国欠发达地区为研究对象,构建欠发达地区旅游与乡村发展耦合协调评价指标体系,分析二者的耦合协调度及其空间差异,探讨相关影响因素;在微观案例调研点层面,选择以景区为依托的云南省昆明市轿子山旅游区沿线村落、以传统村落为依托的中国芦笙舞艺术之乡贵州省雷山县南猛村等西部地区不同类型的乡村旅游典型案例地进行实地调研。全面调查和搜集其旅游助力乡村发展的主要方法、模式,以及其中的人地关系状态,评估不同类型区的人地协同绩效,结合国内外乡村旅游助力乡村发展的有益经验,提出西部乡村旅游中人地协同发展的路径,以巩固脱贫成果,助推乡村振兴,实现共同富裕。

本书的主要结论有以下几点。

第一,人地协同发展是西部乡村旅游稳定脱贫的关键所在。在旅游产业优势比较突出的西部乡村,通过旅游产业涉入改善村民的生计方式,通过人地两个交互约束系统的高效协同来提高旅游助推乡村发展政策措施的绩效,有望构建起新型人地关系。

第二,欠发达地区旅游与乡村发展协调互促是高质量发展的内在要求。中国欠发达地区可分为严重失调旅游滞后型、轻度失调乡村发展滞后型、轻度失调旅游滞后型、勉强协调乡村发展滞后型、勉强协调旅游滞后型、中级协调乡村发展滞后型、中级协调旅游滞后型 7 种类型。欠发达地区旅游与乡村发展的耦合协调度较好但空间差异较大,且没有良好以上协调的省(区、市)。失调的主要是深度欠发达地区、西北民族地区和边疆地区。中国欠发达地区旅游发展水平的区域差异大于乡村发展水平,说明旅游系统与乡村发展系统相比具有更大的发展灵活性,是旅游与乡村发展耦合协调的关键。

第三，乡村旅游发展模式差异会对农户的生计产生不同影响。西部乡村不同旅游发展模式的村落精准施策不同。云南轿子山景区沿线村落实施农家乐扶持项目，进行有重点的"雁阵引领"；贵州南猛村则根据村民的能力和兴趣，成立多渠道参与的乡村旅游合作社来培育内生发展能力；不同旅游发展模式农户的生计策略选择不同，景区依托型云南轿子山景区沿线村落旅游主导型农户的占比多于旅游兼营型农户，传统文化村落贵州南猛村还只有旅游兼营型农户而没有旅游主导型农户。不同旅游发展模式对低收入农户的吸纳能力不同，景区依托型村落的农家乐扶持项目受地理区位、住房面积和劳动力等因素制约较大，其农户参与旅游的村落少于加入共济乡村旅游合作社模式的传统村落。农户的生计资本仍然有限，旅游参与型农户的生计资本相对较好，在精准帮扶影响下，除社会资本外，传统务农型农户多种生计资本欠缺。

第四，西部乡村的旅游发展取得一定成效但还需深入人地协同。旅游开发较早的云南轿子山景区沿线村落的个体绩效高于贵州南猛村，发挥出景区旅游经济增长对交通沿线村落增收富民的带动效应；贵州南猛村的区域绩效高于云南轿子山景区沿线村落，体现了更强的旅游经济增长对村民的包容性和乡村振兴潜力。影响乡村旅游绩效的主要因素包括：区域经济社会发展程度与帮扶治理力度、区域旅游开发水平与带动能力、村民的参与渠道设置与门槛高低。本书调研的西部两种不同类型的民族村落均还需通过人地的高效协同来进一步提升其旅游发展绩效。

第五，西部乡村已有多元主体的乡村旅游创新实践。脱贫攻坚的决胜时期，在我国西部乡村的旅游开发中涌现出了公益组织、民营企业集团、高校专家团队等社会力量。中国扶贫基金会于2013年发起乡村旅游创新公益项目——百美村宿项目，该项目以民宿改造和运营管理为主，探索"乡村旅游+"模式。民营企业万达集团于2014年响应国家"万企帮万村"政策号召，选贵州丹寨县建设旅游小镇。高校专家成立的小云助贫中心在云南省西双版纳傣族自治州勐腊县河边村通过"政府+公益+农户"的参与式发展模式，充当政府的"智囊团"，引导政府有针对性地投入，将社区需求与政府政策、项目、规划相结合。

第六，西部乡村旅游开发中人地协同发展的实现路径基本明确。①多元主体协同。通过多元化的参与主体，加大社会网络支持度，提升农户的社会资本。②多方资金协同。在旅游开发中，需引导更多的社会资本参与乡村旅游投资，补齐农户金融、物质等生计资本的短板。③社区农户协同。培育乡村旅游发展的人力资本，构建稳定脱贫、乡村振兴的内生能力。④地域产业协同。用好当地特色资源资本，发展乡村文旅产业，做强旅游经济，促进农户生计的多样化。⑤地域环境协同。保护村落的自然、文化等资源资本，改善人居和旅游环境，完善基础和旅游设施，提升公共和旅游服务能力。⑥制度管理协同。西部乡村旅游应探索制度化的长效机制，实施制度化管理。

上述研究工作的意义在于：①将"旅游助力西部乡村发展"与"人地协同发展"研究有机相连，从学理上夯实旅游助推共同富裕的理论基础，丰富和完善具有中国特色的乡村旅游理论体系，为国家实现巩固拓展脱贫成果同乡村振兴有效衔接目标提供理论依据。②紧扣"人地协同发展"这一主题，通过理论梳理、现状把握、实证分析、比较借鉴、调控对策等几大板块的系统研究，为西部乡村地区各级党委和政府借助"人地协同发展"这一先进理论，建设富美乡村、巩固脱贫成果、实现乡村振兴和共同富裕提供案例支撑、数据支持和决策参考。

本书的创新性主要体现在：①首次开展了中国欠发达地区旅游与乡村发展的耦合协调度和空间差异分析。②在旅游对村民的生计影响方面，进行了西部两种不同类型乡村的对比分析。③率先将人地关系地域系统理论和区域经济系统协同发展理论引入乡村旅游与乡村振兴研究，开展人地协同绩效评价，明确了西部乡村旅游中人地协同发展的路径。

目　　录

第1章 绪 论

1.1 研究背景与意义

1.1.1 研究背景

1. 西部乡村是我国乡村全面振兴的难点

中国是农业大国,也是农民大国。建设富美乡村,实现乡村振兴和城乡协调发展是我国政府的长期目标。随着工业化和城镇化快速推进,农村人口大量向城镇特别是大城市转移,导致农村空心化现象日益严重,并逐渐从人口空心化演化为人口、土地、技术、产业、服务、文化和公共设施整体空心化,一些农村经济社会陷入整体性衰落与凋敝,尤其是相对落后的西部地区农村更甚(刘彦随等,2016)。党的十九大作出中国特色社会主义已经进入新时代的科学论断,我国的主要矛盾已经发生变化且在乡村表现得最为突出。西部乡村生态脆弱、区位偏远、设施不足、经济社会发展滞后、文化多样性突出、旅游资源富集、人地协同可持续发展机制欠缺(刘小鹏和苏晓芳,2014)。脱贫攻坚和乡村振兴作为"国家意志",是我国"三农"工作的主要抓手和实现全体人民共同富裕的标志性目标。中国已经打赢了脱贫攻坚战,现行标准下农村贫困人口全部脱贫。然而,不同于相对发达地区乡村直接向乡村振兴聚焦发力,欠发达的西部乡村在开启全面建设社会主义现代化国家新征程的关键期,同时面临着巩固脱贫成果和乡村振兴两大历史任务,是我国乡村全面振兴的难点所在。

2. 旅游是西部乡村人地协同发展的重要抓手

贫困是某一地区在多种因素制约下人地关系长期互动的结果。在全面建成小康社会的关键期,党中央、国务院把旅游确定为脱贫攻坚的重点工作。文化和旅游部、国家乡村振兴局等相关部委日益加强深度合作。2014年底,全国6130个村被列入旅游扶贫重点村,2015年560个村开展旅游扶贫试点,并将旅游扶贫列入精准扶贫十大工程之一。积极探索具有示范和推广价值的旅游助力脱贫经验、道路及模式,是明确这些重点村和试点的应有之义。乡村旅游扶贫的本质是通过旅游业改善村民的生计方式,建构新型人地关系(李燕琴,2018)。我国不少文化原真性和生态多样性突出、经济社会发展滞后且内生能力不足的西部乡村通过旅游扶贫消灭了绝对贫困,但仍是我国欠发达地区。西部乡村旅游发展面临人财等要素资源短缺、硬件设施建设滞后、产品创意品位不足、管理服务不够规范、产业质量效益欠佳、社会文化和生态风险突显、发展不平衡不充分、脱贫成效难以巩固、与乡村振兴衔接不畅等问题。其旅游发展与乡村振兴有效衔接的关键在于科学构建乡村旅游中的人地协同发展机制,以实现由脱贫向更高层次的振兴转变。在巩固拓展脱贫成果同乡村振兴有效衔接的背景下,西部乡村旅游如何让人地两个交互约束的系统实现协同发展,是一个值得探讨和研究的重要课题，是推动乡村旅游高质量发展，实现共同富裕的必然要求。

1.1.2　研究意义

1. 理论意义

本书将"乡村旅游"与"人地协同发展"研究有机相连，多层面、多维度地剖析两者之间的内在联系；通过构建西部乡村旅游中人地协同发展的理论分析框架，定性、定量分析人地协同发展的障碍性因素和约束条件，深刻认识和准确把握人地关系协同发展的内涵、特征、要素、作用机理和实现路径。从个体-区域协同发展的视角测算旅游助力西部乡村发展绩效，不仅注重外部多元帮扶，也强调内部自我发展能力的构建；不仅关系到区域旅游经济的协调可持续发展，也关系到旅游已然成为当地农户的新生计之后这一新生计的可持续性。考察西部乡村旅游中的个体-区域协同发展要素和过程，测算旅游助力乡村发展的"贡献"，明确各利益主体的责任和激发各自潜力，从而实现人地协同发展，进一步夯实旅游助力乡村发展的理论基础，丰富和完善中国特色的乡村旅游与乡村振兴理论体系。

2. 现实意义

为实现我国乡村振兴的总体目标，践行"创新、协调、绿色、开放、共享"新发展理念，需要依据西部乡村的人地关系现状、人地协同可持续发展潜力制定应对策略。本书紧扣西部乡村旅游中的人地协同发展这一主题，通过理论梳理、现状把握、实证分析、比较借鉴、调控对策等几大板块的系统研究，坚持统筹发展，突破传统思维，从人地协同发展的视角分析西部乡村旅游中人地协同发展的要素与结构、特性与演化、作用与机制、协调与优化，为西部地区各级党委和政府借助人地协同发展这一先进理论建设富美乡村、推进共同富裕提供案例支撑、数据支持和决策参考，为实现巩固拓展脱贫攻坚成果同乡村振兴有效衔接的目标提供有益借鉴。

1.2　研究进展与述评

早在 1996 年旅游助力欠发达地区发展研究就成了国家旅游局的重要调研议题，并成为我国旅游学界和业界的关注点，并由此经历了起步、初步发展、快速发展三个阶段(李佳等，2009a)。现阶段已批准建立了六盘山、内蒙古阿尔山、河北阜平、江西赣州和吉安5 个国家旅游发展试验区。1999 年 4 月，英国国际发展局提出了 PPT(Pro-Poor Tourism)的概念，使旅游助力发展成为世界旅游研究的中心议题之一，并在尼泊尔等 6 个国家(4个非洲国家、1 个亚洲国家和 1 个拉丁美洲国家)开展了一系列 PPT 个案研究，形成了一系列 PPT 项目报告(Poultney and Spenceley，2001；Karin and Jurgens，2001；Naomi，2001；Nicanor，2001；Williams et al.，2001；Braman and Amazonia，2001；Renard，2001；Cattarinich，2001)。2002 年 8 月，世界旅游组织和联合国贸易与发展会议首次提出 ST-EP 这一概念。ST-EP 在 PPT 的基础上，进一步强调旅游的可持续性，因为只有旅游产业可持续发展才能实现低收入人口的持续旅游受益。

1.2.1 主要研究内容

1. 欠发达地区旅游发展的资源基础

我国中西部民族欠发达地区、乡村地区和生态旅游资源富集区存在叠加性(肖胜和，1997；马忠玉，2001；荣金凤等，2007；王兆峰，2011)。中国的欠发达地区多为文化或地理边疆的民族地区(李燕琴和束晟，2015)。民族地区是涵盖地域文化、建筑节庆、民族传统生计等自然和人文要素的民族聚居区(高永久和朱军，2009)，是人类千百年来在一定的自然地理生态环境基础上生产生活所形成的具有经济、文化、社会特征的人地关系地域系统(崔海洋，2009)。民族地区，尤其是西南民族地区是我国新时期巩固脱贫工作的重中之重(刘南勇，2012)。西南民族欠发达地区呈现生态脆弱地区、民族自治地区和省界或边境地区"三重耦合"的空间特征，云贵川的边界地带是欠发达重灾(度)区(向玲凛等，2013)。西南民族农村收入严重不平等，低收入问题严峻，基础设施薄弱，公共品匮乏，贫富分化明显，农户抗风险能力弱。土地、人力资本、生产资本和民族特征的差异是造成收入不平等的主要因素，耕地和物资匮乏、民族特征是主要致贫因素(杨栋会，2009)。西南民族地区是我国地震、干旱、滑坡、泥石流、洪灾、低温冷害等自然灾害频发地带，自然灾害是西南民族地区农民脱贫增收的主要制约因素(庄天慧等，2010)。在市场经济中的边缘地位、地方性文化与主流发展话语不相容是西南民族地区久扶不脱贫问题的两个关键因素(杨小柳，2010)。西南民族地区的教育、医疗卫生、社会保障等社会方面的发展滞后于其经济发展，未来的脱贫政策应注重向社会公共服务保障和脱贫项目的目标瞄准(向玲凛和邓翔，2014)。旅游业发展促进了民族地区人地关系的变迁，带来了社区重构(Li et al.，2016)。民族地区旅游与区域发展是一个有机整体(曾本祥，2006)。

脆弱的生态环境和丰富的生态旅游资源，使旅游成了民族欠发达地区居民的重要生计选择，当地民族生计方式在旅游发展的过程中发生变迁(Donaldson，2007；Liet al.，2016)。旅游生计方式为民族地区发展带来了就业机会增多、经济收入增加、妇女地位提高、民族意识增强等积极效应(Yang and Geoffrey，2009)。然而，旅游发展背景下民族地区居民生计变迁会造成社会结构破坏(左冰，2016)、相关利益群体间冲突(Matthew and Harold，2000)、过度商业化(保继刚和林敏慧，2014)、民族语言消失(刘宏宇和李琰，2011)、旅游社会——生态系统脆弱(陈佳等，2015)等问题。研究表明，旅游多功能发展能降低生计脆弱性，提升可持续生计资本(史玉丁和李建军，2018)。

国际上的旅游助力欠发达地区发展研究主要集中在自然旅游资源丰富的发展中国家(Spenceley et al.，2010；Job and Paesler，2013；Kiernan，2013)、文化遗产旅游地(Poyya，2003；Hampton，2005；Suntikul et al.，2009)和乡村农业旅游地(Torres and Momsen，2004；Rogerson，2012；Pillay and Rogerson，2013；Rid et al.，2014)。

2.旅游助力欠发达地区发展的效应

从经济效应看，旅游能提高社区居民从业和收入机会，促进收入增加，优化地区产业结构(蔡雄和连漪，1997；Ashley et al.，2000；张伟，2005；张遵东和章立峰，2011)。但也可能由于外来资本占据了本地的大部分旅游市场，旅游漏损严重，存在经济风险与限制（Taylor，2001；刘筱筱，2006；张小利，2007；Scheyvens and Russell，2012）。此外，旅游对当地群体的影响并不均衡，高收入群体旅游获利高于低收入群体（Blake et al.，2008），如在南非 Meander 地区，黑人社区的旅游受益十分有限（Rogerson，2012）。

从非经济效应看，旅游发展优化欠发达地区的社会文化环境和社会文化制度（Wall，1996；冯灿飞，2006）促进就业（Mitchell and Ashley，2009）、性别平等（Scheyvens and Russell，2012）、教育与文化传播（Ashley et al.，2001）、中小微企业发展（Rogerson，2012）以及跨产业部门的合作（Meyer，2004），但也可能导致贫富差距增大、犯罪率上升、社会文化冲突加剧、地方民俗文化商品化和同化等社会文化问题（Gurung，1991；Zurick，1992；Nicholson，1997；刘筱筱，2006）。随着旅游活动的深入开展，旅游对民族文化的影响越来越大（向延平，2011）。旅游开发能促进自然生态保护（良警宇，2005；陈巧等，2006；常慧丽，2007；Saarinen，2010）。国际上的研究同样发现，PPT 的非经济效应也很显著，如交通、健康、卫生的改善及当地人素质的提高（Lepp，2007；Muchapondwa and Stage，2013；Hadi et al.，2013），并深入分析了影响旅游助力脱贫效果，发现年龄、第二语言、旅游线路的控制程度等是影响旅游从业的重要因素（León，2007）。

3.旅游精准扶贫

改革开放以来，我国农村扶贫经历了农村经济体制改革为主、贫困县瞄准为重点、区域和个体双重扶贫瞄准等阶段性演进历程。精准扶贫是我国全面建成小康社会关键期的新机制。其目标在于精准识别、帮扶、管理和考核，优化配置扶贫资源，实现扶贫到村到户，建档立卡与信息化建设、干部驻村帮扶工作制度和精准考核机制的建立等是其重点工作（黄承伟和覃志敏，2015）。新时期中国农村亟须创新精准扶贫机制，推进精准扶贫综合战略和"六度"评估（刘彦随等，2016）。实践中存在精准识别可能排斥低收入人口，帮扶供需尚未最优匹配，资源动员非制度化，社会力量参与不足（黄承伟和覃志敏，2015），农户对互助资金借贷率不高（丁昭等，2014）等多种排斥问题（邓维杰，2014）。关于原因，学者们认为在于信息不对称（陈准，2011），瞄准机制和识别系统不统一（汪三贵和 Albert Park，2010），农户参与方法和福利测量方法存在认知差异（杨龙等，2015），财政扶贫项目精英俘获（邢成举和李小云，2013），我国农村社会网络封闭性和内部化、传统的规范认同失效和社会信任度弱化等（李玉恒等，2016）。关于扶贫瞄准方法，学者们总结了自我、个体、指标、社区等扶贫瞄准方法（罗江月和唐丽霞，2014），以及基于生计资本的"指标打分分类法"与"二元检索分类法"等分类方法（邓维杰，2013）。关于精准扶贫的路径与对策，学者们提出了立足实际需要，关注扶贫资金的投向和扶贫效果，继续加强技术培训和基础设施建设，重点解决教育、医疗和公共服务领域的问题（汪三贵等，2004）；提倡社会参与，发挥低收入群体的主观能动性（徐俊，2012）；建立参与式扶贫机制，加强瞄准的主体和对象互动，自下而上发现和解决问题（叶初升和邹欣，2012）；建立瞄准机制、采取靶向疗法、健全制度体系（张笑芸和唐燕，2014）；利用好财政金融政策、针对低收入群体开展技能培训、健全扶贫绩效考核奖惩机制（全承相等，2015）；加大建设扶贫基层队伍，注重整合资金和权责到县，构建精准识别和动态监测体系，突出产业扶贫和解决劳务输出，试点先行，实现个体和区域协同发展(杨园园等,2016);着眼于区域转型发展过程来着力破解欠发达问题,进一步完善精准扶贫的区域政策体系、产业政策体系、土地政策体系,着力建立和完善以区域发展助推农户脱贫解困的传导机制等(李裕瑞等,2016)。同时,学者们还对扶贫发展基金(陈前恒,2011)、贵州省民族地区乡级扶贫瞄准绩效(刘流,2010)、四川凉山彝族自治州减贫效率与财政扶贫的资金投入(崔楚和郭佩霞,2011)、广东省连南瑶族自治县"双到"的扶贫瞄准机制(于敏等,2012)、陕西省丹凤县政策推进精准扶贫的典型案例(周民良,2014)、辽宁省全面进行建档立卡动态管理的经验(沈新忠,2014)、安徽省蒙城县推行的精准扶贫"四五六"做法(何士荣,2014)等进行了精准扶贫个案研究。截至2020年,专门针对旅游扶贫重点村的"到村到户"旅游精准扶贫研究较少。

旅游精准扶贫方面,国外已有一些好的做法。如南非通过负责任旅游、扶贫计划、促进旅游公平贸易、激励旅游扶贫企业、创建旅游扶贫试验区等措施,保障低收入群体在旅游发展中的权利和受益(Spenceley et al.,2010)。澳大利亚在经济欠发达的土著地区,采取动员自筹旅游发展资金,依据差异给予不同的补助,加强与金融企业合作给予贷款优惠,鼓励当地土著人联合开发经营旅游业(张川杜,2000)。英国国际发展局于1999年提出了PPT的概念,随后与各国政府、各种基金、非政府组织、旅游企业和研究机构联合在非洲、亚洲、南美洲和拉丁美洲的十余个国家和地区开展了一系列 PPT 项目研究(王铁和李梅,2007),通过明确政府、低收入群体、私营部门、当地社团等参与主体的角色(Ashley and Roe,2002),针对低收入群体参与旅游的障碍提出针对性措施(Ashley et al.,2001),协调各方利益,增加低收入群体在旅游发展中的净收益。在国内,邓小海(2015a)基于系统理论、循环积累因果关系理论、科学发展观理论、比较理论和社会资本理论,结合国内外旅游扶贫精准实践,以乌蒙山片区为例,从旅游精准扶贫识别(前提)、旅游精准帮扶(关键)、旅游精准扶贫管理(保障)探讨了旅游精准扶贫的动态有机系统。另有学者探讨了旅游精准扶贫的实践模式(桂拉旦和唐唯,2016)、地区实施途径(何茜灵和宋亮凯,2015)等。

4. 政府的作用

许多研究者认为,在欠发达地区发展旅游业,政府和旅游部门应起主导作用,具体体现在协商沟通、优惠政策、鼓励私人业主参与、鼓励旅游业进入欠发达地区、促进扶贫企业和产品进入国内市场等方面(Bennett et al.,1999;曹新向和丁圣彦,2003;姬丹,2007)。在国外PPT实践中,政府主要通过法规建设、制定政策、建立基金、制度设计等,保证社区居民的合法利益,扶持当地旅游企业的发展,建立社区居民与市场的伙伴关系,为社区居民提供培训和信息(王铁和李梅,2007)。在旅游发展初期阶段、发展阶段和成熟阶段等不同时期,政府要分别担当开拓者和推动者、规范者和协调者、服务者等不同角色(李燕琴,2011)。

5. 欠发达地区旅游发展思路与模式

有学者从政府、旅游发展资金、旅游扶贫试验区建设、基础设施、本地产业链构建、旅游形象与营销、利于本地人参与的旅游形式、旅游与其他扶贫相结合等方面提出了欠发达地区旅游发展的战略思路(王波,2003;王颖,2006)。

学者们归纳的有益的欠发达地区旅游发展模式主要有：政府主导、政企合作、产业联动、亦农亦旅、项目推动、大区带动、景区帮扶、城企相助、异地安置、先富助贫、整体租赁、旅游扶贫试验区、立体化旅游扶贫、网络复合治理、村民合资型、"1+1"结对式、"接力"式、地方自主开发型、政府扶持国际援助型等(蔡雄和程道品，1999；李国平，2004；蒋长春，2005；王颖，2006；龙茂兴，2006；游佩媛，2006；姬丹，2007；何玲姬等，2007；李佳等，2009b)。

6. 旅游助力欠发达地区发展的机制

主要有"三农"利益保障机制、旅游扶贫联动运行机制、协同机制、社区居民受益机制、动力机制、扶贫旅游发展机制、长效机制、社区参与机制等(梁明珠，2004；朱晶晶等，2005；赵世钊和吕宛青，2005；王永莉，2007；王丽，2008；李佳，2010；范俊等，2011；曹务坤等，2014)。

7. 社区居民参与和获益

国内外学者研究了社区居民参与旅游的作用(周歆红，2002；王波，2003；邱云美，2004；丁焕峰，2006)，社区居民参与存在缺少金融资本、人力资本、土地等自然资源的所有权和使用权受到限制，以及可进入性差等障碍(Ashley et al.，2001)。还有学者研究了社区居民参与类型和程度(Bramwell and Sharman，1999；Matthew and Harold，2000；Slinger，2000；Pratiwi，2000；李佳等，2009c)，指出社区居民主要的参与和获利方式是非正式部门的经营活动(Wilkinson and Pratiwi，1995)，援助组织可对其提供贷款、培训、市场营销等帮助。非正式部门应通过建立协会组织、经营正式部门的补充产品等措施来增加其发展能力(Adama and Harold，2003)。旅游地居民参与旅游的规模、程度、方式会随着旅游发展而变化(Dehra Dun，1995；Wilkinson and Pratiwi，1995；Nicholson，1997；Shah，2000)。社区居民受益的途径主要有：提高经济利益、提高非经济利益、提高进入旅游市场的能力、政策改革(Ashley et al.，2001；张伟和张建春，2005)。旅游收益分配因居民的资产、能力、政治联系和社会关系的不同而不同(Shah，2000；Naomi，2001；Kareithi，2003)。

8. 利益相关者的合作

PPT的实践表明，不同利益主体合作能促进社区居民对市场的进入性(Adama and Harold，2003；Meyer，2004)。然而文化的差异性会限制不同主体之间的合作(张伟和张建春，2005)。

9. 存在的不足和问题

主要包括认识不到位、忽视社区居民利益、没有形成投入机制、缺乏人才、多头管理、纪念品无特色、产品缺乏参与性、宣传促销不足和发展不可持续等方面(高舜礼，1997；周歆红，2002)。针对上述问题，学者们也提出了更新观念、优化措施和战略、创新经营管理体制等对策(张伟，2005；李燕琴，2011)。

10. 其他专题研究

还有学者对 PPT 案例区的实施方法、私人旅游业主 PPT 实施的成本和效益、国家旅游形象对旅游发展和扶贫的影响、旅游标准和认证体系给社区居民的消极影响、现行旅游统计方法和数据的限制、PPT 研究的局限性、旅游扶贫中的女性、旅游扶贫信息网络建设、旅游投融资等问题进行了专题研究（Ashley，2003；Holland et al.，2003；Roe and Harris，2003；Roe et al.，2004；陈勇和徐小燕，2005；王铁，2007；范向丽等，2007；Spenceley et al.，2010）。

1.2.2　主要研究方法

1. 国外主要研究方法

国外主要依托在尼泊尔、南非、乌干达、印度等国家的 PPT 项目进行案例研究，成果多为项目报告，主要内容包括 PPT 战略方案、对社区居民的影响、影响 PPT 效果的重点问题等，并从中总结教训，识别可用于其他地方的有益经验。此外，国外关于旅游对于扶贫的经济、社会与环境效应的定量评价也日益增多，涉及地区经济发展、扶贫旅游项目、当地环境保护、可持续生活质量以及企业社会责任等多个方面，并逐步聚集于经济影响。如有学者通过建立同时考虑旅游乘数效应及其在富有和低收入家庭之间的分配效应的一般均衡模型，定量研究了旅游的经济影响和分配影响。结果表明，旅游对所有群体都有积极影响，但最低收入家庭获益明显少于高收入群体（Blake et al.，2008）。也有学者比较了斐济的大规模旅游企业与小规模旅游企业在扶贫方面的影响，结果表明两种企业都有正面影响，但当国家鼓励大型外资企业进驻投资管理时，本地企业得到的支持会减少（Scheyvens and Russell，2012）。也有学者运用价值链衡量旅游目的地或企业对扶贫的影响，以识别为社区居民提供旅游收益的机会或企业的投入与发展机会（Mitchell，2012；Rogerson，2012）。

2. 国内主要研究方法

国内的研究成果主要集中于对旅游助力欠发达地区发展的战略、思路和对策等定性描述和对旅游扶贫的含义、理论基础等概念分析。定量研究主要集中于对旅游助力欠发达地区发展的经济效应、欠发达地区旅游资源的统计、通过问卷调查和访谈进行数理统计、旅游扶贫模式对比、旅游扶贫效应时间对比、运用经济学模型证明旅游对地区经济的贡献等（李国平，2004；郭为等，2004；赵小芸，2004；张伟，2005；游佩媛，2006；澹丰霞，2006；何玲姬等，2007；常慧丽，2007；张小利，2007）。

1.2.3　研究述评

综上所述，旅游助力欠发达地区发展的问题受到了国内外学者的较大关注，取得了重要研究进展和一系列研究成果。但总的来看，国内研究的视野和研究方法落后于国外。关于欠发达地区旅游经济差异的测度，旅游发展对欠发达地区居民的影响，影响欠发达地区居民旅游受益的因素，欠发达地区居民的特点及其参与旅游的特征、类型、程度及障碍，欠发达地区相关利益主体对旅游发展的影响和作用，欠发达地区旅游发展的范围、深度、持续性的评判体系，欠发达地区旅游助推乡村振兴的机制创新等问题都尚待深入研究。

从研究方法来看，虽然国际和国内都已经出现了由定性转向定量研究的趋势，但国内研究还是以定性研究为主，定量方法相对较少，主要为旅游区域经济效应分析。罕有通过旅游助力欠发达地区发展的效果评估或旅游价值链分析考察旅游对社区居民的实际影响的量化研究成果。

总的来看，国内相关研究存在一定的独特性和滞后性。与国外相比，国内研究主要关注经济效应，对政治和人力因素关注不够，忽视了以"人"为中心的人地关系的重要性，及其引发的社会文化、生计变迁和人口发展效应、人地关系地域系统变化、旅游可持续发展的作用与调控机制、旅游对民族传统文化保护和传承的最优模式。具体情况见表 1-1。

表 1-1   国内外旅游助力欠发达地区发展研究对比

主要差异	国内	国外
研究对象	中国西南和西北地区少数民族聚集地的区域性分析较多，研究角度较为中观	特定的联盟、部落、民族社区、城市跨种族社区，研究角度较为微观
理论基础	多从旅游学、人类学的角度研究，结合国外理论基础和自身特色，也形成了差序格局理论	从民族人类学、社会学、心理学、政治学和文化地理学等角度研究，以主客关系理论、旅游感知理论、可持续生计理论、旅游恢复力理论为主
研究内容	从发展的角度讨论中观民族地区的发展规划、主客文化冲突、旅游影响、社区演变特征等	从人文的角度讨论特定微观民族社区的主客关系、文化原真性、相关利益群体、旅游效应与恢复力、抵抗力和可持续生计
研究方法	多基于统计数据、实地调研数据和卫星影像数据等多元数据，进行相关数理模型评价	多运用社会学、心理学和政治经济学的理论和方法进行定性分析，或运用基于社会交换理论的框架模型和结构方程模型等进行定量分析

未来旅游助力欠发达地区发展研究应重点关注"人地关系"，加强对于基础因子关联性、时空演化规律、耦合互动关系、要素作用机理等方面的系统性理论研究。重点分析旅游助力欠发达地区发展中的人地关系地域系统变化、旅游助力欠发达地区发展的作用过程和机制、旅游助力欠发达地区发展效应与优化管理等主题，从"人"的角度研究旅游生计脆弱性与变迁、旅游利益相关者合作；从"地"的角度研究旅游资源资产评估、产权界定及利益分配方式，重点分析旅游发展中的欠发达地区的人地地域系统演化过程和变化特征，建立旅游助力欠发达地区发展的结构—过程—机制的理论体系，形成具有中国特色的旅游助力欠发达地区发展的理论体系，进一步运用包容性增长理论、可持续生计理论、区域协调发展理论、价值链理论、社区参与理论和利益相关者理论等经济学、管理学、地理学、民族学等多学科理论，夯实理论基础。对欠发达地区旅游与乡村的协同发展、旅游发展对低收入群体生计的影响评估、旅游助力欠发达地区发展绩效评估体系、乡村旅游重点村的发展模式比较、旅游助力欠发达地区发展的问题与实现路径等尚待深入研究。

1.3　研究目标与调查点选择

1.3.1　研究目标

以精准扶贫、乡村振兴、城乡协调、共同富裕为根本目标，以人地关系地域系统理论、区域经济系统协同发展理论、不平衡增长理论、包容性增长理论、可持续旅游理论、旅游乘数理论、社区参与理论、利益相关者理论、科学发展观、精准扶贫战略思想等为指导，选择西部乡村的人地协同可持续发展为出发点，进行西部乡村旅游中人地协同发展的理论阐释和机理探讨。在掌握新时期中国农村发展现状的基础上，全面分析中国欠发达地区旅游与乡村发展的耦合协调度和空间差异；实地调查掌握西部乡村代表性案例区乡村旅游发展中的人地关系状态等第一手数据资料，明确不同类型案例区乡村旅游发展中的人地关系的特征；归纳提炼西部乡村旅游中人地协同的影响因素，建立人地协同的乡村旅游绩效评价量表，明确人地协同的乡村旅游绩效评价方法，全面测算案例区的乡村旅游助力人地协同发展绩效；分析西部乡村旅游业与传统产业的共生与冲突关系，发展可持续生计分析框架，揭示旅游生计转型的影响；借鉴有益经验，结合西部乡村实际，深刻认识和准确把握乡村旅游中人地协同发展的路径，从学理上丰富和完善乡村旅游的理论体系，为其他同类研究的开展提供范式，也为各级政府开展乡村旅游巩固拓展脱贫成果同乡村振兴有效衔接调研提供技术支持和参考依据。

1.3.2　案例区的选择

对典型地区深入细致的剖析是科学研究的重要途径，也是旅游地理学研究的重要方法之一。从宏观区域层面，本书以《中国农村贫困监测报告 2017》中所统计的贫困地区[①]22个省(区、市)为研究对象，在构建欠发达地区旅游与乡村发展耦合协调评价指标体系的基础上，分析二者的耦合协调度及其空间差异，探讨旅游与乡村发展耦合协调度空间差异的影响因素和协同发展策略。

从中观区域层面，本书选择云贵民族地区为研究区，其原因是云贵民族地区是我国乡村全面振兴的重难点区域。按国家农村贫困标准测算，至 2016 年，全国仅贵州和云南 2省属于贫困人口和贫困发生率双高区，是我国贫困面最广、贫困程度最深、脱贫难度最大的地区(详见章节 2.1.1)。中国集中连片贫困多发于民族地区(李燕琴和束晟，2015)。民族八省区的贫困发生率普遍高于全国平均水平。如《中国农村贫困监测报告 2017》显示，2016 年民族八省区的贫困发生率就高于全国 4.9 个百分点。作为新十年扶贫攻坚主战场的14 个连片特困地区主要集中于西部地区(9 个)，11 个片区分布于民族自治地方，7 个涉及西南民族地区，4 个(包括四省涉藏州县、乌蒙山区、滇西边境山区、滇桂黔石漠化区)涉及云贵民族地区；在当时调整的 592 个国家扶贫开发工作重点县中，民族自治地方县有

---

① 包括集中连片特困地区和片区外的国家扶贫开发工作重点县，共 832 个县。其中集中连片特困地区覆盖 680 个县，国家扶贫开发工作重点县共计 592 个，集中连片特困地区包含 440 个国家扶贫开发工作重点县。

263 个，占 44.4%，其中，西南地区民族自治县有 112 个，占 42.6%，仅云贵地区民族自治县就有 87 个，占其国家扶贫开发重点县的 70.73%(表 1-2)。向玲凛等(2013)对西南 4 省 110 个民族贫困县进行空间差异分析发现，云贵民族贫困县的贫困程度深于川渝。对欠发达地区旅游与乡村发展的耦合协调度进行分析发现，云南和贵州属于勉强协调乡村发展滞后型，表明在云南和贵州的乡村发展过程中旅游发挥了较大的功效，但乡村建设滞后于旅游发展，是需进一步挖掘旅游助力乡村发展的区域(详见章节 2.2)。

表 1-2　云贵民族贫困地区(2016 年)

地区	涉及的连片特困地区	国家扶贫开发重点县个数/个	民族贫困县个数/个
贵州	滇贵黔石漠化区、乌蒙山区	50	36
云南	滇贵黔石漠化区、乌蒙山区、四省涉藏州县、滇西边境山区	73	51

基于此，从微观案例调研点层面，本书选择以景区为依托的云南省昆明市轿子山旅游开发试验示范区沿线村落、以传统村落为依托的中国芦笙舞艺术之乡——贵州省雷山县南猛村(首批乡村旅游试点村)等不同类型的典型案例地进行实地调研。全面调查和搜集其旅游助力乡村发展的主要方法、模式，以及乡村旅游发展中的人地关系状态，评估不同类型区的乡村旅游中的人地协同绩效，探讨旅游助力乡村人地协同发展的机制。

1.4　研究方法与技术路线

1.4.1　主要研究方法

选用适宜的研究方法是研究成功的关键所在。本书研究主要采用实地调查和资料查询相结合、机理探讨和定量评价相结合等方法，以旅游学为基础，以工商管理、资源科学、经济学、民族学等作为学科的方法和手段进行综合集成，从而实现项目的科学研究目标。在具体研究方法上，体现以下特点：对"西部乡村旅游中的人地协同发展理论梳理和机理分析"采用"理论推演法"进行阐释。对"国内实证研究"采用"实地考察法""问卷调查法""深度访谈法"揭示西部乡村旅游中的人地关系现状，运用 Excel、SPSS、MapInfo、Yaahp 等软件进行数据的采集、分析和编制图件，构建评价指标体系和综合评价模型定量评价西部乡村旅游中的人地关系类型和绩效。对"国内外经验及启示"用"案例研究法""比较研究法"，分析共性差异，总结经验教训。对"人地协同发展的优化调控"采用"系统综合集成分析法"，提出调控的目标和对策。

1)实地考察法

2016 年 8 月 12 日~8 月 21 日赴云南省昆明"两区"(轿子山旅游开发区、倘甸扶贫开发试验示范区)旅游局、扶贫办和轿子雪山景区沿线 4 个旅游重点村进行调研。2016 年 11 月 4 日~11 月 12 日，赴贵州省黔东南州雷山县和南猛村进行乡村旅游调研。对所确定的案例调研点的旅游资源、旅游产业、民族居民点、区域经济社会发展概况进行全面、深入考察，从而对案例调查区有了全面直观的认识，并获取了相关数据资料。

2）问卷调查与访谈法

采用随机抽样入户向昆明轿子雪山景区沿线 4 个村落和贵州省黔东南州雷山县南猛村当地村民发放调查问卷，掌握案例区村民旅游实际受益，及其对旅游助力乡村发展效应的感知、态度、参与行为和生计影响情况。关键人物访谈对象主要选取村里的村主任、旅游经营户等，对每个村的基本情况进行深入调查。同时，走访案例调研区各级旅游局、扶贫办、县政府、景区管委会、旅游企业等相关单位，进行深度访谈，获取第一手资料。

3）定量评价法

构建乡村旅游与乡村发展耦合协调度评价体系，运用熵权层次法计算旅游发展水平指数和乡村发展水平指数，通过耦合协调度模型分析欠发达地区旅游与乡村发展的耦合协调度及其空间差异；在 DFID 可持续生计框架下构建农户生计资本评价指标体系，评价所调查村落农户生计资本现状和旅游发展前后农户生计资本变化；比较不同旅游发展模式对农户生计的影响；从个体和区域两个方面构建旅游助力乡村发展绩效评价指标体系，运用层次分析法和德尔菲法确定指标权重，进行个体—区域协同的旅游助力乡村发展绩效评价。

4）数理统计分析法

主要运用 Excel、SPSS、MapInfo、Yaahp 等软件进行数据的采集、分析和编制图件。

1.4.2 研究技术路线

研究技术路线及其总体逻辑结构如图 1-1 所示。基于人地关系的理论视角，按照西部乡村旅游中人地关系"要素与结构—特性与演化—作用与机制—协调与优化"的研究主线，探讨西部乡村旅游中的人地协同发展这一核心科学问题。

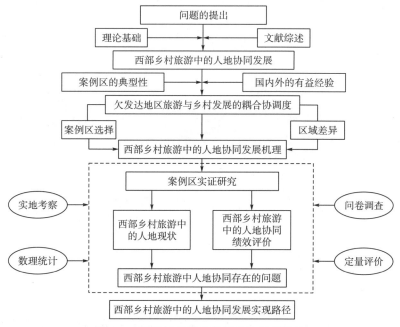

图 1-1 研究技术路线及其总体逻辑结构

第 2 章　欠发达地区旅游与乡村发展的耦合协同

为了提高旅游助力欠发达地区乡村发展的精准度和持续力，2015 年，国家旅游局专门成立了国家乡村旅游扶贫工程观测中心，设立了 111 个建档立卡的试点贫困村为扶贫观测点，涉及 25 个省(区、市)，建立了旅游跟踪观测机制。国家旅游局报告显示，2015 年观测点乡村旅游从业人员占从业人员总数的 35.1%，从事乡村旅游从业人员占贫困人口从业人员总数的 75.1%，通过乡村旅游脱贫人数占脱贫总人数的 30.5%，通过发展旅游业农民人均增收占当地农民人均年收入的 39.4%，乡村旅游已成为我国农村经济发展、农民就业增收、贫困人口脱贫的中坚力量和我国实现乡村振兴、共同富裕的生力军。

2.1　全面建成小康社会关键期的中国乡村发展难点

2011 年以来，我国进入全面建成小康社会的关键时期，扶贫开发进入脱贫攻坚阶段。在 2011 年 5 月国家颁布的《中国农村扶贫开发纲要(2011—2020 年)》中，将乌蒙山区等14 个集中连片特殊困难地区(以下简称"连片特困地区")作为扶贫攻坚的主战场，提出到 2020 年，稳定实现扶贫对象吃、穿两不愁，教育、医疗和住房三保障的奋斗目标。2013 年 11 月，习近平总书记到湖南湘西考察时首次做出了"精准扶贫"的重要指示，使对贫困户和贫困村精准识别、精准帮扶的精准扶贫成为我国全面建成小康社会关键期的新机制，从而实现扶贫到村到户。

2.1.1　全国农村情况

1. 全国农村贫困人口规模和贫困发生率持续大减

2011～2016 年，全国农村贫困人口由 12238 万人减少至 4335 万人，累计减少 7903 万人；贫困发生率由 12.7%下降至 4.5%，下降 8.2 个百分点(表 2-1，图 2-1)。

表 2-1　2011～2016 年全国农村扶贫情况

年份	贫困人口/万人	比上年减少/万人	贫困发生率/%
2011	12238	4329	12.7
2012	9899	2339	10.2
2013	8249	1650	8.5
2014	7017	1232	7.2
2015	5575	1442	5.7
2016	4335	1240	4.5

资料来源：《中国农村贫困监测报告 2017》。

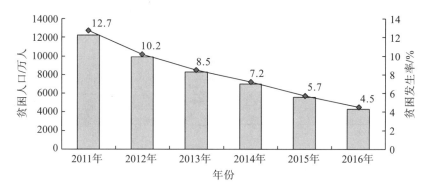

图 2-1　2011～2016 年全国农村扶贫变化趋势图

资料来源：《中国农村贫困监测报告 2017》。

2. 东中西①三大地区农村减贫幅度均超过 70%

脱贫攻坚新时期以来，西部地区农村贫困人口由 2010 年的 8429 万人减少至 2016 年的 2251 万人，累计减少 6178 万人，下降幅度为 73.3%；中部地区农村贫困人口由 2010 年的 5551 万人减少到 2016 年的 1594 万人，累计减少 3957 万人，下降幅度为 71.3%；东部地区农村贫困人口由 2010 年的 2587 万人减少至 2016 年的 490 万人，累计减少 2097 万人，下降幅度为 81.1%（图 2-2）。

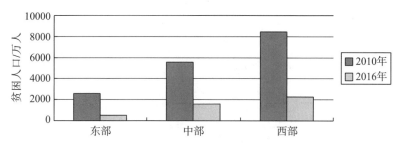

图 2-2　2010 年和 2016 年东中西地区农村贫困状况

资料来源：《中国农村贫困监测报告 2017》。

从贫困发生率来看，西部地区农村贫困发生率由 2010 年的 29.2%下降到 2016 年的 7.8%，下降 21.4 个百分点；中部地区农村贫困发生率由 17.2%下降到 4.9%，下降 12.3 个百分点；东部地区农村贫困发生率由 7.4%下降到 1.4%，下降 6 个百分点（图 2-3）。

3. 农村贫困人口进一步向中西部集聚

2016 年西部地区贫困人口 2251 万，占全国农村贫困人口的比重为 51.9%，农村贫困发生率为 7.8%，2010 年西部地区贫困人口 8429 万，占全国农村贫困人口的比重为 50.9%，2016 年西部地区贫困人口占全国农村贫困人口的比重比 2010 年上升了 1 个百分点。2016

___

① 依据《中国农村贫困监测报告 2017》，东部地区：包括北京、天津、河北、辽宁、上海、江苏、浙江、福建、山东、广东、海南。中部地区：包括山西、吉林、黑龙江、安徽、江西、河南、湖北、湖南。西部地区：包括内蒙古、广西、重庆、四川、贵州、云南、西藏、陕西、甘肃、青海、宁夏、新疆。

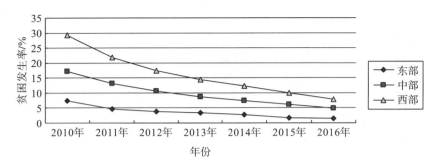

图 2-3　2010~2016 年东中西地区贫困发生率变化

资料来源：《中国农村贫困监测报告 2017》。

年中部地区贫困人口 1594 万，占全国农村贫困人口的比重为 36.8%，农村贫困发生率为 4.9%，2010 年中部地区贫困人口 5551 万，占全国农村贫困人口的比重为 33.5%，2016 年中部地区贫困人口占全国农村贫困人口的比重比 2010 年上升了 3.3 个百分点。2016 年东部地区贫困人口 490 万，占全国农村贫困人口的比重为 11.3%，农村贫困发生率为 1.4%，2010 年东部地区贫困人口 2587 万，占全国农村贫困人口的比重为 15.6%，2016 年东部地区贫困人口占全国农村贫困人口的比重比 2010 年下降了 4.3 个百分点(图 2-4，图 2-5)。

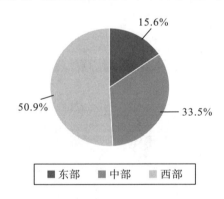

图 2-4　2010 年全国农村贫困人口地区分布图

资料来源：《中国农村贫困监测报告 2017》。

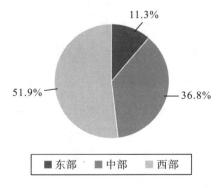

图 2-5　2016 年全国农村贫困人口地区分布图

资料来源：《中国农村贫困监测报告 2017》。

4. 云南和贵州是全国仅存的贫困人口和贫困发生率双高省份

按国家农村贫困标准测算，2016 年农村贫困人口数为 300 万以上的省(区、市)有贵州、云南、河南、湖南、广西、四川 6 个；贫困人口数为 100 万～300 万的省(区、市)有河北、山西、安徽、江西、山东、湖北、陕西、甘肃、新疆 9 个；贫困人口数为 20 万～100 万的省(区、市)有内蒙古、辽宁、吉林、黑龙江、福建、海南、重庆、西藏、青海、宁夏 10 个；贫困人口数为 20 万以下的省(区、市)有北京、天津、上海、江苏、浙江、广东 6 个。

2016 年农村贫困发生率在 10% 以上的省(区、市)有贵州、云南、西藏、甘肃、新疆 5 个；农村贫困发生率在 5%～10% 的省(区、市)有山西、湖南、广西、海南、陕西、青海、宁夏 7 个；农村贫困发生率在 3%～5% 的省(区、市)有河北、内蒙古、吉林、黑龙江、安徽、江西、河南、湖北、四川 9 个；农村贫困发生率在 3% 以下的省(区、市)有北京、天津、辽宁、上海、江苏、浙江、福建、山东、广东、重庆 10 个。将贫困人口和贫困发生率耦合，可以发现，北京、天津、上海、江苏、浙江、广东 6 省(区、市)属于贫困人口和贫困发生率双低区，是有望率先脱贫的地区；贵州和云南 2 省属于贫困人口和贫困发生率双高区，是我国贫困面最广、贫困程度最深、脱贫难度最大的地区。

2.1.2　特殊难点区域

2011 年确定 14 个连片特困地区为扶贫攻坚的主战场以来，贫困地区[①]2012～2016 年贫困人口累计减少 3385 万人，减贫规模占全国农村减贫总规模的 60.8%；2012～2016 年贫困发生率年均下降 3.3 个百分点，截至 2016 年贫困发生率为 10.1%，比全国农村平均水平高 5.6 个百分点(图 2-6，图 2-7)。

2012～2016 年，连片特困地区年贫困人口累计减少 2885 万人，截至 2016 年贫困人口占全国农村贫困人口的 50.3%；2012～2016 年贫困发生率年均下降 3.5 个百分点，截至 2016 年贫困发生率为 10.5%，比全国农村平均水平高 6 个百分点(图 2-6，图 2-7)。

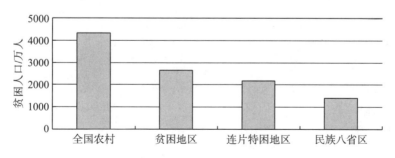

图 2-6　2016 年不同区域农村贫困人口规模

资料来源：《中国农村贫困监测报告 2017》。

---

① 包括集中连片特困地区和片区外的国家扶贫开发工作重点县，共 832 个县。其中集中连片特困地区覆盖 680 个县，国家扶贫开发工作重点县共计 592 个，集中连片特困地区包含 440 个国家扶贫开发工作重点县。

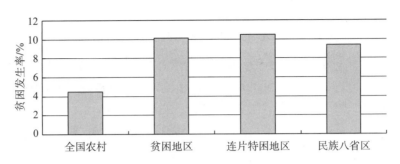

图 2-7   2016 年不同区域农村贫困发生率

资料来源：《中国农村贫困监测报告 2017》。

2012～2016 年，区域性整体贫困问题同样突出的内蒙古、广西、贵州、云南、西藏、青海、宁夏、新疆等民族八省区年贫困人口减少 1710 万人，2016 年民族八省贫困人口占全国农村贫困人口的 32.5%；2012～2016 年贫困发生率年均下降 2.9 个百分点，截至 2016 年贫困发生率为 9.4%，比全国农村平均水平高 4.9 个百分点(图 2-6，图 2-7)。

2.2   欠发达地区旅游与乡村发展的耦合协调度及其空间差异

旅游在助力欠发达地区乡村发展方面大有潜力已成为国际共识(WTO，2002)，旅游与欠发达地区乡村发展的联动效应备受关注。研究表明，旅游可以成为欠发达地区乡村发展的有力工具，克服生态脆弱区的贫困，促进自然生态保护(Saarinen，2010)，提高贫困人口的从业和收入机会，增加贫困人口收入，优化地区产业结构、社会文化环境和社会文化制度(Wall，1996；Ashley et al.，2000)，促进性别平等(Scheyvens and Russell，2012)、教育与文化传播(Ashley et al.，2001)、中小微企业发展(Rogerson，2012)，交通、卫生的改善及当地人素质的提高(Lepp，2007；Muchapondwa and Stage，2013；Liu et al.，2017)。同时，欠发达地区乡村的经济发展、生活环境改善、社会文化进步、人的素质能力提升，也为当地旅游业的发展提供支撑。截至 2017 年，中国已进入全面建成小康社会的关键时期，全面实现小康最艰巨的任务在西部乡村地区。中国把旅游确定为新时期乡村发展的重点工作之一。中国旅游与欠发达地区乡村发展的协调程度如何，呈现出怎样的空间异质性特征，影响旅游和欠发达地区乡村发展相互协调促进的因素有哪些，这些问题亟待深入研究。

关于旅游与区域发展的互动关系是旅游研究的热点。国内外相关研究主要集中于旅游与区域发展(赵传松等，2018)、生态环境(Liddle，1998；Hill and Pickering，2006)、经济增长(CHI-OK，2005；周成等，2016a)、城镇化(梁坤等，2014；吴晶和马耀峰，2014)、交通系统(郭向阳等，2017；刘安乐等，2018)、文化产业(翁钢民和李凌雁，2016)等方面，没有考虑全面小康背景下旅游与欠发达地区乡村发展之间的相互影响。研究视野多侧重于单个城市或省区，缺少宏观省际的空间对比分析(周成等，2016b)。基于此，本书以《中国农村贫困监测报告 2017》中所统计的含有贫困地区的 22 个省(区、市)[①]为研究对象，在构

---

① 包括集中连片特困地区和片区外有国家扶贫开发工作重点县的 22 个省(区、市)，不包括北京、天津、辽宁、上海、江苏、浙江、福建、山东、广东，以及港、澳、台地区。

建旅游与欠发达地区乡村发展耦合协调评价指标体系的基础上，分析二者的耦合协调度及其空间差异，探讨相关影响因素。

2.2.1　研究方法与数据来源

1. 评价体系

参考前人旅游经济耦合的研究成果(翁钢民和李凌雁，2016；周成等，2016b；赵陈等，2017)，遵循指标选取的全面性、科学性和可获性，现将旅游分解为旅游业绩、旅游要素、旅游人才 3 个维度及相应的 17 个指标，全面反映区域旅游发展水平(表 2-2)。

表 2-2　旅游发展水平指数及权重

系统层	子系统层	指标层	权重
旅游发展水平测度体系	旅游业绩	1.入境旅游人数/万人次	0.1028
		2.旅游外汇收入/亿美元	0.0793
		3.国内旅游人数/亿人次	0.0669
		4.国内旅游收入/亿元	0.0580
		5.旅游总收入/亿元	0.0574
		6.旅游总收入占 GDP 的比重/%	0.0433
	旅游要素	7.星级饭店数/家	0.0500
		8.星级饭店床位数/张	0.0476
		9.客房出租率/%	0.0516
		10.旅行社数量/家	0.0429
		11.A 级旅游景区数量/家	0.0416
		12.5A 级旅游景区数量/家	0.0537
		13.4A 级旅游景区数量/家	0.0521
	旅游人才	14.星级饭店从业人数/人	0.0426
		15.旅行社从业人数/人	0.0545
		16.A 级景区固定从业人数/人	0.0833
		17.旅游院校学生人数/人	0.0724

按照"吃、穿两不愁""住房安全、基本医疗、义务教育三保障"的新时期新要求，欠发达地区乡村发展是经济-生活-社会三位一体的综合性概念，分解为经济减贫、生活改善、社会进步 3 个维度及相应的 18 个指标(表 2-3)。

表 2-3　欠发达地区乡村发展水平指标体系及权重

系统层	子系统层	指标层	权重
欠发达地区乡村发展水平测度体系	经济减贫	1.贫困人口/人[*]	0.0446
		2.贫困发生率/%[*]	0.0578
		3.贫困人口比上年下降幅度/%	0.1249
		4.贫困发生率比上年下降/%	0.0524
		5.人均可支配收入/元	0.0440

系统层	子系统层	指标层	权重
欠发达地区乡村发展水平测度体系	生活改善	6.居住竹草土坯房的农户比重/%*	0.0583
		7.使用照明电的农户比重/%	0.0323
		8.饮水无困难的农户比重/%	0.0440
		9.独用厕所的农户比重/%	0.0378
		10.每百户汽车拥有量/辆	0.0794
		11.每百户移动电话拥有量/部	0.0224
		12.每百户计算机拥有量/台	0.0382
	社会进步	13.所在自然村进村主干道路硬化的农户比重/%	0.0262
		14.所在自然村能便利乘坐公共汽车的农户比重/%	0.1033
		15.所在自然村通宽带的农户比重/%	0.0221
		16.所在自然村有卫生站的农户比重/%	0.0491
		17.所在自然村上幼儿园便利的农户比重/%	0.0904
		18.所在自然村上小学便利的农户比重/%	0.0728

注：带"*"为负向指标。

2. 数据来源

所选数据为中国含有贫困地区的 22 个省(区、市)2016 年相关截面统计数据,数据来源于《中国旅游统计年鉴 2017》《中国农村贫困监测报告 2017》、2017 年相关省(区、市)的统计年鉴和 2016 年国民经济与社会发展统计公报。

3. 旅游发展指数 T 和欠发达地区乡村发展水平指数 P 计算

采用熵权层次分析法确定 22 个省市的旅游发展指数 T 和欠发达地区乡村发展水平指数 P,用熵权法确定权重,具体步骤如下。

(1)进行数据的非负数化处理以避免求熵值时对数的无意义。

正向指标:

$$X_{ij} = \left[x_{ij} - \min(x_{ij}) \right] / \left[\max(x_{ij}) - \min(x_{ij}) \right] \ (i=1,2,\cdots,m; \ j=1,2,\cdots,n) \tag{2-1}$$

负向指标:

$$X_{ij} = \left[\max(x_{ij}) - x_{ij} \right] / \left[\max(x_{ij}) - \min(x_{ij}) \right] \ (i=1,2,\cdots,m; \ j=1,2,\cdots,n) \tag{2-2}$$

式中, x_{ij} 为第 i 个省(区、市)第 j 个指标的数值; m 为省(区、市)个数; n 为指标个数; X_{ij} 为处理后的值。

(2)计算第 j 项指标下第 i 个省(区、市)占该指标的比重:

$$Y_{ij} = X_{ij} / \sum_{i=1}^{m} X_{ij} \tag{2-3}$$

(3)评价指标的熵值:

$$e_j = -\sum_{i=1}^{m} \left(Y_{ij} \ln Y_{ij} \right) / \ln m \qquad (0 \leqslant e_j \leqslant 1) \tag{2-4}$$

假定, $Y_{ij}=0$ 时, $Y_{ij}\ln Y_{ij}=0$。

(4)计算第 j 项指标的差异性系数:

$$k_i = 1 - e_i \tag{2-5}$$

(5)计算熵权:

$$w_i = k_i / \sum k_i \tag{2-6}$$

(6)计算各省(区、市)的综合得分:

$$S_{ij} = w_i X_{ij} \tag{2-7}$$

根据上述步骤,分别计算出旅游发展指数和欠发达地区乡村发展水平指数各项具体指标的权重(表 2-2,表 2-3),并计算出 22 个省(区、市)旅游发展指数 T 和欠发达地区乡村发展水平指数 P(表 2-4)。

表 2-4　欠发达地区旅游发展指数、乡村发展水平指数和耦合协调度

省(区、市)	旅游发展指数 T	乡村发展水平指数 P	滞后类型	耦合协调度 D
河北	1.0117(8)	0.6331(2)	旅游滞后型	0.6452(3)
山西	0.8276(12)	0.3468(21)	扶贫滞后型	0.5358(13)
内蒙古	0.5693(14)	0.5373(7)	旅游滞后型	0.5272(14)
吉林	0.5633(15)	0.4134(17)	扶贫滞后型	0.4978(15)
黑龙江	0.4017(17)	0.4113(18)	扶贫滞后型	0.4504(17)
安徽	1.1662(5)	0.5727(6)	扶贫滞后型	0.6580(2)
江西	1.0333(7)	0.5219(8)	扶贫滞后型	0.6232(6)
河南	1.2567(2)	0.6585(1)	旅游滞后型	0.6926(1)
湖北	1.1651(6)	0.4834(11)	扶贫滞后型	0.6344(5)
湖南	1.1687(4)	0.4190(16)	扶贫滞后型	0.6155(7)
广西	0.9815(9)	0.5007(10)	扶贫滞后型	0.6086(8)
海南	0.3038(19)	0.3525(19)	扶贫滞后型	0.4019(19)
重庆	0.7078(13)	0.6061(3)	旅游滞后型	0.5761(11)
四川	1.5764(1)	0.3505(20)	扶贫滞后型	0.6427(4)
贵州	0.9570(10)	0.4719(12)	扶贫滞后型	0.5966(9)
云南	1.2116(3)	0.2935(22)	扶贫滞后型	0.5745(12)
西藏	0.0856(20)	0.4708(13)	旅游滞后型	0.2970(20)
陕西	0.9027(11)	0.4672(14)	扶贫滞后型	0.5855(10)
甘肃	0.3392(18)	0.4220(15)	旅游滞后型	0.4308(18)
青海	0.0409(21)	0.5925(4)	旅游滞后型	0.2569(21)
宁夏	0.0304(22)	0.5756(5)	旅游滞后型	0.2361(22)
新疆	0.4459(16)	0.5164(9)	旅游滞后型	0.4867(16)

注:括号内数字表示排序。

4. 计算欠发达地区旅游与乡村发展水平的耦合协调度

以物理学中的容量耦合系数模型来构建欠发达地区旅游与乡村发展水平耦合度函数,表达式如下:

$$C = \sqrt{(T \times P)/(T+P)^2} \tag{2-8}$$

式中，C 为旅游与乡村发展水平的耦合度；T 为旅游发展指数；P 为乡村发展水平指数。

$C \in (0，1)$，耦合度越高值越大。主要反映系统间相互作用程度强弱的耦合度，不一定真实反映旅游与乡村发展水平的协同程度，如当两个子系统的发展水平都较低时耦合度会较高。需要引入耦合协调度来反映系统协调状况的优劣。旅游与乡村发展水平耦合协调度的表达式为

$$D = \sqrt{C \times Z}，\quad Z = \alpha T + \beta P \tag{2-9}$$

式中，Z 为旅游与乡村发展水平指数；D 为两者的耦合协调度；α、β 分别为两者的权重，用熵权法确定 α 和 β 分别为 0.5875、0.4125。

2.2.2　结果与分析

1. 中国旅游综合发展水平省际差异

旅游发展指数计算结果（表 2-4）显示，四川、河南、云南、湖南、安徽、湖北、江西、河北 8 省的旅游发展水平相对较高，除四川和云南 2 省外，其余均属于东中部地区。广西、贵州、陕西、山西、重庆、内蒙古、吉林 7 省（区、市）的旅游发展水平居中。新疆、黑龙江、甘肃、海南 4 省（区、市）的旅游发展水平较低，2016 年旅游总收入居倒数 4～7 位。其中，黑龙江是由于其旅游产业比较优势不突出，2016 年旅游总收入占 GDP 的比重居倒数第 2；海南则是因为其旅游产业要素、旅游人才和旅游业绩均相对较差。西藏、青海、宁夏西部民族 3 省（区、市）的旅游发展水平极低，2016 年旅游总收入居最末 3 位。

总体上西南旅游资源富集的四川和云南，以及经济水平相对较高的东中部地区的旅游发展水平相对较高，而经济基础薄弱、自然地理条件恶劣、气候宜游期短的深度贫困地区和西北民族地区的旅游发展相对落后，说明旅游发展受旅游资源禀赋、自然地理条件、区域经济水平、政治市场区位的影响较大。

2. 欠发达地区乡村发展水平省际差异

欠发达地区乡村发展水平指数计算结果显示（表 2-4），2016 年，河南、河北、重庆等省（区、市）的乡村发展成效最为显著，其中重庆的低收入发生率最低，低收入人口比上年下降幅度最大，人均可支配收入最高，河南和河北的社会进步最明显。青海、宁夏、安徽、内蒙古、江西、新疆、广西等省（区、市）的乡村发展水平较高。湖北、贵州、西藏、陕西、甘肃、湖南、吉林、黑龙江的乡村发展水平较低。云南、山西、四川、海南的乡村发展水平最低，其中云南低收入人口最多，山西低收入人口比上年下降幅度最小，四川低收入地区的生活改善和社会进步不太明显，海南低收入地区的生活改善和社会进步最小。

3. 欠发达地区旅游与乡村发展耦合协调度省际差异

运用物理学耦合协调模型，依据测算的欠发达地区旅游发展指数和乡村发展水平指数，计算出各省（区、市）的旅游与乡村发展耦合协调度（表 2-4）。参考已有相关研究（周成等，2016a；赵陈等，2017），依据本书研究结果等级，将欠发达地区旅游与乡村发展的耦

合协调度分为以下四类：严重失调(0～0.3)、轻度失调(0.4～0.5)、勉强协调(0.5～0.6)、中级协调(0.6～0.7)。按旅游与乡村发展水平的排序分级，可以 22 个省(区、市)划分为旅游滞后型和乡村发展滞后型(表 2-4)。综上，中国 22 个省(区、市)可分为严重失调旅游滞后型、轻度失调乡村发展滞后型、轻度失调旅游滞后型、勉强协调乡村发展滞后型、勉强协调旅游滞后型、中级协调乡村发展滞后型、中级协调旅游滞后型七种类型。

分析结果如表 2-5 所示，截至 2016 年，22 个省(区、市)中，严重失调旅游滞后型有西藏、宁夏、青海；轻度失调旅游滞后型有新疆、甘肃；轻度失调乡村发展滞后型有吉林、黑龙江、海南；勉强协调旅游滞后型有重庆和内蒙古；勉强协调乡村发展滞后型有贵州、陕西、云南、山西；中级协调旅游滞后型有河南和河北；中级协调乡村发展滞后型有安徽、四川、湖北、江西、湖南、广西。

表 2-5　中国旅游与脱贫耦合协调度类型划分(2016 年)

类型	省(区、市)
中级协调乡村发展滞后型	四川、湖北、湖南、安徽、江西、广西
中级协调旅游滞后型	河南、河北
勉强协调乡村发展滞后型	云南、贵州、陕西、山西
勉强协调旅游滞后型	重庆、内蒙古
轻度失调乡村发展滞后型	黑龙江、吉林、海南
轻度失调旅游滞后型	新疆、甘肃
严重失调旅游滞后型	西藏、青海、宁夏

旅游与乡村发展协调且旅游滞后的河南、河北、重庆和内蒙古的乡村发展水平指数位居前列，区域经济社会相对发达，生活条件较好，贫困程度较轻，产业结构较为健全，旅游产业在国民经济中的地位不太突出。

旅游与乡村发展协调且乡村发展滞后的安徽、江西、广西、贵州、陕西的旅游业发展水平较高，乡村发展水平略滞后于旅游发展；四川和云南的旅游发展水平位列前三，因为内有深度贫困区，脱贫难度大，乡村发展水平严重滞后；湖北、湖南、山西的旅游发展水平较高，但内部连片特困山区县众多，乡村发展水平滞后明显。

旅游与乡村发展水平失调且旅游滞后的西藏、宁夏、青海、新疆、甘肃 5 省(区、市)主要为深度贫困地区和西北民族地区。其自然地理条件恶劣、宜游期短、生态环境脆弱、旅游容量有限、基础设施薄弱、人才资本缺乏、经济社会发展滞后，严重制约了旅游业的发展水平，旅游经济效益居最末几位。在脱贫攻坚的决战时期，中国尤其重视这些深度特困地区的发展。在旅游等产业助力乡村发展的同时，着力进行生态补偿、社会保障等多种举措，落实农村小微企业减负政策、提高农村居民养老金、高龄补贴标准和低保及医疗筹资标准，实施草原奖补政策、整村推进、自来水脱贫、劳动力转移培训、农村危旧房改造，加大交通、通信广播电视、乡村公共基础设施和美丽乡村建设等行动，使欠发达地区乡村居民的生活水平稳步提高(国家统计局住户调查办公室，2017)，但相对较低的旅游发展水平直接影响了其与乡村发展水平的耦合协调度。

旅游与乡村发展水平失调且滞后的省(区、市)主要为吉林、黑龙江和海南等边疆地区。吉林、黑龙江等东北老工业基地主要依靠资源和重工业,产业结构单一,产业转型升级困难,旅游产业发展滞后,旅游发展水平较低,难以充分发挥旅游与乡村发展水平的协同效力。海南"非常规"的旅游地产和国际旅游岛的旅游主打产品依赖外地投资,重视高端产品,易形成旅游飞地,本地低收入居民难以融入旅游发展,阻碍了旅游对本地低收入居民的增收功效的发挥。

2.2.3 主要结论

1. 欠发达地区旅游与乡村发展的耦合协调度较好但空间差异较大

通过建立欠发达地区旅游发展综合水平和乡村发展综合水平评价指标体系,计算出2016年中国含有贫困地区的22个省(区、市)旅游发展指数和乡村发展水平指数,并分析二者的耦合协调度。结果表明,欠发达地区与乡村发展的协调度较好,在含有欠发达地区的22个省(区、市)中,协调的省(区、市)有14个(63.64%)。其中,勉强协调的有贵州、陕西、重庆、云南、山西、内蒙古6个省(区、市),中度协调的有河南、安徽、河北、四川、湖北、江西、湖南、广西8个省(区、市),表明在上述14个省(区、市)的乡村发展过程中旅游发挥了一定的功效,但还没有良好以上协调(旅游与乡村发展耦合协调度 0.7以上)的省(区、市)。轻度失调的有吉林、新疆、黑龙江、甘肃、海南5个省(区、市),严重失调的有西藏、青海、宁夏3个省(区、市),说明这8个省(区、市)的乡村发展与旅游发展的关联还不明显。目前22个省(区、市)可分为严重失调旅游滞后型、轻度失调乡村发展滞后型、轻度失调旅游滞后型、勉强协调乡村发展滞后型、勉强协调旅游滞后型、中级协调乡村发展滞后型、中级协调旅游滞后型7种类型。深入分析发现,欠发达地区旅游与乡村发展的耦合协调性是由旅游产业比较优势、旅游市场区位、旅游经济效益、旅游资源禀赋、旅游产品类型、贫困程度、地形气候、设施环境、乡村发展投入等共同作用的结果。失调的主要是深度欠发达地区、西北民族地区和边疆地区。

2. 欠发达地区乡村发展总体上滞后于旅游发展水平

研究结果显示,截至 2016 年,由于中国欠发达地区与旅游资源富集区在地理上的叠加(荣金凤等,2007),加之国内旅游需求的爆发式增长,所涉22个省(区、市)中,贵州、陕西、云南、黑龙江、吉林、湖南、山西、安徽、四川、湖北、江西、广西、海南13个省(区、市)(59.09%)的乡村发展滞后于旅游发展,重庆、内蒙古、河南、河北、西藏、青海、宁夏、新疆、甘肃9个省(区、市)的旅游发展滞后于乡村发展。乡村发展滞后于旅游发展的省(区、市),需进一步挖掘旅游的增收富民潜力,综合考虑区域旅游产业的吸纳能力和农户的内生能力,科学构建旅游产业发展对乡村发展的传导机制,明确旅游发展中低收入人口的持续受益机制,通过人地的高效协同来提高旅游助推乡村发展政策措施的绩效。旅游发展滞后于乡村发展的省市,亟待提升旅游发展的质量和效益,不仅要注重外部多元帮扶,也要强调内部自我持续发展能力的构建,在乡村建设工作中发挥旅游业的融合、拉动能力。

3. 欠发达地区旅游发展水平的区域差异大于乡村发展

截至 2016 年，欠发达地区旅游与乡村发展两大系统评价指数的极差分别为 1.5460 和 0.3650，乡村发展系统排序值的省际极差相对较小，说明在全面建成小康社会关键期的时代背景下，在连片特困地区宏观瞄准和贫困村、贫困人口建档立卡精准扶贫的战略举措推动下，在稳定实现扶贫对象"两不愁三保障"的目标指引下，含有欠发达地区的各省(区、市)均着力开展脱贫攻坚工作，都取得了相应的乡村发展成就，但由于各省(区、市)的生态战略区位及地理资本差异较大，乡村发展工作的难度和成效也不尽相同。旅游系统与乡村发展系统相比具有更大的发展灵活性和区域差异性，是欠发达地区旅游与乡村发展耦合协调的突破口和关键所在。研究结果显示，中级协调的省(区、市)旅游发展水平亦位居前列，失调的省(区、市)旅游发展水平相对滞后，表明要使旅游与乡村发展产生耦合协同效应，需旅游自身有较高的发展水平和益贫的发展方式。

本书的创新性主要体现以下两方面。第一，研究视角方面，不同于以往文献主要关注欠发达地区旅游对乡村发展的单方面影响，本书考虑了旅游与乡村发展工作的相互适应、协调、促进问题。第二，研究方法方面，在构建欠发达地区旅游与乡村发展耦合协调评价指标体系时，结合新时期新要求，乡村发展水平测度不仅包括经济减贫相关指标，还纳入生活改善、社会进步等相关维度。

尽管本书为中国含有欠发达地区的 22 个省(区、市)未来旅游与乡村发展的协同提供了新的分析思路、具可操作性的评价方法和一定的决策依据，但所选指标多是参考已有文献和基于数据的可获得性，所建耦合评价指标体系可能仍未完全准确反映中国的旅游与乡村发展情况。受欠发达地区生活改善和社会进步等相关大规模调研数据的限制，仅选取中国 2016 年欠发达地区的截面数据进行分析，重点研究了空间差异情况，缺少对欠发达地区旅游与乡村发展长时期的耦合协调时间分析与预测研究。研究对象主要以有统计的中国含有欠发达地区的 22 个省(区、市)宏观空间差异为研究尺度，未来可进一步深入县、村等层面。

第3章 西部乡村旅游中的人地现状

3.1 所调查村落旅游情况

3.1.1 景区带动村落：云南轿子山旅游区沿线村落

轿子山旅游区(国家级自然保护区、国家 AAAA 级景区)位于云南省昆明市禄劝彝族苗族自治县的东北部，从海拔 3150m 的四方景至 4223m 的轿顶，总占地面积 121hm^2，呈现"一山分四季，四季景迥异"的奇异景观，是季节性雪山。这里不仅是距离我国南方各省、港澳台及东南亚地区最近的高山冰雪旅游目的地，也是我国南方地区杜鹃花海分布面积最大的景区之一。轿子山是彝族"六祖分宗"[①]之地，是世界彝族同胞心目中的圣山，至今仍保留着"睡柜子"和"供柜子"的古风。轿子山也因花轿的吉祥寓意而成为祈福的圣山。由于其独特的地理位置、地形地貌和保存完整的原始寒温性针叶林及丰富的动植物资源，轿子山为滇中地区的生物多样性保护、生态建设以及碳循环提供了有力的保障，也因此被称为"滇中动植物基因库"[②]。

2010 年 8 月昆明成立了由昆明市直接托管的倘甸产业园区和昆明轿子山旅游开发区，简称"两区"，包括禄劝县的转龙镇、乌蒙乡、雪山乡，东川区红土地镇、舍块乡，寻甸县的凤合镇、倘甸镇、金源乡、联合乡共 9 个乡镇地区，并把"两区"设为省级综合实验区和市级开发园区，着力打造经济增长极，辐射带动北部县区迅速崛起。"两区"旅游产业"十三五"发展规划中指出，要把"两区"建设成为云南省旅游示范区，力争把旅游产业打造成为"两区"的战略性支柱产业，打造成为"两区""稳增长、调结构、惠民生"的新支点，为"两区"的乡村发展做出更大贡献。自 2010 年"两区"管委会成立以来，通过开展轿子山国家 AAAA 级景区创建工作，启动景区信息化建设，推动设施建设不断完善，举办包含主题晚会、彝族祭祖仪式、彝族祭火仪式、民俗活动、情侣登山、民族摇滚音乐会、艺术涂鸦等内容的"轿子山旅游节"，包含越野跑、山地自行车、登山、绳索技能、定向越野、野营、民族体育竞技等多个交替项目的"轿子山穿越赛"和"轿子山杜鹃微摄影赛"等节事活动，扩大其旅游知名度，拓展其客源。成立了"两区"农家乐小旅店协会，进行旅游从业人员专业技能培训。这一地区旅游市场逐年升温，每年游客接待量和旅游综合收入呈高速增长态势。2015 年游客接待人数是 2010 年的 7.3 倍，旅游综合收入是 2010 年的近 6 倍。2016 年 1～7 月接待游客 40.29 万人，实现旅游综合收入 4048.88 万元(表 3-1)。

[①] 六祖分宗是彝族先民在乌蒙山系轿子山举行的一次重大历史活动，大约发生在公元前 9 世纪。彝族先帝阿普笃慕将历经洪荒劫难的彝族先民分为六部，并分封六子为侯分掌六部。六组分封后，两部一联盟向不同方向迁徙、拓疆。长子慕雅切是滇国君长系的始祖，治所在今晋宁。次子慕雅考是郎国君长系的始祖，治所在今可乐。三子慕雅热是蜀国君长系的始祖，治所在今成都。四子慕雅卧是巴国君长系的始祖，治所在今重庆。五子慕克克在中央皇国，治所在今宣威和沾益。六子慕齐齐在中央皇臣国，治所在今东川。

[②] 数据资料来源于"两区"管委会旅游局。

表 3-1　"两区"2010～2016 年旅游统计表

时间	接待游客/万人	游客增长率/%	旅游综合收入/万元	收入增长率/%
2010 年	7.60	—	755.00	—
2011 年	8.78	15.53	1003.76	32.95
2012 年	16.56	88.57	1437.12	43.17
2013 年	28.78	73.78	2874.81	100.04
2014 年	39.31	36.51	3595.47	25.07
2015 年	55.42	40.96	4515.98	25.60
2016 年 7 月	40.29	—	4048.88	—

数据资料来源：两区管委会旅游局。

　　据"两区"旅游局相关人员介绍，轿子雪山运营是由世博集团管理，政府只是行政监管。轿子山景区门票收入由政府和世博集团平分。何家村 46 户人家是景区内的居民，这是不符合自然保护区要求的，但目前还没有办法搬迁。实际上所托管的这 9 个乡镇，是昆明最偏远的地区。何家村政府已经征地，政府投资基础设施，农民每户 150m^2 由政府规划，农户自建，外观风貌统一，项目政府投资 2000 万元，以后建好也是发展乡村旅游。以前有十来家开农家乐，现在只有四五家，大部分已拆除，搬至政府安排的统一的地方(图 3-1)。何家村旅游示范村，老村子有 46 户，新盖的有 43 户，有的人家没有能力自己盖房的，盖房所需资金达 40 万～50 万元。因在自然保护区内实施"五禁"(禁牧、禁采药、禁火种入山、禁砍柴火、禁捡奇石及枯木)，就将原先分散的农户进行整体搬迁，花了 200 万元引水，修建基础设施。修房子 1 户给 6 万～8 万元补贴，有一级农房建设、拆迁安置、抗震安居补贴款 1 万～4 万元，还有农家乐扶持资金 2 万元。这几年景区里面就业和摆摊设点的人都是村民，技术型和管理类的岗位是由公司下派人员担任。

图 3-1　规划建设中的何家村

　　据转龙镇相关人员介绍，炭山主要扶持农家乐、基础设施(道路、水)、一级农房建设，拆除重建(4 万元)、修缮加固(2 万元)。建档立卡是在 2013 年末，系统建起来是在 2014 年初，进入国务院扶贫办平台。发展养殖每户低收入农户买两头小猪补偿 1500 元，养后至转龙镇指定的点收购。产业扶持农家乐、养殖业、种植业(种玉米、大豆、土豆，补助发放化肥)，退耕还林种植核桃。市级对口帮扶转龙的单位是市水务局和滇投资有限管理公司。

被列入国家乡村旅游试点村的转龙镇恩祖村位于轿子山旅游专线旁，为响应国家旅游局公益旅游规划行动，"两区"旅游局、转龙镇最终明确将恩祖村委会下辖的上则老村民小组白嘎拉地块和下则老村民小组作为"两区"的公益旅游规划项目发展乡村旅游(图3-2)，以起到示范带动的作用。

图3-2 恩祖村则老村民小组

据上下则老小组相关人员介绍，上则老目前有3户做农家乐，下则老有2户，都是由政府扶持开农家乐的。2016年12月以后，开设的均为农家乐。上则老村里的路是由昆明的滇投公司修的。建档立卡户修房补贴5.38万元，修厕所1.2万元。2016年7月昆明新业态旅游规划设计有限公司做了乡村旅游公益规划。

上、下则老村距离轿子山旅游区景区大门15km，距离转龙镇16km，距离昆明141km，是前往轿子山旅游区的必经之地，交通便利，平均海拔2300m，年平均气温12℃，年降水量960mm。下则老村民小组人口共计26户，107人，人均耕地约1亩(1亩≈666.67m²)，其中彝族人口数占总人口数的2/3；上则老村民小组人口共计61户，251人，人均耕地1.8亩，70%为彝族。2015年上、下则老村民小组人均年纯收入均为2736元；主要产业为传统农业种植业，少量生猪及黑山羊养殖业，村民主要收入来源为外出务工收入和务农收入，两村均通水通电，村内道路基本硬化，电信信号覆盖。2015年上、下则老村民小组人均年纯收入2736元。上、下则老村为高海拔山区，土地贫瘠，主要农作物为玉米和马铃薯，没有形成产业支撑，经济收入主要依靠传统农业种植养殖和外出务工，收益较低，基础设施和社会保障条件未得到完善，村民抵御天灾人祸的能力弱，有一定数量的留守儿童和留守老人，生病就医难、孩子上学难、老人养老难、缺乏劳动力等问题突出。由于轿子山旅游专线的开通，有效带动了沿线村落乡村旅游的发展，2014年转龙镇在下则老村民小组扶持了两户农家乐，即可可农家小院和纳苏格勒农家乐，处于粗放型发展阶段，提供简单的住宿和餐饮接待服务，床位总计35个，其中纳苏格勒农家乐年均纯收入约30万元，可可农家小院年均纯收入约8万元。全村种植养殖等基本处于自给自足阶段，则老村是彝族聚居村落，彝族歌舞、刺绣、习俗等保存完好，但未进行有效保护和开发，有机农副产品、手工艺品等未开发成为旅游商品，旅游购物体系空白。2016年上、下则老旅游公益规划中将乡村旅游发展总体布局规划为"一轴，一村，两园，多点"的发展格局。一轴指以轿子山旅游专线为主体打造乡村风情体验轴；一村指下则老村(下则老彝寨)；两园指高山有机种植园和生态养殖园(雪山生态牧场)；多点指分布于整个规划区域内的主要精品乡村旅游项目节点。扶持乡村旅游合作社成立,引导更多农户参加乡村旅游合作社,引导更多经营主体和能人带头领办、创办乡村旅游合作社,依法登记取得"农业专业合作社法人营业执照",依法在小额贷款、资金扶持、订单农业、商标注册等方面享受国家优惠政策。乡村旅游合作社应有效解决乡村旅游单个经营户规模小、实力弱、发展水平低等问题;需开展"三品一标",即绿色食品、无公害农产品、有机农产品和地理标志农产品的认证,提高乡村旅游合作社及其产品的市场竞争力;促进农户集体兴办加工实体,开展农产品精深加工,提高乡村旅游农副产品附加值。重视农户的精准指导,在最大限度地发挥昆明滇池投资有限责任公司对恩祖村委会结对帮扶作用的基础上,通过发展休闲观光农业、开办乡村民宿或农家乐、提供民族手工艺品或农副产品,以房屋等资源资产入股、参与民俗文化演艺和乡村旅游接待服务、提取适当比例公益金反哺农户等途径对农户进行"造血式"帮扶,增加农户的自主型经营收入、配套型生产收入、股权型分红收入、劳务型工资收入和帮扶型互助收入。为了有序推进上、下则老村旅游发展,确保实现规划区域精准脱贫的目标,防止脱贫后再返贫,特在规划期内(2016~2020 年)制定旅游发展行动计划表如表 3-2 所示[①]。

表 3-2　恩祖村上、下则老旅游发展行动计划表

时间	行动安排	负责单位	协助单位
2016~2018 年	轿子山风情街	恩祖村委会	上、下则老乡村旅游开发公司
	下则老乡村旅游综合管理中心	两区旅游局	上、下则老乡村旅游开发公司
	彝家民宿	上、下则老乡村旅游开发公司	两区旅游局、农户
	彝家游园	上、下则老乡村旅游开发公司	两区旅游局、乡村旅游合作社
	则老生态美食园	上、下则老乡村旅游开发公司	两区旅游局
	彝家养生馆	上、下则老乡村旅游开发公司	两区旅游局
	民艺 DIY 馆	上、下则老乡村旅游开发公司	两区旅游局
	彝家酒坊	上、下则老乡村旅游开发公司	两区旅游局
	七彩田园	上、下则老乡村旅游开发公司	两区旅游局
	躬耕园	上、下则老乡村旅游开发公司	两区旅游局
	农艺乐园	上、下则老乡村旅游开发公司	两区旅游局、农户
	雪山生态牧场	上、下则老乡村旅游开发公司	两区旅游局、乡村旅游合作社
	动物乐园	上、下则老乡村旅游开发公司	两区旅游局、乡村旅游合作社
	彝族婚俗及节庆体验	上、下则老乡村旅游开发公司	两区旅游局、农户
2016 年底	上、下则老村 28 个低收入农户的精准脱贫	转龙镇人民政府、昆明滇池投资有限责任公司	恩祖村委会
2016~2017 年	推进招商引资工作,同时争取各级财政资金配套,实施项目建设	两区旅游局、转龙镇人民政府	上、下则老乡村旅游开发公司、乡村旅游合作社恩祖村委会
2016~2017 年	建设旅游发展基础设施	两区旅游局、转龙镇人民政府	上、下则老乡村旅游开发公司
2016~2020 年	开展群众增收致富、旅游发展培训	两区旅游局,上、下则老乡村旅游开发公司	恩祖村委会
2016~2020 年	实施旅游市场营销	两区旅游局,上、下则老乡村旅游开发公司	乡村旅游合作社

① 数据资料来源于《转龙镇恩祖村委会上、下则老村旅游公益规划》。

续表

时间	行动安排	负责单位	协助单位
2016～2020 年	重视民族文化传承	恩祖村委会	上、下则老乡村旅游开发公司，乡村旅游合作社
2016～2020 年	加强生态环境保护	上、下则老乡村旅游开发公司	转龙镇人民政府

资料来源：《转龙镇恩祖村委会上、下则老村旅游扶贫公益规划》。

　　轿子山旅游专线沿线恩祖村的炭山村民小组旅游带动比较明显。据炭山小组相关人员介绍，炭山一共 28 户，有 10 户在经营农家乐。有农家乐扶持项目，一次性补助 52000 元。农家乐修起来需投入 50 万～60 万元，主要经营住宿和餐饮，人流量较少。2013 年、2014 年、2015 年共三批，都是 5 万多元扶持款，到 2015 年一共开了 10 家农家乐(图 3-3)。现在的政策是低收入农户修房给予 53800 元扶持款。修房子都是贷款，利息较高。之前轿子雪山开发包工程，修挡墙，持续一年多，收入应该有约 10 万元/年。现在工程没有了，开农家乐轻松一些。

图 3-3　恩祖村炭山村民小组农家乐扶持户

　　法期村位于转龙镇的南侧，距转龙镇 5km，距昆明市区约 150km，距轿子雪山风景旅游区约 28km。法期村位于轿子山旅游专线西侧 1.5km，海拔 2015m，面积约 4.14km^2，年降水量约 1000mm，年平均气温 14.5℃，拥有 1000 亩以上的荒山坡地及耕地，且周边有 2000 亩以上的林地。法期水资源丰富，山地相对平坦宽阔，是发展规模种植业、养殖业的理想场所。法期村作为两区"美丽乡村"示范村以及乡村旅游示范村，分担着转龙镇区作为雪山旅游小镇的综合旅游接待功能。法期村包括大法期、小法期和六块 3 个自然村。根据户籍资料，法期村现共有村民 225 户，人口 917 人，党员 5 名，占全村总人口的 2%，男劳力 258 人，女劳力 264 人，少数民族是彝族，有 542 人，占全村总人口的 59%。到 2013 年底，全村参加农村合作医疗 887 人，参合率 97%，享受低保 62 人。村民医疗主要依靠乡村卫生所，距离村委会卫生所 1km，距离镇卫生院 5km[①]。

　　据大法期村相关人员介绍，大法期村是彝族民俗旅游接待村，是社会主义新农村，共有农户 70 余户，其中有 3 户低收入农户。进村道路窄。发展旅游业是因为村子离转龙镇近，有彝族民族文化，如吹拉弹唱、跳舞、斗牛祭山等。举办一次斗牛活动需 6 万元，2015 年的斗牛活动接待了 5 万余人次，因资金、接待、安全等因素，2016 年压缩至 3 万余人

---

① 数据资料来源于"两区"管委会旅游局。

次。建议重新修建进村道路，并设置具有民族特色的交通标识。大法期村的牌坊、斗牛场、舞台、养殖基地、灯光球场、村道、路灯等统一由美丽乡村项目扶持改造。政府在 2012～2015 年投放资金对两批旅游接待户进行扶持(图 3-4)。政府选定大法期村做旅游接待村、社会主义新农村、美丽乡村、民族团结示范村。

图 3-4　大法期村旅游扶持户

通共德村位于昆明倘甸产业园区轿子山旅游开发区转龙镇北部，轿子山旅游专线沿线，距离轿子山景区 20km，距离昆明市区 130km，距离转龙镇政府仅 4.5km，便捷的交通区位为通共德村旅游业发展提供了良好的先决条件。通共德村现有农户 108 户，人口总数为 451 人，其中男性 228 人，女性 223 人，均为农业人口，其中劳动力 314 人。通共德村属于彝族人口聚居地，2014 年通共德村年经济总收入为 186 万元，农民人均纯收 4091元。截至 2014 年底，全村 108 户村民中，96 户通自来水，108 户通电，92 户通有线电视，103 户拥有电视机，98 户安装固定电话或拥有移动电话。有 33 户居住砖木结构住房，有60 户居住土木结构住房。进村道路为柏油、水泥路面，但部分入户道路未硬化，为不足3m 宽的泥土路。2016 年 3 月通共德村做了旅游总体规划，力争将通共德建成旅游示范村、"宜居宜业宜游"的美丽乡村[①]。

据通共德村相关人员介绍，通共德村民以外出打工和开农家乐为主，有十几户在做农家乐(图 3-5)。最大的一家老兵山庄主要做农家乐接待、土特产出售。老兵山庄有 34 个客房，31 个标间和 3 个单间。养殖放养土鸡，卖土鸡和土鸡蛋，土鸡 80 元/公斤，土鸡蛋1.5 元/个。果园种杨梅、冬桃等经济作物，地 5 亩左右。餐饮有 5 间房，有 12 桌，最多时接待 80 多桌，600 多人。

图 3-5　通共德村的农家乐与低收入农户

---

① 数据资料来源于"两区"管委会旅游局。

3.1.2　传统文化村落：贵州雷山县南猛村

贵州省黔东南苗族侗族自治州雷山县郎德镇南猛村(图 3-6)离镇政府驻地 15km，距县城 13km。全村面积 6.06km²，其中有田面积 404 亩，土面积 35.87 亩，山林面积 6215 亩，人均耕地面积 0.59 亩。全村按地势分为上、中、下三个寨子，10 个村民小组，全村 194 户、756 人全部为世居苗族。南猛村是苗族文化的传承和发扬者。1957 年杨炳福、杨炳刚两位老人代表国家赴莫斯科参加世界友好联谊会，第一次将芦笙舞"跳"出了国门，同年南猛村被文化部授予"芦笙舞艺术之乡"称号。2012 年入选住建部首批"中国传统村落"，2015 年入选国家旅游局、国务院扶贫办首批乡村旅游发展试点村。演奏芦笙是南猛村人民群众最喜爱的文化活动，村内建有芦笙场、芦笙博物馆等公共设施，有 1 名州级非物质文化遗产传承人。2015 年 8 月，国务院扶贫办下派第一书记刘为进驻南猛村，挨家挨户走访调查，结合调查发现的问题，改造村里的道路，并添加了护栏，增设了太阳能路灯，建设了垃圾堆放点和污水处理厂，全村覆盖了免费 Wi-Fi。2015 年 12 月，在刘为的推动下，南猛村成立了"村集体+农户+企业"的共济乡村旅游专业合作社(图 3-7)。合作社注册资金 100 万元，村集体以芦笙博物馆和部分村集体经济发展资金作价 40 万入股，以 60 万产业资金作为股金加入合作社，同时鼓励村民入股，按股份比例进行利润分红，实现合作社、村集体和大部分村民共同发展。合作社下设茶叶杨梅等农业经营组、刺绣银饰等民族手工艺组、特产电子商务组和芦笙表演组，引导有能力参与的村民分别加入各组，以乡村旅游带动相关产业融合发展。芦笙表演组主要负责芦笙表演和传承，成了 2018 年中央电视台春节联欢晚会芦笙表演唯一苗寨，2019 年南猛芦笙的后起之秀余大胜应邀加入贵州演艺集团，代表贵州、代表中国再一次把南猛芦笙"吹"出国门，"吹"到了澳大利亚。南猛乡村旅游项目——吃新节亲子夏令营活动中设计了观看芦笙舞演出环节。农业经营组完成土地流转约 280 亩，并大力调整产业结构，将分散的山坡玉米地、半荒地集中连片种植茶叶，新增茶叶种植面积 150 亩。民族手工艺组开展了银匠绣娘技艺提升及思维创新培训，与王的手创品牌、环球捕手公司开展刺绣帮扶合作项目。电子商务组已入驻雷山县电子商务产业园区办公，微店"为杨梅送行"和淘宝网店"南猛美先银饰""南猛村"已上线，推销村里开发的雷山银球茶、长胜红茶、杨梅、酸汤鱼酱等农业经营组的农特产品和民族手工艺组的民族工艺品，与北京大石基文化旅游开发有限公司、北京快捷健电子商务有限公司、国安社区(北京)科技有限公司、燕谷坊集团乡村供应链合伙人等达成合作协议，产品上架多家实体店，实施消费帮扶。2016 年开始，通过社会爱心资助、村级合作社出资等方式，设立"扶智公益金"，每年对村里品学兼优的学生进行表彰奖励。截至目前，受到表彰的学生近 200 人，奖励金额达 4 万元。共济合作社分别与贵州苗家春茶叶有限公司、雷山阿妮刺绣有限公司、云上贵州大数据产业发展公司、国家级非物质文化遗产传承人莫厌学和杨光宾确立了合作关系①。2016 年 3 月编制了"贵州省雷山县山地旅游扶贫规划"，2016 年 4 月编制了"南猛村旅游扶贫试点村规划"，明确了南猛村主要采用旅游商品扶贫模式(刺绣、茶叶、杨梅等农特产品，自建电商营销平台或纳

---

① 资料来源：《雷山县郎德镇南猛村精准扶贫工作手册》，2016 年 10 月。

入全国扶贫特产销售平台)、旅游服务输出模式(芦笙文化演艺)以及特色乡村(芦笙文化传承中心和生态农家乐)模式进行旅游扶贫工作，以"农户+村集体+企业模式"的共济乡村旅游合作社机制实现脱贫。

图 3-6　南猛村

图 3-7　南猛村共济乡村旅游专业合作社

3.2　调研村落旅游助推乡村发展值得总结推广的做法

3.2.1　因地制宜探索模式，分类施策引导参与

云南"两区"旅游局对轿子山景区有机会介入旅游的沿线村落，结合其区域环境特点，进行因地制宜的发展定位：景区内的何家村出于自然保护区环境保护和农户生计的统筹兼顾，实施整村搬迁，打造特色生态旅游示范村，完善景区配套，并吸纳村民景区就业；国家乡村旅游发展试点村恩祖村引入帮扶企业进行旅游助推乡村发展公益规划，制定旅游发展行动计划，进行道路等基础设施修建；法期村整合美丽乡村示范村和彝族民俗旅游接待村建设，进行产业转型、建筑风貌整治、公共设施建设等综合整治，使法期村村庄整体风貌得到明显改善，成为轿子山旅游区重要的乡村旅游服务基地之一；通共德村打造集文化体验、康乐养生、休闲度假、农业观光等诸多功能为一体的以"彝族文化"为特色的高原生态文化旅游示范村。

贵州南猛村则根据农户的能力和兴趣，让村民分别加入所成立的共济乡村旅游合作社的分门别类的小组，采用入股分红、传统文化传承与演艺、旅游商品订单对接、旅游电商消费帮扶、旅游公益金等分类施策，以乡村旅游带动相关产业融合发展。

3.2.2　发挥示范引领作用，突显旅游模式特色

云南"两区"旅游局建设旅游发展示范区，打造经济增长极，辐射带动周边县区崛起和村落脱贫。通过整合相关项目和资金，推行农家乐和旅游接待户扶持项目，实施有重点的雁阵引领，对旅游示范户、低收入农户进行修房、修厕所等补贴，成立农家乐小旅店协会，进行旅游从业技能培训，培育旅游示范村、旅游接待示范户。

贵州南猛村主要采取"村集体+农户+企业"的共济乡村旅游合作社模式，重点实施旅游商品帮扶(通过开设微店、淘宝网店，与乡村供应链合伙人签约，上架北京实体店等，推销农业种植组和民族手工艺组的茶叶、杨梅、鱼酱、刺绣手工艺品等农特产品)、芦笙文化演艺旅游服务输出以及芦笙文化传承特色乡村旅游发展。

3.2.3　注重资源环境保护，美化整治村容村貌

云南切实加强轿子山国家级自然保护区的管理，对轿子山自然保护区实施"五禁"(禁牧、禁采药、禁火种入山、禁砍柴火、禁捡奇石及枯木)管理，编制"五禁"具体措施和禁后对农户的补偿、替代产业发展及相关扶持政策计划，制定"五禁"的村规民约，在主要的景区及旅游道路沿线设立"五禁"警示牌，印发禁牧通告和"五禁"管理告知书，由相关乡镇负责粘贴和发放到户。对轿子山"五禁"工作的重要性和必要性进行宣传，赢得区域群众的认可和支持[①]，树立生态文明理念，提高群众的环保意识。对旅游示范村落实施美丽乡村环境综合整治，建设村道、路灯、水等基础设施，倡导补助农房和厕所改造，统一风貌，改善村落人居环境。

贵州南猛村改造了村里的道路，并添加了护栏，增设太阳能路灯，建设生活垃圾集中收集点，接入生活污水处理设施，全村覆盖了免费 Wi-Fi，有效推动了村落污染和环境综合治理。

3.2.4　弘扬优秀传统文化，树立乡村文明新风

云南轿子山景区沿线村落结合彝族吹拉弹唱、跳舞打球、斗牛祭山等民族文化，兴建村牌坊、斗牛场、舞台、养殖小区、灯光球场等活动场所，举办彝族大典、斗牛大赛等节事活动，成立舞蹈青年队、老年队、唱歌队、二胡队等村民表演队伍，彝族大典时青年队、老年队表演了舞蹈，村里有吹拉弹唱民族文化传承人，开展相关文体活动，带动了民族村落传统文化的传播，展现了新时代新农民的精神风貌。

贵州南猛村的芦笙曲调有 50 多种，芦笙舞有 30 多种跳法，"斗鸡舞""滚山球""猴子掰苞谷"等别具一格的芦笙舞技艺高超且地方色彩浓郁，村民代表多次将南猛芦笙"吹"出国门。作为文化和旅游部命名的"芦笙舞艺术之乡"、国家住建部首批"中国传统村落"、联合国专家所列的"中国文化与发展伙伴关系项目村"，芦笙表演组由州级非物质文化遗产传承人担任组长，主要负责芦笙舞表演和代际传承。当地村民学习芦笙舞的

---

① 数据资料来源于"两区"管委会旅游局。

氛围浓郁，男女老幼皆能歌善舞，孩子从十来岁就开始学习吹芦笙，修建了芦笙博物馆和学习芦笙舞、表演芦笙舞的芦笙场，不仅在"吃新节""苗年节"等节庆或游客到来时进行表演，还经常组织外出演出。国内外的专家学者、新闻记者、民族文化专业相关师生纷纷到南猛村考察、拍摄苗族芦笙文化。通过芦笙制作培训、银匠绣娘技艺提升及思维创新培训、手工刺绣订单和相关公司的刺绣合作项目等，使村民的文化自信、自觉传承和保护民族文化意识增强。通过提升党建水平，创建党建示范村，建设南猛村脱贫攻坚作战室，绘制张贴脱贫攻坚作战图和架构图，悬挂脱贫攻坚精准施策个案表，设置村务监督委员会和民生资金云查询平台，制定共济乡村旅游专业合作社章程、生产销售管理制度、脱贫攻坚指挥部指挥长和办公室职责，着力做好党务公开、村务公开和财务公开，健全民主监督，维护村民决策权、知情权、参与权和监督权，发挥党员带头作用，村委会增加一名宣传员和一名安保员，加强宣传教育和治安治理工作，倡导关爱弱势群体、尊老爱幼、邻里和谐、遵纪守法的良好村风民俗，建设和谐的发展环境，推进南猛村法治、德治和自治融合。

3.2.5　整合多元帮扶力量，拓宽村民增收渠道

云南"两区"管委会、旅游局、昆明滇池投资有限责任公司、昆明新业态旅游规划设计有限公司等在轿子山沿线村落的连片开发示范项目农家乐扶持户、"两区"旅游扶持发展项目、旅游公益规划、社会主义新农村项目、美丽乡村项目、民族团结示范村项目等方面进行了引导和扶持，进行了组织和培训，拓展了餐饮、住宿、景区就业、土特产销售、民俗文娱表演、交通运输、建筑业、土地租金、帮工等收入渠道。

贵州南猛村通过一户一档访谈问卷调查，对农户进行再识别，将其具体分为发展生产、发展教育、易地搬迁、生态保护、社保兜底 5 类，实行精细化管理，做到有档有卡、有账有册[①]。依托共济乡村旅游合作社，大力发展特色农业、芦笙表演、民族手工艺制作和电子商务等产业，将属于发展生产脱贫类的群体分组编入共济合作社，并与贵州苗家春茶叶有限公司、雷山阿妮刺绣有限公司、云上贵州大数据产业发展公司、北京大石基文化旅游开发有限公司、北京快捷健电子商务有限公司、国安社区(北京)科技有限公司、王的手创品牌、环球捕手公司、燕谷坊集团、国家级非物质文化遗产传承人签约合作，通过产业发展实现农户收入增长和村集体成长壮大。对属于发展教育脱贫类的群体，着力改善其家庭学习环境，普及推广教育帮扶系列政策。针对学生只能借着昏暗的灯光在小板凳上写作业这一问题，第一书记刘为发起"我想有一张书桌"的公益众筹活动，仅13 个小时就为村里 150 个孩子每人筹到一张书桌和一个台灯。通过社会爱心资助、村级合作社出资等方式，设立"扶智公益金"，每年对村里品学兼优的学生进行表彰奖励。如对村里考上大学的学生，发放笔记本电脑和奖金，为其搭建去北京实习的平台。对易地搬迁脱贫的群体，稳健推进搬迁进度，关心支持其转移就业和子女入学情况，鼓励搬迁户将原有房屋复垦或入股合作社。对生态保护脱贫类群体，积极争取护林员名额，加强安全教育和技术培训。对社保兜底类群体，尽力解决其因病致贫、返贫问题，如针对

---

① 资料来源：《雷山县郎德镇南猛村精准扶贫工作手册》，2016 年 10 月。

某农户长子肠结核病危没钱救治，第一书记刘为发起社会爱心捐款，为其筹得 28000 元。后续研究建立以新农合、大病保险、医疗救助为主体，以商业保险为补充的保险机制，切实提高民生保障水平。

3.3　调研村落旅游对农户生计的影响

3.3.1　问卷调查

调查问卷包含六大部分内容（见附录一）：第一部分为农户家庭基本情况；第二部分为农户家庭收支结构；第三部分为农户生计情况；第四部分为旅游发展之前农户生计情况；第五部分为农户旅游业参与情况；第六部分为农户旅游影响感知、态度与建议。在制定测量量表时，参考了国内外旅游对农户生计影响（贺爱琳，2015）、居民旅游影响感知（Ritchie，1988）、居民旅游满意度（Rojek et al.，1975）、旅游扶贫效应感知和参与行为（李佳等，2009a）、居民旅游态度（李燕琴，2011）等相关文献的已有指标。

2016 年 8 月 12 日～8 月 21 日在云南省轿子山景区沿线炭山村、上下则老村、大法期村、通共德村 4 个村落进行了 10 天野外问卷调查，2016 年 11 月 4 日～11 月 12 日在贵州省黔东南苗族侗族自治州雷山县南猛村进行了 9 天野外问卷调查，调查问卷每户一份，户均调研时间均在半小时以上，共计入户发放问卷 225 份，共得有效问卷 214 份，有效率达 95%，其中云南轿子山景区沿线村落得有效问卷 112 份，贵州南猛村得有效问卷 102 份。调查由课题负责人亲自带队，事前对参与调查工作的人员进行培训，2 人一组，共同完成。为了提高被调查者的响应性，为每户参与调查的人员发放品牌洗浴毛巾作为礼物。遇有不识字的被调查对象，以问答的方式代为填写，以保证调查质量，进行深层次交流。

3.3.2　所调查旅游村农户行为特征

1. 农户分类

1）景区依托村落：云南轿子山景区沿线村落农户分类

轿子山景区沿线村落农户主要采取从事农林业、打工、经营农家特色餐饮或住宿、从事民俗文娱表演、售卖土特产、从事交通运输、从事建筑业、担任村干部、领取政府补助（农家乐扶持、农房改造补助、厕所改造补助、退耕还林、低保、养老保险等）等生计策略。依据农户现有生计活动、收入来源占比，将轿子山景区沿线村落农户划分为旅游主导型、旅游兼营型、务工未参型、传统务农型四种农户类型（表 3-3）。其中，旅游主导型农户 24 个，占 21.43%，旅游兼营型农户 14 个，占 12.50%，务工未参型农户 60 个，占 53.57%，传统务农型农户 14 个，占 12.50%。

表 3-3　轿子山景区沿线村落四类农户家庭特征

项目	旅游主导型	旅游兼营型	务工未参型	传统务农型
样本量/个	24	14	60	14
样本比重/%	21.43	12.50	53.57	12.50
户均人口/人	5.00	5.86	4.37	3.71
户均全劳动力数量/人	3.46	4.57	3.35	2.64
家庭年毛收入/元	352075.00	146800.00	52423.33	29681.43
旅游收入占家庭总收入的比重/%	86.15	16.25	0	0.96
人均年毛收入/元	69275.00	25051.19	11996.19	8000.39
人均住房面积/m²	146.35	96.11	60.05	55.64
户均耕地数量/亩	4.44	7.14	2.85	3.43

数据来源：问卷调查。

(1)旅游主导型农户。

轿子山景区沿线村落旅游主导型农户主要采取经营特色餐饮与住宿或种养土特产两种生计方式。户均人口为 5.00 人，户均全劳动力数量为 3.46 人，家庭规模较大，户均耕地数量 4.44 亩，仅次于旅游兼营型农户。家庭年毛收入 352075.00 元，人均年毛收入 69275.00 元，人均旅游收入为 59700.00 元，旅游收入占家庭总收入 86.15%，人均住房面积为 146.35m²，为四类农户中最高。

(2)旅游兼营型农户。

旅游兼营型农户主要采取打工、种养土特产、旺季兼营特色餐饮、住宿等生计方式。户均人口为 5.86 人，户均全劳动力数量为 4.57 人，户均耕地数量 7.14 亩，为四类农户中最多。家庭年毛收入为 146800.00 元，人均年毛收入 25051.19 元，人均住房面积为 96.11m²，仅次于旅游主导型农户，人均旅游收入为 4071.19 元，旅游收入占家庭总收入 16.25%。

(3)务工未参型农户。

务工未参型农户主要采取本地或外出打工为生计策略，没有参与旅游，户均人口为 4.37 人，户均全劳动力数量 3.35 人，家庭年毛收入为 52423.33 元，人均年毛收入为 11996.19 元，人均住房面积 60.05m²，均低于旅游主导型农户和旅游兼营型农户，而高于传统务农型农户。户均耕地数量 2.85 亩，为四类农户中最少。

(4)传统务农型农户。

传统务农型农户主要采取传统种养业为生计策略，家庭规模与全劳动力数量均低于其他四类农户，户均人口为 3.71 人，户均全劳动力数量 2.64 人。家庭年毛收入和人均年毛收入为四类农户中最低，分别为 29681.43 元、8000.39 元，其中人均旅游收入为 77.01 元，主要售卖一些土特产，旅游收入仅占家庭总收入的 0.96%，人均住房面积为 55.64m²，为四类农户中最少，户均耕地数量 3.43 亩，仅多于务工未参型农户。

2)传统文化村落：贵州南猛村农户分类

据调研，传统文化村落贵州南猛村农户主要采取加入共济乡村旅游专业合作社(包括芦笙表演组、刺绣等民族手工艺组、茶叶等农业经营组、土特产销售等电子商务组、烤鱼等餐饮组)、从事农林业、打工、担任村干部等生计策略。依据农户现有生计活动、收入来源占比,将南猛村农户划分为三种类型,即旅游兼营型、务工未参型、传统务农型(表3-4)。其中,旅游兼营型农户67个,占65.69%,务工未参型农户31个,占30.39%,传统务农型农户4个,占3.92%。

表3-4　南猛村三类农户家庭特征

项目	旅游兼营型	务工未参型	传统务农型
样本量/个	67	31	4
样本比重/%	65.69	30.39	3.92
户均人口/人	4.82	4.13	4.00
户均全劳动力数量/人	3.07	3.15	3.00
家庭年毛收入/元	50711.72	48837.58	8625.00
旅游收入占家庭总收入的比重/%	5.61	0	0
人均年毛收入/元	10521.10	11825.08	2156.25
人均住房面积/m²	77.28	74.73	61.25
户均耕地数量/亩	3.10	2.70	2.13

数据来源:问卷调查。

(1)旅游兼营型农户。

旅游兼营型农户主要采取加入共济乡村旅游合作社、打工、从事农业三种生计方式。户均人口为4.82人,户均全劳动力数量为3.07人,家庭规模最大,全劳动力数量仅次于务工未参型农户。家庭年毛收入为50711.72万元,为三类农户中最多,人均年毛收入10521.10元,仅次于务工未参型农户。由于共济乡村旅游合作社处于初创期,旅游收入占家庭总收入的比重还不大,为5.61%。人均住房面积为77.28m²,为三类农户中最大,户均耕地数量3.10亩,为三类农户中最多。

(2)务工未参型农户。

务工未参型农户主要采取本地或外出打工为其生计策略,户均人口为4.13人,家庭规模居中,户均全劳动力数量3.15人,为三类农户中最多。其家庭年毛收入为48837.58元,仅次于旅游兼营型农户,人均年毛收入为11825.08元,为三类农户中最高,人均住房面积74.73m²,低于旅游兼营型农户,而高于传统务农型农户。户均耕地数量居中,为2.70亩。

(3)传统务农型农户。

传统务农型农户主要采取传统种养业为其生计策略,户均人口为4.00人,户均全劳力数量3.00人,家庭年毛收入8625.00元,人均年毛收入仅2156.25元,人均住房面积为61.25m²,户均耕地数量2.13亩,均为三类农户中最少。

2. 低收入农户参与旅游情况

调研发现,云贵民族地区的乡村旅游发展重点村均较为注重针对低收入农户的旅游发展工作,不管是景区依托型村落还是传统文化村落,其旅游参与型农户中所包含的低收入农户都要比非旅游参与型中的低收入农户多,轿子山景区沿线的旅游参与型的农户中有

10.53%是低收入农户，非旅游参与的农户中有 5.41%是低收入农户；南猛村旅游参与型农户中有 49.25%是低收入农户，非旅游参与型农户中有 25.71%是低收入农户(表 3-5)。景区依托型村落受地理区位、住房面积和劳动力等物质因素制约较大，其低收入农户参与旅游的少于加入共济乡村旅游合作社模式的传统村落，轿子山景区沿线的低收入农户有 50%参与了旅游，而南猛村的低收入农户参与旅游高达 78.57%。

表 3-5 低收入农户参与旅游情况(%)

村落	低收入农户参与旅游占比	旅游生计型农户低收入农户占比	非旅游生计型农户低收入农户占比
轿子山景区沿线村落	50	10.53	5.41
南猛村	78.57	49.25	25.71

数据来源：问卷调查。

3. 地理区位特征对生计选择的影响

从表 3-6 可知，旅游主导型和旅游兼营型农户家庭地理位置优于务工未参型和传统务农型，旅游主导型农户近 92%都位于轿子山旅游专线交通主干道两侧的路边，表明轿子山景区沿线村落四类农户家庭的地理位置存在差异性，距离轿子山旅游专线交通主干道近的家庭利于进行餐饮住宿等旅游经营，而远离交通干道的家庭只能采取传统的打工和农业为生；南猛村三类农户家庭的地理位置亦存在差异性，旅游主导型和旅游兼营型农户家庭位于路边的高于务工未参型和传统务农型农户，表明农户家庭所处的地理区位影响其生计策略的选择。

表 3-6 不同类型农户地理区位特征(%)

村落	是否在路边	旅游主导型	旅游兼营型	务工未参型	传统务农型
轿子山景区沿线村落	是(农户占比)	91.67	57.14	40	42.86
南猛村	是(农户占比)	—	15.15	9.68	0

数据来源：问卷调查。

4. 家庭收入来源与家庭消费结构特征

1) 景区依托型村落家庭收入来源与家庭消费结构特征

从图3-8可知轿子山景区沿线村落不同生计类型农户的家庭收入来源差异较大，其中，旅游主导型农户不再依靠打工，其旅游收入占家庭收入的比重高达 85.19%；务工未参型农户打工收入占家庭收入的比重高达 65.65%；旅游兼营型农户收入来源更为多样均衡，以打工收入、政府补助和旅游收入为主；传统务农型农户则主要依靠政府补助和农业收入。

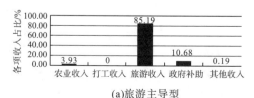

(a)旅游主导型　　　　　　　　(b)旅游兼营型

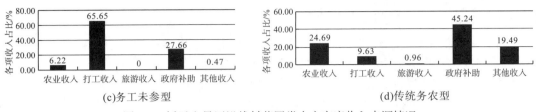

(c)务工未参型 (d)传统务农型

图 3-8　轿子山景区沿线村落四类农户家庭收入来源情况

从图 3-9 可知轿子山景区沿线村落农户家庭开支主要有旅游经营投资、生活消费、教育投入、农业投资、看病和人情送礼。受农家乐旅游扶持户脱贫增收的示范效应和低收入农户农房改造政府补助等政策影响，四类农户旅游经营投资占家庭开支的比重最大，主要为改扩建住房、购买旅游接待设施等开办食宿接待的农家乐。其中旅游主导型农户旅游经营投资占家庭开支的比重最大，达 96%，旅游兼营型次之，达 88%，传统务农型最少，但也达到了 78%。

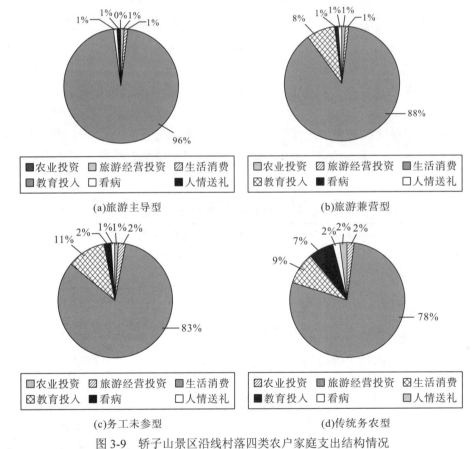

图 3-9　轿子山景区沿线村落四类农户家庭支出结构情况

2)传统文化村落家庭收入来源与家庭消费结构特征

从图 3-10 可知南猛村不同生计类型农户的家庭收入来源差异较大，其中，旅游兼营型农户仍然主要依靠打工，其旅游收入占家庭收入的比重仅 5.61%；务工未参型农户主要依靠打工，打工收入占家庭收入的比重高达 85.80%；传统务农型农户则主要依靠农业收入，农业收入占家庭收入的比重高达 78.95%。

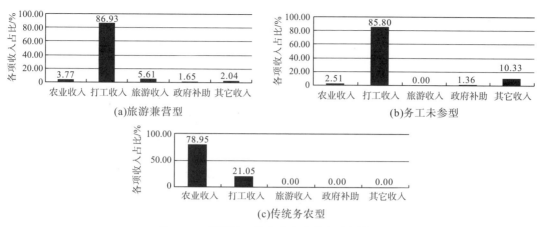

图 3-10　南猛村三类农户家庭收入来源情况

从图 3-11 可知南猛村农户家庭开支主要有生活消费、教育投入、看病、农业投资和人情送礼。生活消费、教育投资和看病占家庭开支的比重较大。与旅游兼营型和务工未参型不同，传统务农型农户的农业投资比人情送礼多。由于当前特色乡村(食宿接待的生态农家乐)模式还未形成，主要采取土地流转、参加共济乡村旅游合作社进行旅游商品帮扶模式(刺绣、茶叶、杨梅等农特产品)和旅游服务输出模式(芦笙文化演艺)进行旅游发展工作，三类农户还没什么旅游经营投资。

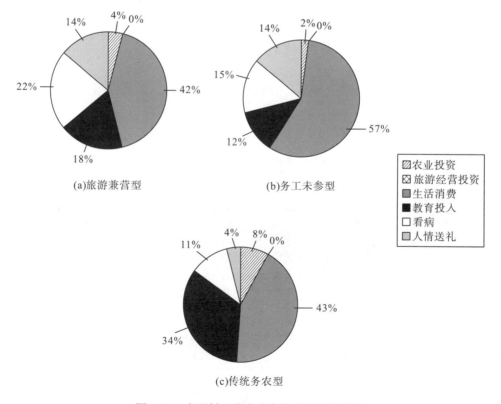

图 3-11　南猛村三类农户家庭支出结构情况

5. 参与旅游业行为特征

调研发现，景区依托型的轿子山景区沿线村落农户主要通过经营食宿接待的农家乐、斗牛等民族文娱项目、土特产销售、给农家乐帮工等形式参与旅游(表 3-7)。政府的旅游发展工作主要集中于水电厕改造、指导经营农家乐、旅游培训、减免税收、修房补助、倡导企业雇佣村民、提供旅游信息网络、农家乐扶持资金等(表 3-8)。农户生计策略影响其对旅游发展工作的评价。旅游主导型农户旅游受益最多，对旅游发展工作的认可度最高(均值超过 3.5，赞成率超过 58%)。总体上，旅游参与型农户对旅游发展项目安排和渠道畅通的认可度高于非旅游参与型农户，但仍主要依靠打工为生的旅游兼营型农户对旅游发展的投资效益的评价低于其他类型的农户(表 3-9)。

表 3-7 轿子山景区沿线村落旅游参与型农户参与旅游情况(%)

主要指标占比	特色餐饮	旅游住宿	文娱项目	土特产	给农家乐帮工
旅游主导型	83.33	83.33	8.33	16.67	8.33
旅游兼营型	85.71	85.71	28.57	14.29	14.29

数据来源：问卷调查。

表 3-8 轿子山景区沿线村落政府的旅游发展工作(%)

主要指标	旅游主导型农户	旅游兼营型农户
指导经营农家乐	75	28.75
水电厕改造	83.33	57.14
村貌改造	16.67	57.14
旅游培训	66.67	28.57
征地补偿	16.67	71.43
减免税收	66.67	85.71
文化传承	—	28.57
提供旅游信息网络	16.67	57.14
倡导企业雇佣村民	66.67	71.43
修房补助	58.33	28.57
农家乐扶持资金	8.33	—

数据来源：问卷调查。

表 3-9 轿子山景区沿线村落农户对旅游发展的评价

主要指标	旅游主导型		旅游兼营型		务工未参型		传统务农型	
	均值	赞成率/%	均值	赞成率/%	均值	赞成率/%	均值	赞成率/%
旅游发展项目安排能适应旅游发展需求	3.92	83.33	3.86	85.71	3.30	46.67	3.29	42.86
旅游发展资金使用科学合理，投资效益好	3.50	58.33	2.86	28.57	2.97	23.33	3.29	42.86
村民有渠道及时获得当地旅游发展的政策和信息，有机会发表意见	3.92	91.67	3.57	71.43	3.07	46.67	3.43	57.14

注：均值 1~2.4 表示反对，2.5~3.4 表示中立，3.5~5 表示同意。

数据来源：问卷调查。

　　传统文化型的南猛村农户主要通过加入刺绣、芦笙、茶叶、电商、民族文娱项目等共济乡村旅游合作社形式参与旅游，也有少量农户开始开办餐饮、住宿接待的农家乐和给农家乐帮工(表 3-10)。政府的旅游发展工作主要集中于提供旅游信息网络，设立村民参与的组织共同管理，村民参与旅游利润分配，刺绣、芦笙等旅游培训，文化传承等方面(表 3-11)。总体上，虽然旅游兼营型农户对旅游发展投资收益和渠道畅通的认可度高于非旅游参与型农户，但由于加入共济乡村旅游合作社的旅游收入还较少，仍主要依靠打工为生的旅游兼营型农户对旅游发展项目安排适应性的评价低于其他类型的农户(表 3-12)。

表 3-10　南猛村旅游参与型农户参与旅游情况(%)

农户类型	刺绣等旅游纪念品	芦笙制作、表演	茶叶等土特产	电商	特色餐饮	旅游住宿	文娱项目	给农家乐帮工
旅游兼营型	44.78	35.82	98.51	1.49	1.49	1.49	29.85	1.49

数据来源：问卷调查。

表 3-11　南猛村政府的旅游发展工作(%)

主要指标	旅游兼营型农户
指导经营农家乐	1.49
水电厕改造	2.99
村貌改造	2.99
旅游培训	41.79
征地补偿	1.49
减免税收	1.49
文化传承	41.79
提供旅游信息网络	98.51
村民参与旅游利润分配	88.06
倡导企业雇佣村民	2.99
设立村民参与的组织共同管理	89.55

数据来源：问卷调查。

表 3-12　南猛村农户对旅游发展的评价

主要指标	旅游兼营型		务工未参型		传统务农型	
	均值	赞成率/%	均值	赞成率/%	均值	赞成率/%
旅游发展项目安排能适应旅游发展需求	3.99	92.54	4.13	100	4.00	100.00
旅游发展资金使用科学合理，投资效益好	3.81	85.07	3.66	78.13	3.67	66.67
村民有渠道及时获得当地旅游发展的政策和信息，有机会发表意见	3.96	94.03	3.56	71.88	3.33	66.67

注：均值 1～2.4 表示反对，2.5～3.4 表示中立，3.5～5 表示同意。

数据来源：问卷调查。

3.3.3 所调查旅游村农户生计资本现状

关于旅游发展与可持续生计是近年旅游研究的新热点。国内外相关研究主要集中于旅游与可持续生计的文献综述(Shen et al.，2008)、旅游是否能成为可持续生计(Tao and Wall，2009)、旅游对生计影响的评估方法(Simpson，2009)、对国内外旅游与农户生计的案例分析(Minghuang et al.，2008；崔晓明和杨新军，2018)等方面，较少考虑乡村旅游发展背景下的旅游与农户可持续生计问题。研究视野多侧重于单个案例区，缺少不同旅游发展模式和发展阶段的对比分析。

1. 农户生计资本评价指标体系及权重

在 DFID 可持续生计框架下，参考农户生计资本的评估方法(Sharp，2003)，结合所调研村落的实际，构建农户生计资本评价指标体系，并设置权重如表 3-13 所示。

表 3-13 农户生计资本评价指标体系及权重

资本类型	测量指标及权重	赋值与说明
人力 资本 H	H_1 家庭整体劳动力(0.6)	全劳动力为 1.0，半劳动力为 0.5，非劳动力为 0
	H_2 成年劳动力受教育程度 (0.4)	大专及大专以上为 1.0，高中为 0.75，初中为 0.5，小学为 0.25，文盲为 0
资源 资本 R	R_1 耕地资源(0.5)	家庭耕地面积
	R_2 文化资源(0.5)	家庭拥有的传统文化资源种类数
物质 资本 P	P_1 家庭固定资产(0.3)	农户家庭拥有的固定资产种类数
	P_2 家庭人均住房面积(0.3)	户均家庭人均住房面积
	P_3 家庭房屋类型(0.4)	其中楼房赋值为 1；平房赋值为 0.5；土房赋值为 0
金融 资本 F	F_1 家庭人均年收入(0.5)	户均家庭人均年毛收入
	F_2 收入来源多样性(0.2)	农户生计活动的种类数
	F_3 是否能够贷款(0.2)	"否"赋值为 0，"是"赋值为 1
	F_4 是否享受政府补助(0.1)	"否"赋值为 0，"是"赋值为 1
社会 资本 S	S_1 社会网络支持度(0.5)	包括政策支持、资金支持、人力支持和技术支持，获得 1 种支持为 0.25，4 种支持为 1
	S_2 技能培训机会(0.3)	是否接受过技能培训，"否"赋值为 0，"是"赋值为 1
	S_3 社会连接度(0.2)	是否有亲友在机关、企事业单位任职，"无"为 0，"有"为 1

2. 农户可持续生计指标的测量

1)人力资本指标及测量

人力资本是农户所有生计资本的基础，主要包括家庭整体劳动力和受教育水平等要素。在将每个家庭成员的劳动能力和受教育水平分别赋值的基础上，将所有家庭成员的劳动能力和受教育水平分别进行加总，再进行标准化处理(表 3-14)。

表 3-14 家庭人力资本的标准化处理

数据指标(家庭整体劳动力)	度量值	数据指标(家庭总体受教育程度)	度量值
最大值 7	1	最大值 4	1
6	0.858	3.6	0.90
⋮	⋮	⋮	⋮
1	0.143	0.5	0.125
最小值 0	0	最小值 0	0

2)家庭资源资本指标及测量

由于民族乡村地区有丰富的文化资源,因此将传统可持续生计资本中的自然资本变更为资源资本(史玉丁和李建军,2018)。所调研村落的自然资源资本主要是耕地,文化资源资本主要包括斗牛、歌舞队、刺绣、芦笙制作、表演等。在将每个家庭的耕地资源和文化资源分别赋值的基础上,将家庭的耕地资源和文化资源分别进行加总,再进行标准化处理(表 3-15)。

表 3-15 家庭资源资本的标准化处理

数据指标(家庭耕地亩数)	度量值	数据指标(家庭文化资源种类)	度量值
最大值 9	1	最大值 2	1
8	0.889	1	0.5
⋮	⋮	⋮	⋮
1	0.111	0	0
最小值 0	0	最小值 0	0

3)家庭物质资本指标及测量

农户的人力资本主要包括家庭固定资产和家庭住房情况。在将每个家庭的固定资产、住房类型和住房面积分别赋值的基础上,将家庭的固定资产和住房情况分别进行加总,再将固定资产种类进行标准化处理(表 3-16)。

表 3-16 家庭物质资本的标准化处理及赋值

固定资产(种类)	度量值	住房类型	赋值	住房面积/m²	赋值
14	1	楼房	1	>100	1
13	0.9282	⋮	⋮	70~100	0.75
⋮	⋮	平房	0.5	40~70	0.5
1	0.0714	⋮	⋮	10~40	0.25
0	0	土房	0	<10	0

4)家庭金融资本指标及测量

农户的金融资本主要包括农户的劳动收入、股份分红、贷款、政府补助等。在将每个家庭人均年收入、收入来源多样性、是否能贷款、是否享受政府补助分别赋值的基础上，将家庭的人均年收入、收入来源多样性、是否能贷款、是否享受政府补助分别进行加总，再进行标准化处理(表 3-17)。

表 3-17　家庭金融资本的赋值

指标	赋值	收入来源多样性	赋值	是否能贷款	赋值	是否享受政府补助	赋值
家庭人均年收入>乡村人均收入×5	充分=1	5	1	是	1	是	1
乡村人均收入×5>家庭人均年收入≥乡村人均收入×2	较多=0.75	4	0.8	⋮	⋮	⋮	⋮
乡村人均收入×2>家庭人均年收入≥乡村人均收入	一般=0.5	⋮	⋮	⋮	⋮	⋮	⋮
乡村人均收入>家庭人均年收入≥乡村人均收入/2	较少=0.25	1	0.2	⋮	⋮	⋮	⋮
乡村人均收入/2	很少=0	0	0.00	否	0	否	0

5) 家庭社会资本指标及测量

农户的社会资本主要包括农户家庭的社会关系网、获得的社会支持和加入的社区组织等。在将每个家庭社会网络支持度、技能培训、社会联结度分别赋值的基础上，将家庭的社会网络支持度、技能培训、社会联结度分别进行加总。

3. 不同类型农户生计资本对比分析

1) 轿子山景区沿线村落不同类型农户生计资本对比

据测算(图 3-12)，轿子山景区沿线村落农户生计资本中，金融资本值最低，为 0.3605；得益于农家乐扶持项目、农户修房扶持项目、旅游接待户扶持项目、一级农房建设、拆迁安置、抗震安居、厕所改造等旅游发展政策之惠，物质资本最为丰富，为 0.6087；加之民族村落丰富的传统文化资源，其资源资本高于 0.5 的中间状态，为 0.5011，人力资本 (0.4407)和社会资本(0.3844)均低于 0.5。轿子山景区沿线村落不同类型农户所拥有的生计资本存在差异性。

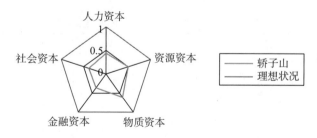

图 3-12　轿子山景区沿线村落农户生计资本现状值

(1) 人力资本。

据统计分析可知(表 3-18，图 3-13)，轿子山景区沿线村落旅游兼营型农户的人力资本值最大，传统务农型农户的人力资本值最小，旅游主导型和务工未参型农户的人力资本居中。从家庭整体劳动力来看,旅游参与型农户的家庭整体劳动力大于非旅游参与型农户,表明丰富的人力资源有助于农户生计方式的多样化。从四类农户成年劳动力受教育程度来看,传统务农型农户的受教育程度最低,仅 0.0786,旅游兼营型农户的受教育程度最高,为 0.2214,表明高质量的人力资源能促进其生计方式更新。

表 3-18　轿子山景区沿线村落四类农户五大生计资本量化值

生计资本	旅游主导型	旅游兼营型	务工未参型	传统务农型
人力资本 H	**0.4211**	**0.6136**	**0.4368**	**0.3176**
家庭整体劳动力	0.3003	0.3922	0.2960	0.2390
成年劳动力受教育程度	0.1208	0.2214	0.1408	0.0786
资源资本 N	**0.5173**	**0.7178**	**0.4582**	**0.4403**
耕地资源	0.2465	0.3964	0.1582	0.1903
文化资源	0.2708	0.3214	0.3000	0.2500
物质资本 P	**0.6944**	**0.6505**	**0.5424**	**0.4336**
家庭固定资产	0.1839	0.1897	0.1507	0.1193
家庭住房类型	0.3667	0.3429	0.3067	0.2286
家庭住房面积	0.1438	0.1179	0.0850	0.0857
金融资本 F	**0.4744**	**0.4753**	**0.3047**	**0.2897**
家庭年均收入	0.1010	0.1124	0.0433	0.0182
收入来源多样性	0.1067	0.1771	0.0947	0.0857
是否能够贷款	0.1833	0.1429	0.1200	0.1143
是否享受政府补助	0.0833	0.0429	0.0467	0.0714
社会资本 S	**0.6854**	**0.3286**	**0.3008**	**0.2821**
社会网络支持度	0.4271	0.2143	0.1875	0.1964
技能培训机会	0.2250	0.0857	0.1000	0.0857
社会连接度	0.0333	0.0286	0.0133	0
生计资本总指数 T	**2.7926**	**2.7858**	**2.0429**	**1.7633**

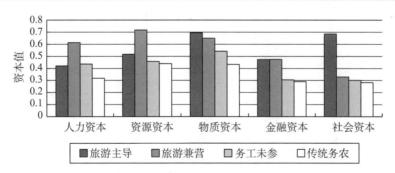

图 3-13　轿子山景区沿线村落四类农户生计资本现状

(2) 资源资本。

从表 3-18、图 3-13 可知,轿子山景区沿线村落旅游兼营型农户的耕地资源和文化资源值均为四类农户中最高,务工未参型农户的耕地资源最少,传统务农型农户的文化资源最匮乏，旅游主导型农户的资源资本居中，表明耕地等自然资源和民族文化资源影响着农户的生产生活。

(3)物质资本。

从表 3-18、图 3-13 可知，受益于住房相关旅游扶持政策，旅游主导型农户的住房条件最好，旅游兼营型农户的家庭固定资产最丰富。表明要成为旅游参与型农户，满足接待游客的需求，需要有较好的住房条件和完善的接待设施设备。政府在住房和旅游接待户物质资本方面的引导性投入，的确能增加当地农户的旅游介入机会，起到一定的示范效应和帮扶作用。

(4)金融资本。

从表 3-18、图 3-13 可知，轿子山景区沿线村落旅游参与型农户的家庭年均收入远高于非旅游参与型农户，其中，旅游兼营型农户的生计多样性最高，家庭年均收入亦最高，旅游主导型农户贷款较为容易。政府对旅游主导型农户和传统务农型农户的补助和扶持力度最大，表明政府对轿子山景区沿线村落农户的扶持工作主要集中于旅游示范户和低收入农户。

(5)社会资本。

从表 3-18、图 3-13 可知，轿子山景区沿线村落农户的社会资本差异较大，旅游参与型农户的社会资本优于非旅游参与型农户，尤其是旅游主导型农户获得了最多的社会网络支持和技能培训机会，有最大的社会连接度，其社会资本最高。

2)南猛村不同类型农户生计资本对比

由图 3-14 可知，南猛村农户的金融资本值最低，为 0.2301；物质资本(0.5170)和资源资本(0.5135)较好，在 0.5 以上；人力资本(0.4557)和社会资本(0.3228)均低于 0.5。通过统计分析(图 3-15，表 3-19)可知，南猛村不同类型农户所拥有的生计资本存在差异性。

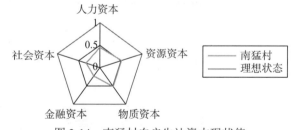

图 3-14　南猛村农户生计资本现状值

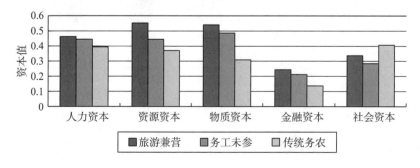

图 3-15　南猛村三类农户生计资本现状

(1)人力资本。

从图 3-15、表 3-19 可知,南猛村旅游兼营型农户的人力资本值最大,传统务农型农户的人力资本值最小,务工未参型农户的人力资本居中。旅游兼营型农户的家庭整体劳动力最大,传统务农型农户的受教育程度最低,仅 0.1083,务工未参型农户的受教育程度最高,为 0.1492,表明高质量的人力资源能提高其家庭收入。

表 3-19　南猛村三类农户五大生计资本量化值

生计资本	旅游兼营型	务工未参型	传统务农型
人力资本 H	**0.4633**	**0.4455**	**0.3943**
家庭整体劳动力	0.3163	0.2963	0.2860
成年劳动力受教育程度	0.1470	0.1492	0.1083
资源资本 N	**0.5525**	**0.4454**	**0.3703**
耕地资源	0.1719	0.1485	0.1203
文化资源	0.3806	0.2969	0.2500
物质资本 P	**0.5406**	**0.4870**	**0.3083**
家庭固定资产	0.1317	0.1339	0.1000
家庭住房类型	0.3104	0.1031	0.1333
家庭住房面积	0.0985	0.2500	0.0750
金融资本 F	**0.2430**	**0.2117**	**0.1375**
家庭年均收入	0.0537	0.0536	0.0041
收入来源多样性	0.0907	0.0675	0.0667
是否能够贷款	0.0896	0.0750	0.0667
是否享受政府补助	0.0090	0.0156	0
社会资本 S	**0.3373**	**0.2844**	**0.4083**
社会网络支持度	0.1567	0.1563	0.2083
技能培训机会	0.1299	0.0656	0.2000
社会连接度	0.0507	0.0625	0
生计资本总指数 T	**2.1367**	**1.874**	**1.6187**

(2)自然资本。

从图 3-15、表 3-19 可知,南猛村旅游兼营型农户的耕地资源和文化资源均为三类农户中最高,传统务农型农户的耕地资源和文化资源最少,表明耕地等自然资源和民族文化资源是其维持生计的重要资产。

(3)物质资本。

从图 3-15、表 3-19 可知,总体上南猛村旅游兼营型农户的物质资本高于非旅游参与型农户,其中,旅游兼营型农户的住房类型多为新楼,条件最好,务工未参型农户的家庭固定资产最丰富,住房面积最大,但因常年在外打工,疏于对房屋的修缮。

(4) 金融资本。

从图 3-15、表 3-19 可知，南猛村旅游兼营型农户的生计多样性最高，家庭人均年收入亦最高，贷款较为容易；传统务农型农户的金融资本最为匮乏。

(5) 社会资本。

从图 3-15、表 3-19 可知，南猛村农户的社会资本差异较大，尽管收入较低的传统务农型农户的社会联结度最低，但因其获得了最多的社会网络支持度和技能培训机会，传统务农型农户的社会资本优于其他两类农户，旅游兼营型农户的社会资本居中，表明南猛村针对低收入农户进行了较为精准的帮扶工作。

3.3.4 旅游发展前后农户生计资本变化

通过调研分析可知，所调查村落旅游发展前后农户的资源资本和人力资本变化较小，生计资本变化主要集中在物质、金融和社会资本等方面。

1. 物质资本变化

1）轿子山景区沿线村落物质资本变化

统计分析发现（表 3-20），与旅游发展前相比，轿子山景区沿线村落 4 种生计类型农户的物质资本发生显著变化。从人均房屋面积来看（图 3-16），4 种生计类型农户的房屋面积均有所增大，旅游参与型农户的人均住房面积增幅大于非旅游参与型农户。其中，旅游主导型农户的人均房屋面积由旅游发展前的 $6.86m^2$ 增加至旅游发展后的 $29.27m^2$，扩大了 $22.41m^2$；旅游兼营型农户的人均住房面积由旅游发展前的 $5.99m^2$ 增加至旅游发展后的 $16.41m^2$，扩大了 $10.42m^2$；务工未参型农户的人均住房面积由旅游发展前的 $6.46m^2$ 增加至旅游发展后的 $14.44m^2$，扩大了 $7.98m^2$；传统务农型农户的人均住房面积由旅游发展前的 $10.08m^2$ 增加至旅游发展后的 $14.98m^2$，扩大了 $4.9m^2$。

表 3-20   轿子山景区沿线村落不同类型农户旅游发展前后的物质资本

项目			旅游主导型	旅游兼营型	务工未参型	传统务农型
人均房屋面积 /m²	旅游发展前		6.86	5.99	6.46	10.08
	旅游发展后		29.27	16.41	14.44	14.98
房屋类型	旅游发展前	楼房/%	0	0	0	0
		平房/%	25	0	33.33	14.29
		土房/%	75.00	100.00	66.67	85.71
	旅游发展后	楼房/%	91.67	85.71	73.33	57.14
		平房/%	0	0	6.67	0
		土房/%	8.33	14.29	20.00	42.86
家庭固定资产/种	旅游发展前		5.67	6.14	6.67	5.14
	旅游发展后		8.85	8.86	7.03	5.57

数据来源：问卷调查。

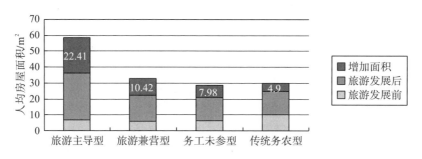

图 3-16　轿子山景区沿线村落不同类型农户旅游发展前后的房屋面积

从房屋类型来看，旅游发展前轿子山景区沿线村落 4 类农户主要以住土房为主，没有住楼房的，旅游发展后住楼房的大幅增加。旅游参与型农户的住房条件明显好于非旅游参与型农户，其中旅游主导型农户住楼房的高达 91.67%，旅游兼营型达 85.71%，务工未参与型达 73.33%，传统务农型达 57.14%（表 3-20）。

从家庭固定资产来看，调研所列出的汽车、摩托车、电动车、电视、电脑、洗衣机、电饭煲、微波炉、冰箱、固定电话、手机、农用车/拖拉机/货车、热水器、电热毯等家庭耐用品中，旅游发展前，轿子山景区沿线村落农户仅有 5～6 种，旅游发展后除传统务农型外，均在 7 种以上，4 类农户家庭固定资产种类增幅排序为：旅游主导型（3.18）>旅游兼营型（2.72）>传统务农型（0.43）>务工未参与型（0.36）（图 3-17）。

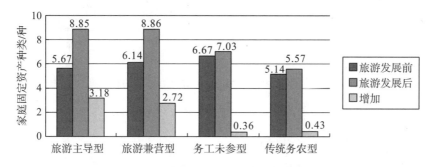

图 3-17　轿子山景区沿线村落不同类型农户旅游发展前后的固定资产种类

2) 南猛村物质资本变化

统计分析发现（表 3-21），与旅游发展前相比，南猛村三种生计类型农户的物质资本变化没有轿子山景区沿线村落明显，传统务农型农户没有变化。从人均房屋面积来看（图3-18），旅游兼营型和务工未参与型两种生计类型农户的房屋面积均有所增大，但均不太大，旅游兼营型农户的人均住房面积增幅大于务工未参与型农户。其中，旅游兼营型农户的人均住房面积由旅游发展前的 16.03m^2 增加至旅游发展后的 17.14m^2，扩大了 1.11m^2；务工未参与型农户的人均住房面积由旅游发展前的 17.87m^2 增加至旅游发展后的 18.9m^2，扩大了 1.03m^2。

从房屋类型来看，除传统务农型外，南猛村农户的住房条件也有所改善，旅游发展后新修楼房有所增加。旅游兼营型新修楼房达 55.22%，住房条件好于务工未参型农户

（40.63%）。从家庭固定资产来看，除传统务农型外，南猛村农户的家庭固定资产也有所增加，但增加不多（表3-21）。

表 3-21　南猛村不同类型农户旅游发展前后的物质资本

农户类型			旅游兼营型	务工未参型	传统务农型
人均房屋面积/m²		旅游发展前	16.03	17.87	8.72
		旅游发展后	17.14	18.9	8.72
房屋类型	旅游发展前	新楼/%	49.25	31.25	0
		旧房/%	50.75	53.13	66.67
		土房/%	0	15.63	33.33
房屋类型	旅游发展后	新楼/%	55.22	40.63	0
		旧房/%	44.78	50.00	66.67
		土房/%	0	9.37	33.33
家庭固定资产/种		旅游发展前	5.82	6.03	4.67
		旅游发展后	6.15	6.25	4.67

数据来源：问卷调查。

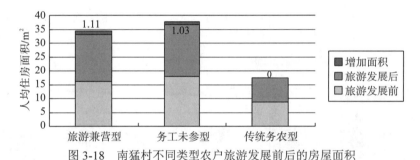

图 3-18　南猛村不同类型农户旅游发展前后的房屋面积

2. 金融资本变化

1）轿子山景区沿线村落金融资本变化

根据分析可知（表3-22），与旅游发展前相比，轿子山景区沿线村落农户的金融资本明显提高，家庭年收入显著增加，四类农户户均收入增幅排序为：旅游主导型（32.57 万元）>旅游兼营型（7.32 万元）>务工未参型（1.45 万元）>传统务农型（1.31 万元）（图 3-19）。四种类型农户生计多样化指数均有提高，旅游兼营型农户的生计更为多样化。

表 3-22　轿子山景区沿线村落不同类型农户旅游发展前后的金融资本

农户类型		旅游主导型	旅游兼营型	务工未参型	传统务农型
家庭年收入/万元	旅游发展前	2.46	7.36	3.79	1.66
	旅游发展后	35.03	14.68	5.24	2.97
生计多样化指数	旅游发展前	2.0	3.0	2.1	2.0
	旅游发展后	2.67	4.43	2.37	2.14

注：农户每从事 1 项生计活动赋值为 1。
数据来源：问卷调查。

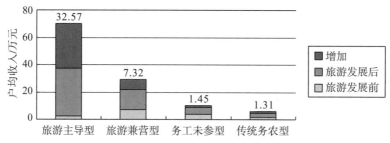

图 3-19   轿子山景区沿线村落不同类型农户旅游发展前后的户均收入

2)南猛村金融资本变化

根据分析可知(表 3-23),与旅游发展前相比,南猛村农户的金融资本也有所提高,但因其共济乡村旅游合作社处于起步期,旅游兼营型农户家庭年收入增加还不太多(2200 元),但增幅(4.34%)高于务工未参型(1.43%)农户。同时,旅游兼营型农户因加入不同类型的共济乡村旅游合作社,其生计多样性显著提高,生计多样性明显高于非旅游参与型农户。

表 3-23   南猛村不同类型农户旅游发展前后的金融资本

农户类型		旅游兼营型	务工未参型	传统务农型
家庭年收入/万元	旅游发展前	4.85	4.81	0.83
	旅游发展后	5.07	4.88	0.86
生计多样化指数	旅游发展前	1.4	1.41	1.33
	旅游发展后	2.27	1.69	1.67

注:农户每从事 1 项生计活动赋值为 1。

数据来源:问卷调查。

3. 社会资本变化

1)轿子山景区沿线村落社会资本变化

根据分析可知(表 3-24),旅游发展后,轿子山景区沿线村落旅游主导型农户的社会资本明显高于其他 3 类农户。同时,经济较为落后的传统务农型农户也享受了较多的政府补助。

表 3-24   轿子山景区沿线村落不同类型农户的社会资本

农户类型	是否享受政府补助	社会网络支持度	技能培训机会
旅游主导型	0.83	0.85	0.75
旅游兼营型	0.43	0.43	0.29
务工未参型	0.47	0.38	0.33
传统务农型	0.71	0.39	0.29

注:"是"赋值为 1;"否"赋值为 0。

数据来源:问卷调查。

2)南猛村社会资本变化

根据分析可知(表 3-25),旅游发展后,南猛村旅游兼营型农户的社会资本明显高于务工未参型农户,同时,经济较为落后的传统务农型农户得到了更多的社会网络支持和技能培训机会。

表 3-25 南猛村不同类型农户的社会资本

农户类型	是否享受政府补助	社会网络支持度	技能培训机会
旅游兼营型	0.09	0.31	0.43
务工未参型	0.06	0.07	0.22
传统务农型	0	0.42	0.67

数据来源: 问卷调查。

3.3.5 旅游发展对农户生计影响的比较

1. 不同旅游模式农户的生计策略选择不同

由于景区依托型云南轿子山景区沿线村落主要采取扶持重点农户和低收入农户开办特色餐饮、住宿的农家乐参与旅游,旅游参与型农户家庭年收入和人均年收入均高于非旅游参与型农户,"领头雁"的作用已经显现,旅游主导型农户的占比高于旅游兼营型农户。旅游参与型农户中,旅游兼营型农户自身生计资本基础较好,人力资本、资源资本和金融资本在四类农户中均为最高,旅游主导型农户多是受农家乐扶持政策引导,通过修缮房屋参与旅游接待的农户,物质资本和社会资本最高;而传统文化村落贵州南猛村主要采取组织农户加入共济乡村旅游专业合作社参与旅游,由于处于起步期,尽管旅游参与型农户的家庭年收入最高,但增加不多(分红 2500~8000 元/年),而且只有旅游兼营型农户,没有旅游主导型农户。乡村旅游精准发展中政府、企业和社会等外部力量帮扶、道路可进入性等旅游相关基础设施、旅游发展项目的进入门槛和风险、旅游产品的竞争力和市场营销、旅游的季节性和敏感性、农户的生计资本和参与旅游能力等限制性因素影响农户旅游生计策略的选择和可持续性。

2. 不同旅游模式对农户的吸纳能力不同

无论是景区依托型还是传统文化型村落,旅游参与型农户的家庭规模和人均住房面积均大于非旅游参与型农户,表明农户参与旅游受人力资本和物质资本限制较大。云贵民族地区的乡村旅游示范村均较为注重针对农户的参与旅游帮扶工作,不管是景区依托型村落还是传统文化村落,其旅游参与型农户中所包含的低收入农户都比非旅游生计中的低收入农户多。景区依托型村落受地理区位、住房面积和劳动力等物质因素制约较大,其低收入农户参与旅游的少于加入共济乡村旅游合作社模式的传统村落。共济乡村旅游合作社模式的贵州南猛村体现了更强的旅游经济增长对低收入群体的包容性。

3. 农户的生计资本仍然有限,旅游参与型农户的生计资本相对丰富

由于所调研云贵民族村落的乡村旅游发展刚开始着手,农户的生计资本仍然有限。其物质和资源资本相对较优,人力和社会资本居中,金融资本偏低。旅游参与型农户的生计更具多样性,生计资本较为丰富。在精准帮扶影响下,除社会资本外,传统务农型农户多种生计资本欠缺,生计脆弱性较高。

4. 旅游发展使旅游参与型农户和低收入农户的生计资本得以提升

乡村旅游发展优化了农户的生计资本结构,提升了农户的生计资本规模。与传统非旅游参与型农户相比,旅游参与型农户的物质资本、金融资本和社会资本显著提高。在乡村旅游发展的新时期,收入较低的传统务农型农户的社会资本提升亦较大。贵州南猛村由于乡村旅游发展起步较晚,农户生计资本的变化还不太显著,提升幅度低于云南轿子山景区沿线村落。

不同于以往仅局限于某一案例地的旅游发展与可持续生计研究,本书研究基于乡村旅游发展的时代背景,利用景区依托型和传统村落型两种不同类型的云贵民族旅游村的入户调查数据,对比分析了其乡村旅游发展对农户生计的影响。本书对现有文献的贡献在于以下两点。

第一,揭示了新时期政府供给规制下“雪中送炭”的西部乡村旅游不同于完全市场规律运作下“锦上添花”的普通乡村旅游对农户的社会资本的影响特征。不同于完全市场规律运作下谋求乡村地区整体经济效益最大化的普通乡村旅游,在中国扶贫攻坚拔寨的冲刺阶段,西部乡村旅游发展立足于“共同富裕”的理论基础,着眼于“全面建成小康社会”的现实需求,面对不易脱贫人群,需要从政府供给方面予以规制,否则很可能出现追求效率,忽视公平,乡村地区整体经济发展,而贫富分化日益加剧的现象。崔晓明和杨新军(2018)对秦巴山区乡村旅游地农户生计资本的研究发现,乡村旅游影响下农户的社会资本仍处于相对较低水平,金融、物资、人力和自然资本均得到提升。而本书揭示,精准脱贫以来,西部乡村旅游发展中,案例区旅游村落旅游参与型农户的社会资本明显提高(旅游参与型农户中有较多的低收入农户);轿子山景区沿线村落收入较低的传统务农型农户也享受了较多的政府补助和高于务工未参型农户的社会网络支持度;南猛村的传统务农型农户获得了最多的社会网络支持度和技能培训机会。

第二,发现了注重精准帮扶的西部乡村旅游不同于普通乡村旅游对农户物质资本的影响特征。史玉丁和李建军(2018)对秀山县的研究表明,乡村旅游地农户仅资源资本相对较高,物质资本较低。而本书研究发现,在稳定实现帮扶对象“两不愁三保障”的中国新时期新要求指引下,云贵旅游村落均较为注重旅游发展与农户的住房安全保障工作相对接,轿子山景区沿线村落得益于农家乐扶持项目、农户修房扶持项目、旅游接待户扶持项目等修房补助政策,物质资本最为丰富。南猛村旅游兼营型农户也多新修楼房准备参与下一步的特色生态民宿接待,物质资本最好。

第4章　西部乡村旅游中的人地
协同绩效评价

国内的旅游助力乡村发展的绩效研究主要集中于某一地的区域绩效评价，鲜将区域绩效与人口绩效结合起来进行综合评价，且缺乏对不同类型旅游发展案例地的对比研究。向延平（2009，2012）从社会、经济、环境三方面分别对德夯苗寨、武陵源景区的旅游助力乡村发展绩效进行评价。王志章和王静（2018）对云南文山壮族苗族自治州旅游助力乡村发展的经济、社会、文化和生态效益进行了绩效评价。田翠翠（2017）的研究表明重庆黔江区水市村实施纳凉村项目后对水市村脱贫以及经济、社会和环境的发展起到了良好的促进作用。罗盛锋和黄燕玲（2015）对滇桂黔石漠化连片特困区的生态旅游助力乡村发展的客观绩效、感知绩效与潜力绩效进行了评价。何红和王淑新（2014）构建了涵盖社会、经济、环境要素在内的集中连片特困区域旅游助力乡村发展绩效评价体系。黄梅芳和于春玉（2014）从长期和短期两个维度评价了广西龙胜各族自治县的民族旅游助力乡村发展绩效。

本章基于人地协同发展的视角，以景区依托型和传统村落型两种不同类型的旅游村落为研究对象，构建个体-区域协同的旅游助力乡村发展绩效评价指标体系，采用问卷调查、层次分析法、德尔菲法，从个体和区域两个层面评价旅游助力乡村发展绩效。

4.1　基于人地协同的旅游助力乡村发展绩效评价指标体系

在国内外已有旅游助力乡村发展绩效相关研究成果的基础上，结合旅游助力乡村发展绩效的影响因素（陈升等，2016），筛选能够体现人地协同的旅游助力乡村发展绩效的指标，采用层次分析法将绩效评价分解为目标、准则、要素和指标等层次结构，兼顾指标的代表性、可获得性和可操作性，从个体绩效和区域绩效两个方面构建旅游助力乡村发展绩效评价指标体系。

1. 个体绩效

旅游助力乡村发展强调对不同地区的农户实施精确识别、帮扶和管理（王思铁，2014）。旅游助力乡村发展也是更加强调提升农户参与旅游机会和自我持续发展能力的"造血式"帮扶。因此，旅游助力乡村发展的个体绩效考核包括经济减贫、能力提升、生活改善、观念更新四个维度。其中经济减贫用家庭人均年收入、家庭人均收入年增长率、低收入人口参与旅游比率 3 个指标来衡量，不仅考虑了低收入农户收入的增长，还纳入了对低收入人口的旅游精准识别和帮扶。能力提升用家庭参与技能培训的比率、家庭旅游从业上升的百分点、家庭总收入来源于旅游业的比重 3 个指标来衡量，不仅考虑了低收入人口的自身能力培育，还纳入了低收入人口的生计多样化和旅游生计可持续性。生活改善用家庭房屋非土房或危旧房比率、户均住房面积增加和家庭固定资产种类 3 个物质资本方面的指标来衡量。观念更新用参与旅游的积极性、文化自信增强和环保意识增加 3 个指标来衡量。

2. 区域绩效

旅游发展的宏观区域绩效一直是学者们关注的重点，主要包括旅游发展的区域经济、社会和环境效应(李佳等，2009b)。在新时代背景下，还包括为了实现旅游助力乡村发展的目标，综合使用各种方法对旅游助力乡村发展实施的过程、要素等进行计划、组织、协调、控制等活动的旅游发展精准管理绩效(邓小海，2015)。因此，旅游助力乡村发展的区域绩效考核包括经济效益、社会效益、环境效益、管理效益 4 个维度。其中经济效益用游客人均收益、旅游经济增速、农户年均脱贫率 3 个指标来衡量，不仅考虑了区域旅游经济效益和成长性，还纳入了在旅游助力乡村发展绩效研究中常被忽略的区域减贫这一重要指标；社会效应选择对农户的社会网络支持度、旅游促进年轻人回乡村从业和妇女地位提高 3 个指标来衡量。环境效益用旅游对生态环境、文化环境和区域交通、卫生、教育等整体环境的影响 3 个指标来衡量。管理效益用旅游发展项目安排、资金使用的精准度和村民对旅游扶贫的满意度 3 个指标来衡量。从以上两个方面构建的基于个体-区域协同的旅游助力乡村发展绩效评价体系如表 4-1 所示。

表 4-1　基于个体-区域协同的旅游助力乡村发展绩效评估体系

目标层	准则层	要素层	指标层	因子测度方法结果
基于个体-区域协同的旅游助力乡村发展绩效评估体系	个体绩效 P	经济减贫 A	低收入人口参与旅游比率 $A1$	问卷调查：参与旅游的低收入户数/低收入户数×100%
			家庭人均收入年增长率 $A2$	问卷调查：评估当年与旅游发展前年均家庭人均收入增长率
			家庭人均年收入 $A3$	问卷调查
		能力提升 B	参与技能培训比率 $B1$	问卷调查：参与技能培训的家庭数/调研家庭总数×100%
			家庭总收入来源于旅游业的比重 $B2$	问卷调查：家庭旅游从业收入/家庭总收入×100%
			家庭旅游从业上升的百分点 $B3$	问卷调查：评估当年与旅游发展前旅游从业增幅
		生活改善 C	家庭房屋非土房或危旧房比率 $C1$	问卷调查：非土房或危旧房的家庭数/调研家庭总数×100%
			户均住房面积增加 $C2$	问卷调查：评估当年与旅游发展前户均住房面积变化
			家庭固定资产种类 $C3$	问卷调查
		观念更新 I	参与旅游的积极性 $I1$	问卷调查
			文化自信增强 $I2$	问卷调查：李克特 5 分量表
			环保意识增加 $I3$	问卷调查：李克特 5 分量表
	区域绩效 D	经济效益 E	游客人均收益 $E1$	旅游部门提供数据：年旅游收入/年游客规模
			旅游经济增速 $E2$	旅游部门或旅游目的地提供数据：年均旅游收入增长率
			农户年均脱贫率 $E3$	"扶贫办"或"驻村扶贫工作队"统计数据：农户脱贫率/旅游发展年数

续表

目标层	准则层	要素层	指标层	因子测度方法结果
基于个体-区域协同的旅游助力乡村发展绩效评估体系	区域绩效 D	社会效益 F	社会网络支持度 $F1$	问卷调查：政策、资金、人力和技术，获得 1 种支持为 0.25，2 种为 0.5，3 种为 0.75，4 种为 1
			年轻人回乡村从业 $F2$	问卷调查：利克特 5 分量表
			妇女地位提高 $F3$	问卷调查：利克特 5 分量表
		环境效益 G	旅游对资源环境的影响 $G1$	问卷调查：利克特 5 分量表
			旅游对村规民俗等文化环境的影响 $G2$	问卷调查：利克特 5 分量表
			交通、卫生、教育等整体环境 $G3$	问卷调查：利克特 5 分量表
		管理效益 H	旅游发展项目安排是否精准 $H1$	问卷调查：利克特 5 分量表
			旅游发展资金使用是否精准 $H2$	问卷调查：利克特 5 分量表
			村民对旅游发展的满意度 $H3$	问卷调查：利克特 5 分量表

4.2　评价指标权重确定

4.2.1　指标权重确定方法

旅游助力乡村发展绩效的指标权重常用的方法主要有主成分分析法、熵值法、变异系数法、德尔菲法、层次分析法和模糊分析法等。本书选取层次分析法和德尔菲法对基于个体-区域协同的旅游助力乡村发展绩效进行评价，同时运用层次分析法辅助软件 Yaahp 来确定指标体系的权重，将定性和定量分析相结合。

4.2.2　层次分析法的主要步骤①

1. 确定递阶层次结构

运用层次分析法将基于个体-区域协同的旅游助力乡村发展绩效评价分解成目标层、准则层、要素层和指标层等递层结构。

2. 构造判断矩阵

层次分析法用两者之间的相对重要程度，表示同一层次的各个指标的相对重要性。由专家对各个指标两两比较的相对重要性进行评价，根据重要程度构造判断矩阵。同一层次指标的两个评价因素分别用 X_i 和 X_j 来表示，采用 1～9 比例标度法(表 4-2)来标示 X_i 对 X_j 的相对重要性数值 X_{ij}。各个专家对指标两两比较，得到准则层、要素层、指标层的判断矩阵 P。

---

① 宋亚伟，2018. 关中民俗文化旅游"小镇"开发绩效评估及其规划引导策略——以茯茶小镇为例［D］. 西安：西安建筑科技大学.

表 4-2　判断矩阵标度表

标度	9	7	5	3	1	1/3	1/5	1/7	1/9
X_{ij}	极重要	很重要	重要	略重要	同等	略次要	次要	很次要	极次要

注：取 8、6、4、2、1/2、1/4、1/8 为中间值。

3. 计算指标的权重系数

计算判断矩阵 $\boldsymbol{P}$ 每一行元素的乘积 M_i：

$$M_i = \prod X_{ij} \quad (i, j = 1, 2, \cdots, n) \tag{4-1}$$

计算各行 M_i 的几何平均数 $\overline{w}$：

$$\overline{w} = \sqrt[n]{M_i} \quad (i = 1, 2, \cdots, n) \tag{4-2}$$

对 $\overline{w}$（$\overline{w}_1$，$\overline{w}_2$，$\overline{w}_3$，$\cdots$，$\overline{w}_n$）进行归一化处理得到各指标的权重系数 w_i（w_1，w_2，w_3，$\cdots$，w_n）：

$$w_i = \frac{\overline{w}_1}{\sum_{i=1}^n \overline{w}_1} \quad (i = 1, 2, \cdots, n) \tag{4-3}$$

4. 检验判断矩阵的一致性

为了避免专家打分的主观性，保证权重值的真实有效性，在引入判断矩阵最大特征根 $\lambda_{\max}$ 后，还要对各层次的判断矩阵进行一致性检验。计算判断矩阵 $\boldsymbol{P}$ 的最大特征根公式为

$$\lambda_{\max} = \sum_{i=1}^n (\boldsymbol{P}w)_i \quad (i = 1, 2, \cdots, n) \tag{4-4}$$

式中，$(\boldsymbol{P}w)_i$ 表示 $(\boldsymbol{P}w)$ 中的第 i 个元素。

计算检验判断矩阵的一致性指标 $C_i = (\lambda_{\max} - n)/(n-1)$，平均随机一致性指标 R_i 值如表 4-3 所示。

表 4-3　平均随机一致性指标表

阶数	3	4	5	6	7	8	9	10	11	12
R_i	0.52	0.89	1.12	1.26	1.36	1.41	1.46	1.49	1.52	1.54

为了度量判断矩阵的一致性满意度，需计检验数 $Cr = C_i/R_i$。当 $Cr < 0.10$ 时，判断矩阵符合一致性要求。

4.2.3　各级指标权重计算

1. 准则层权重计算

运用层次分析法辅助软件 Yaahp，对基于个体-区域协同的旅游助力乡村发展绩效评价指标体系中的个体绩效和区域绩效两个指标构造判断矩阵，计算权重，检验一致性（表 4-4）。

表 4-4　准则层判断矩阵及权重

总体绩效 O	个体绩效 P	区域绩效 D	对总体绩效的权重
个体绩效 P	1	1	0.5
区域绩效 D	1	1	0.5

注：最大特征根 λ_{max}=2，当 n=2 时，Cr=0<0.10，满足一致性需求，权重有效。

2. 要素层权重计算

运用层次分析法辅助软件 Yaahp，对个体绩效的经济减贫、能力提升、生活改善、观念更新指标构造判断矩阵，计算权重，检验一致性(表 4-5)。

表 4-5　个体绩效指标层判断矩阵及权重

个体绩效 P	经济减贫 A	能力提升 B	生活改善 C	观念更新 I	对总体绩效的权重
经济减贫 A	1	2	4	4	0.2500
能力提升 B	1/2	1	2	2	0.1250
生活改善 C	1/4	1/2	1	1	0.0625
观念更新 I	1/4	1/2	1	1	0.0625

注：最大特征根 λ_{max}=4，当 n=4 时，Cr=0<0.10，满足一致性需求，权重有效。

运用层次分析法辅助软件 Yaahp，对区域绩效的经济效益、社会效益、环境效益、管理效益指标构造判断矩阵，计算权重，检验一致性(表 4-6)。

表 4-6　区域绩效指标层判断矩阵及权重

区域绩效 D	经济效益 E	社会效益 F	环境效益 G	管理效益 H	对总体绩效的权重
经济效益 E	1	7	3	1	0.2051
社会效益 F	1/7	1	1/4	1/5	0.0279
环境效益 G	1/3	4	1	1/3	0.0783
管理效益 H	1	7	3	1	0.1887

注：最大特征根 λ_{max}=4.0739，当 n=4 时，Cr=0.0277<0.10，满足一致性需求，权重有效。

3. 指标层权重计算

运用层次分析法辅助软件 Yaahp，对经济减贫的低收入人口参与旅游比率、家庭人均收入年增长率、家庭人均年收入指标构造判断矩阵，计算权重，检验一致性(表 4-7)。

表 4-7　经济减贫要素层判断矩阵及权重

经济减贫 A	低收入人口参与旅游比率 A1	家庭人均收入年增长率 A2	家庭人均年收入 A3	对总体绩效的权重
低收入人口参与旅游比率 A1	1	1/2	1/4	0.0357
家庭人均收入年增长率 A2	2	1	1/2	0.0714
家庭人均年收入 A3	4	2	1	0.1429

注：最大特征根 $\lambda_{max}=3$，当 $n=3$ 时，$Cr=0<0.10$，满足一致性需求，权重有效。

运用层次分析法辅助软件 Yaahp，对能力提升的参与技能培训比率、家庭总收入来源于旅游业的比重、家庭旅游从业上升的百分点指标构造判断矩阵，计算权重，检验一致性（表 4-8）。

表 4-8　能力提升要素层判断矩阵及权重

能力提升 B	参与技能培训比率 B1	家庭总收入来源于旅游业的比重 B2	家庭旅游从业上升的百分点 B3	对总体绩效的权重
参与技能培训比率 B1	1	1/5	1/5	0.0111
家庭总收入来源于旅游业的比重 B2	5	1	1/2	0.0440
家庭旅游从业上升的百分点 B3	5	2	1	0.0699

注：最大特征根 $\lambda_{max}=3.0536$，当 $n=3$ 时，$Cr=0.0516<0.10$，满足一致性需求，权重有效。

运用层次分析法辅助软件 Yaahp，对生活改善的家庭房屋非土房或危旧房比率、家庭户均住房面积增加、家庭固定资产种类指标构造判断矩阵，计算权重，检验一致性（表 4-9）。

表 4-9　生活改善要素层判断矩阵及权重

生活改善 C	家庭房屋非土房或危旧房比率 C1	家庭户均住房面积增加 C2	家庭固定资产种类 C3	对总体绩效的权重
家庭房屋非土房或危旧房比率 C1	1	3	3	0.0371
家庭户均住房面积增加 C2	1/3	1	2	0.0156
家庭固定资产种类 C3	1/3	1/2	1	0.0098

注：最大特征根 $\lambda_{max}=3.0536$，当 $n=4$ 时，$Cr=0.0516<0.10$，满足一致性需求，权重有效。

运用层次分析法辅助软件 Yaahp，对观念更新的参与旅游的积极性、文化自信增强、环保意识增加指标构造判断矩阵，计算权重，检验一致性（表 4-10）。

表 4-10　观念更新要素层判断矩阵及权重

观念更新 I	参与旅游的积极性 I1	文化自信增强 I2	环保意识增加 I3	对总体绩效的权重
参与旅游的积极性 I1	1	2	4	0.0357
文化自信增强 I2	1/2	1	2	0.0179
环保意识增加 I3	1/4	1/2	1	0.0089

注：最大特征根 $\lambda_{max}=3$，当 $n=3$ 时，$Cr=0<0.10$，满足一致性需求，权重有效。

运用层次分析法辅助软件 Yaahp，对经济效益的游客人均收益、旅游经济增速、农户年均脱贫率指标构造判断矩阵，计算权重，检验一致性(表 4-11)。

表 4-11　经济效益要素层判断矩阵及权重

经济效益 E	游客人均收益 E1	旅游经济增速 E2	农户年均脱贫率 E3	对总体绩效的权重
游客人均收益 E1	1	3	1/5	0.0375
旅游经济增速 E2	1/3	1	1/8	0.0154
农户年均脱贫率 E3	5	8	1	0.1522

注：最大特征根 λ_{max}=3.0441，当 n=3 时，Cr=0.0424<0.10，满足一致性需求，权重有效。

运用层次分析法辅助软件 Yaahp，对社会效益的社会网络支持度、年轻人回乡村从业、妇女地位提高指标构造判断矩阵，计算权重，检验一致性(表 4-12)。

表 4-12　社会效益要素层判断矩阵及权重

社会效益 F	社会网络支持度 F1	年轻人回乡村从业 F2	妇女地位提高 F3	对总体绩效的权重
社会网络支持度 F1	1	1/3	6	0.0078
年轻人回乡村从业 F2	3	1	9	0.0185
妇女地位提高 F3	1/6	1/9	1	0.0016

注：最大特征根 λ_{max}=3.0533，当 n=3 时，Cr=0.0513<0.10，满足一致性需求，权重有效。

运用层次分析法辅助软件 Yaahp，对环境效益的旅游对资源环境的影响，旅游对村规民俗等文化环境的影响，交通、卫生、教育等整体环境指标构造判断矩阵，计算权重，检验一致性(表 4-13)。

表 4-13　环境效益要素层判断矩阵及权重

环境效益 G	旅游对资源环境的影响 G1	旅游对村规民俗等文化环境的影响 G2	交通、卫生、教育等整体环境 G3	对总体绩效的权重
旅游对资源环境的影响 G1	1	1/3	1/5	0.0086
旅游对村规民俗等文化环境的影响 G2	3	1	1/2	0.0242
交通、卫生、教育等整体环境 G3	5	2	1	0.0455

注：最大特征根 λ_{max}=3.0037，当 n=3 时，Cr=0.0036<0.10，满足一致性需求，权重有效。

运用层次分析法辅助软件 Yaahp，对管理效益的旅游发展项目安排是否精准、资金使用是否精准、村民对旅游发展的满意度指标构造判断矩阵，计算权重，检验一致性(表 4-14)。

表 4-14　管理效益要素层判断矩阵及权重

管理效益 H	旅游发展项目安排是否精准 H1	旅游发展资金使用是否精准 H2	村民对旅游发展的满意度 H3	对总体绩效的权重
旅游发展项目安排是否精准 H1	1	1/2	1/4	0.0270
旅游发展资金使用是否精准 H2	2	1	1/2	0.0539
村民对旅游发展的满意度 H3	4	2	1	0.1078

注：最大特征根 λ_{max}=3，当 n=3 时，Cr=0<0.10，满足一致性需求，权重有效。

采用上述方法，最终得到基于个体-区域协同的旅游助力乡村发展绩效评价各级指标权重表（表 4-15）。

表 4-15　绩效评价各级指标权重表

目标层	准则层	要素层	指标层
基于个体-区域协同的旅游助力乡村发展绩效评估体系	个体绩效 P（0.5）	经济减贫 A（0.2500）	低收入人口参与旅游比率 $A1$（0.0357）
			家庭人均收入年增长率 $A2$（0.0714）
			家庭人均年收入 $A3$（0.1429）
		能力提升 B（0.1250）	参与技能培训比率 $B1$（0.0111）
			家庭总收入来源于旅游业的比重 $B2$（0.0440）
			家庭旅游从业上升的百分点 $B3$（0.0699）
		生活改善 C（0.0625）	家庭房屋非土房或危旧房比率 $C1$（0.0371）
			户均住房面积增加 $C2$（0.0156）
			家庭固定资产种类 $C3$（0.0098）
		观念更新 I（0.0625）	参与旅游的积极性 $I1$（0.0357）
			文化自信增强 $I2$（0.0179）
			环保意识增加 $I3$（0.0089）
	区域绩效 D（0.5）	经济效益 E（0.2051）	游客人均收益 $E1$（0.0375）
			旅游经济增速 $E2$（0.0154）
			农户年均脱贫率 $E3$（0.1522）
		社会效益 F（0.0279）	社会网络支持度 $F1$（0.0078）
			年轻人回乡村从业 $F2$（0.0185）
			妇女地位提高 $F3$（0.0016）
		环境效益 G（0.0783）	旅游对资源环境的影响 $G1$（0.0086）
			旅游对村规民俗等文化环境的影响 $G2$（0.0242）
			交通、卫生、教育等整体环境 $G3$（0.0455）
		管理效益 H（0.1887）	旅游发展项目安排是否精准 $H1$（0.0270）
			旅游发展资金使用是否精准 $H2$（0.0539）
			村民对旅游发展的满意度 $H3$（0.1078）

4.3　评价标准及综合评价

4.3.1　评价标准

对于指标数据的量化标准，家庭人均年收入参考 2016 年全国农村居民人均可支配收入，家庭人均收入年增长率、家庭总收入来源于旅游业的比重、家庭旅游从业的比重参考国家旅游局《全国乡村旅游扶贫观测报告》，低收入人口参与旅游比率、参与技能培训比率参考《乡村旅游扶贫产业项目实施意见(试行)》要求，家庭房屋非土房或危旧房比率、户均住房面积增加参考《中国农村贫困监测报告 2017》2016 年贫困地区相关数据，家庭固定资产参考调研家庭最多的有 14 种，游客人均收益参考 2016 年云南和贵州游客人均收益均值，旅游经济增速参考 2016 云南和贵州旅游经济增速均值，农户年均脱贫率参考 2012～2016 年全国农村年均脱贫率，社会网络支持度参考调研家庭最高的为 1，参与旅游的积极性、文化自信增强、环保意识增加、年轻人回乡村从业、妇女地位提高、旅游对资源环境、村规民俗等文化环境、交通等整体环境的影响，及旅游发展项目安排是否精准、旅游发展资金使用是否精准、村民对旅游发展的满意度等 5 点量法定性指标参考满分 5 分。

4.3.2 综合绩效评价结果

将各指标的实际值除以标准值乘以权重即可得到该指标的评估值。如果某一指标实际值大于标准值，该指标得分直接为其权重。根据单个因子的得分加总，得出轿子山沿线村落与南猛村个体-区域协同的旅游助力乡村发展绩效综合评价值(表 4-16)。本书对旅游助力乡村发展绩效评价值分为五类：优(≥90 分)、良(80～89 分)、中(70～79 分)、低(60～69分)、差(<60 分)，以此来评价旅游助力乡村发展绩效。

表 4-16 轿子山沿线村落与南猛村个体-区域协同的旅游助力乡村发展绩效综合评价

指标	权重数	标准值	实际值		得分	
			轿子山	南猛村	轿子山	南猛村
一、个体绩效	50				41.90	38.02
(一)经济减贫	25				20.75	19.74
低收入人口参与旅游比率	3.57	75.1	50	78.57	2.38	3.57
家庭人均收入年增长率	7.14	39.4	23.36	21.68	4.23	3.93
家庭人均年收入	14.29	12363	12234.59	10589.04	14.14	12.24
(二)能力提升	12.5				12.10	8.29
参与技能培训比率	1.11	50	32.14	39.22	0.71	0.87
家庭总收入来源于旅游业的比重	4.4	39.4	53.84	3.85	4.4	0.43
家庭旅游从业上升的百分点	6.99	35.1	35.71	65.69	6.99	6.99
(三)生活改善	6.25				4.54	4.23
家庭房屋非土房或危旧房比率	3.71	95.5	80.36	95.1	3.12	3.69
户均住房面积增加	1.56	19.1	10.99	1.27	0.90	0.10
家庭固定资产种类	0.98	14	7.41	6.14	0.52	0.43
(四)观念更新	6.25				4.51	5.77
参与旅游的积极性	3.57	5	3.13	4.71	2.23	3.36
文化自信增强	1.79	5	4.18	4.59	1.50	1.64
环保意识增加	0.89	5	4.39	4.33	0.78	0.77

续表

指标	权重数	标准值	实际值		得分	
			轿子山	南猛村	轿子山	南猛村
二、区域绩效	50				34.34	42.16
（一）经济效益	20.51				13.45	18.90
游客人均收益	3.75	1021.69	81.49	769.79	0.30	2.83
旅游经济增速	1.54	43.6	25.6	24.2	0.90	0.85
农户年均脱贫率	15.22	22.79	18.34	25.28	12.25	15.22
（二）社会效益	2.79				1.54	1.86
社会网络支持度	0.78	1	0.49	0.32	0.38	0.25
年轻人回乡村从业	1.85	5	2.8	4	1.04	1.48
妇女地位提高	0.16	5	3.66	4.11	0.12	0.13
（三）环境效益	7.83				6.13	6.36
旅游对资源环境的影响	0.86	5	3.48	2.89	0.60	0.50
旅游对村规民俗等文化环境的影响	2.42	5	2.87	3.41	1.39	1.65
交通、卫生、教育等整体环境	4.55	5	4.55	4.63	4.14	4.21
（四）管理效益	18.87				13.22	15.04
旅游发展项目安排是否精准	2.7	5	3.5	4.03	1.89	2.18
旅游发展资金使用是否精准	5.39	5	3.11	3.75	3.35	4.04
村民对旅游发展的满意度	10.78	5	3.7	4.09	7.98	8.82
总分					76.24	80.18

　　云南轿子山景区沿线村落旅游助力乡村发展绩效综合得分为 76.24，处于"中"等级，贵州南猛村旅游助力乡村发展绩效综合得分为 80.18，处于"良"等级，总体上云贵民族村落旅游助力乡村发展取得了一定的成效，但还有较大的提升空间，合作社模式的传统文化村落贵州南猛村的旅游助力乡村发展绩效略好于政府扶持模式的景区依托型云南轿子山沿线村落。

　　具体来看，家庭人均年收入增长率，家庭人均年收入，家庭总收入来源于旅游业的比重，家庭旅游从业上升的百分点，农户年均脱贫率，交通、卫生、教育等整体环境、旅游发展资金使用是否精准，村民对旅游发展的满意度 8 项指标权数均大于 4，说明这 8 项指标在云贵民族村落的旅游发展中占据重要地位。家庭人均收入年增长率反映了旅游发展以来村民收入的变化情况，由于之前所调研云贵民族村落均较为落后，收入基数较小，旅游发展开展之后给予村民更多的生计和增收机会，家庭人均收入年增长较快，但仍低于全国的平均增速水平。家庭人均年收入越高，村民的经济困难程度越轻，然而调研村落该指标的实际值小于标准值，说明依然相对落后。家庭总收入来源于旅游业的比重反映了村民参与旅游的深度，后发的南猛村该指标的实际值小于标准值，旅游对村民的增收效应有待进一步提升。家庭旅游从业上升的百分点反映了社区村民参与旅游的广度，体现了旅游经济增长对当地村民和低收入人口的包容性，调研发现在旅游助力乡村发展的新时期，旅游发展重点村均较为注重村民的旅游参与,该指标的实际值达到标准值。农户年均脱贫率是旅游发展绩效最直观的反映,轿子山景区沿线村落该指标的实际值小于标准值,南猛村该指标的实际值大于标准值,说明轿子山景区沿线村落的农家乐扶持项目对低收入农户的旅游参与门槛较高,旅游发展效果较南猛村多渠道参与的共济乡村旅游专业合作社差。交通、卫生、教育等整体环境决定着旅游发展村落的交通可进入性和旅游服务设施供给的完善程度,调研发现村民对交通可进入性、卫生、路灯、标识系统等方面的建议较多,如"通村道路窄,部分土路应拓宽道路,交通道路需扩改建,基础设施如路灯、引导、标识、宣传牌缺乏,建好配套设施;建议每年个人交 10 元,用于村里的环境卫生,搞水利和修路等工程;村子内部的修房修路交通不便;加强道路等基础设施建设"等。旅游发展资金使用是否精准决定了旅游精准帮扶的绩效。轿子山景区沿线村落 21.43%的被调查者表达了对资金方面的建议和担忧,如"缺乏资金、政策的扶持;2015 年后修房没有享受修房补助政策,希望政策扩大扶持范围,继续扶持;修房后,月供多,还贷压力大;3 万元修房后就被划为脱贫了,实际还很困难,不应退出扶持户;自己先垫钱盖房,差钱,盖房后就直接脱贫,不合理,盖好还得等验收,现在资金还没到位,贷款利息高,自己承担;农家乐是否能继续扶持,贷款修房,还款压力大;家里的配套设施不完善,只是修好了房,还缺资金,希望加大资金扶持力度"等。南猛村村民对资金方面的建议主要有"如果回村做旅游、养殖、种植等缺资金,政府能否扶持?危房想修,政府能否资金支持;希望农家乐能搞起来,留村"等。村民对旅游发展满意度的均值均高于 3.5,相比之下后发的南猛村村民对旅游发展的满意度更高,轿子山景区沿线村落 76.79%的家庭对旅游发展在基本满意以上,南猛村 94.12%的家庭对旅游发展在基本满意以上,表明无论是对于云南轿子山这种区位偏远、资源环境保护地位突出的村落而言,还是对于贵州南猛村这种传统文化深厚、转型升级的民族村落而言,旅游发展均得到了村民的普遍认可。轿子山景区沿线村民认为旅游发展在以下方面还有待改进,"希望修房补助资金到位,政策多扶持;旺季游客量还可以,淡季游客量太少,季节性太强;旅游开发后游客量少,担心以后的效益;在资金方面多支持,在知识、技能方面多培训;盖房后就直接脱贫不合理;景区开发好,游客量更多,生意更好;希望客人多一点,加强道路等基础设施建设,开发留得住游客的文化旅游资源和娱乐休闲项目;希望项目和轿子雪山景区开发好,游客多,希望市场价格稳定,农家乐是否能继续扶持,贷款修房,还款压力大;希望再提升旅游发展;希望把村里的旅游打造好,特色突出,下一步可发展妇女手工刺绣;旅游重点活动把村作为分会场,项目安排进村里,如火把节、节事带动,线路设点,斗牛产品设计,把村里纳入"等。南猛村民认为旅游发展在以下方面还有待改进,"加入乡村旅游合作社,地征完了没地种菜吃;希望多开发点项目;建议开发斗牛等娱乐项目;希望农家乐能搞起来,留村;绿化、改变、建设南猛;希望刺绣等旅游发展越来越好,自己年纪大了,只能种茶叶;多扶持低收入农户,扶持条件好的不公平;希望政府能扶持修房,对回村做旅游、养殖、种植进行扶持"等。

从个体绩效来看,旅游发展较早的轿子山景区沿线村落的个体绩效(41.90)好于南猛村(38.02),轿子山景区沿线村落在个体经济减贫、能力提升和生活改善等方面的得分均好于南猛村。具体来看,轿子山景区沿线村落的家庭人均年收入、家庭人均收入年增长率、家庭总收入来源于旅游业的比重、户均住房面积增加和家庭固定资产种类高于南猛村,发挥出了景区旅游经济增长对交通沿线村落增收富民的带动效应，且轿子山作为国家级自然保护区和"滇中动植物基因库"，在旅游发展促进村民环保意识增加方面亦略好于贵州南猛村。而传统文化村落南猛村在低收入人口参与旅游比率、参与技能培训比率、家庭旅游从业上升的百分点、家庭房屋非土房或危旧房比率、参与旅游的积极性和文化自信增强等方面高于轿子山景区沿线村落，体现了更强的旅游经济增长对低收入人口的包容性和乡村振兴潜力。

从区域绩效来看，南猛村(42.16)旅游助力乡村发展的区域绩效好于轿子山景区沿线村落(34.34)，南猛村区域经济、社会、环境和管理效益等方面的得分均好于轿子山景区沿线村落。具体来看，南猛村的区域游客人均收益、农户年均脱贫率、年轻人回乡村从业、妇女地位提高、旅游对村规民俗等文化环境的影响、交通等整体环境、旅游发展项目安排和资金使用的精准性、村民对旅游发展的满意度高于轿子山景区沿线村落，轿子山景区沿线村落的旅游经济增速、社会网络支持度、旅游对资源环境的影响好于南猛村。这表明尽管轿子山景区作为国家级自然保护区，较为注重资源环境的保护，沿线村落得到了更多的社会支持，但其旅游发展仍未摆脱门票经济，旅游相关产业链不完善，具吸引力的活动项目不多，受降雪和花期等影响，季节性明显，游客人均收益较为低下。由此可见，所调研的云贵两种不同类型的民族村落均还需通过人(个体)-地(区域)的高效协同来进一步提升其旅游助力乡村发展绩效。

4.4　影响旅游助力乡村发展绩效的主要因素

4.4.1　区域经济社会发展程度与帮扶治理力度

云南省轿子山所在的昆明市"两区两县"(指东川区、禄劝县、寻甸县 3 个国家级开发工作重点区县和倘甸开发试验示范区，简称"两区两县")是昆明市最偏远的地区。截至 2014 年底，昆明市年人均纯收入低于 2300 元(2010 年不变价)的 7 个县区有低收入人口 20.75 万人，其中 20.23 万低收入人口集中在"两区两县"，占全市低收入人口的 98%。贵州南猛村是建档立卡村，交通闭塞、平地较少、设施不足、经济落后、人才匮乏，2015年，全村有建档立卡农户 44 户 178 人。两组村落都属于连片特困民族地区，生态文化保护需求突出，经济社会发展滞后，脱贫难度较大。

云南专门成立了由昆明市直接托管的旅游示范区，通过开展轿子山国家 AAAA 级景区创建工作，启动景区信息化建设，推动设施建设不断完善，举办旅游节事活动，实施景区带村旅游，对沿线村落编制旅游规划，引导企业进行国家旅游发展重点村的旅游发展公益规划，专设农家乐和旅游接待户扶持项目资金进行雁阵引领，成立农家乐小旅店协会，进行旅游从业人员专业技能培训，使这一地区旅游市场逐年升温，沿线村民增收致富。然而，由于工作经费紧张，人才资源匮乏，致使旅游设施建设滞后，旅游产业体系不完善，旅游项目在区内外缺乏有效竞争力，旅游助力乡村发展的绩效欠佳。

贵州从北京选派优秀干部挂职南猛村第一书记，使其背靠所在单位和自身资源，充分发挥因村派人精准的作用。为帮助村子理清发展思路，编制《贵州省雷山县山地旅游扶贫规划》和《贵州省雷山县郎德镇南猛村旅游扶贫规划》；进行入户一户一档问卷调查，对建档立卡农户进行分类精准施策；建立共济乡村旅游合作社，大力发展特色农业、芦笙表演、民族手工艺制作和电子商务等产业，通过产业发展实现农户收入增长和村集体成长壮大；与相关企业、国家级非物质文化遗产传承人等签约合作，进行商品开发、技能培训、订单对接；整合各方人脉资源建南猛村后援团微信群，请后援团专家实时"支招"，发动后援团成员购买茶叶、刺绣等旅游商品、做公益捐助等活动；完善旅游组织架构，编制工作手册，制定章程和制度；创建党建示范村，发挥党员带头作用；健全民主监督，维护村民决策权、知情权、参与权和监督权，提升南猛村民主自治水平；改造村里的道路，增设太阳能路灯，建设生活垃圾集中收集点，接入生活污水处理设施，全村覆盖免费 Wi-Fi，推动村落污染和环境综合治理。但由于旅游发展工作起步较晚，其在村民的收入增加、能力提升、生活改善、区域旅游经济等方面的绩效还有较大提升空间。

4.4.2　区域旅游开发水平与带动能力

云南轿子山景区的旅游产品仍以观光为主，休闲度假、健康养生、自然研学、生态科普、娱乐体育、文化创意、民族风情等复合产品体系尚未建立，参与性、体验性、娱乐性缺乏，与区域旅游资源禀赋不匹配，以交通为核心的旅游基础设施建设仍较滞后，景区连接主干道的交通等级低，景区内的交通还较为薄弱，旅游标识系统、旅游公共信息服务网、游客服务区等旅游公共服务设施建设滞后，旅游购物、娱乐点少，住宿、餐饮等档次较低，旅游相关产业规模不大、融合不够、链条不长、结构不合理，新增就业岗位少，尚未形成规模化、品牌化、产业化、全域化的旅游集聚区，旅游吸引力、竞争力弱，游客停留时间短、消费低、体验浅，受降雪、花期和节事等影响，季节性明显，旅游经济效益较差，对景区周边村落的带动效应较为有限。随着扶持沿线村民开办的农家乐增多，竞争加剧，村民普遍反映所办农家乐的经营状况堪忧，有村民甚至反映今年比往年客人更少，经营更为困难。

贵州南猛村的结合低收入人口能力和意愿的乡村旅游专业合作社，分组生产茶叶、杨梅、刺绣、银饰等农特产品、手工艺品，使旅游商品开发与企业订单相对接，解决市场销路问题，并以开设微店、淘宝店等电商方式进行销售，通过土地流转、入股分红等方式，让村民初尝旅游发展的红利。但其旅游发展规划中的以芦笙文化传承演艺和生态农家乐等吸引游客到村的特色乡村旅游发展模式还未形成气候，村民受资金和知识所限，开办农家乐的还较少，目前仅有少量民族文化相关专业的师生、工作人员、企业等到村研学、交流、开展合作，普通游客进村的交通指引和旅游专线还较为缺乏，食宿等旅游接待体系还不完善，乡村旅游特色业态尚待丰富，旅游宣传营销有待加强，影响了旅游对低收入人口的增收幅度，也导致了旅游主导型农户的缺失。

4.4.3　低收入人口的参与渠道设置与门槛高低

云南轿子山景区低收入人口参与旅游的渠道较为单一，主要是在轿子山旅游专线交通沿线村落针对旅游示范户和低收入农户，通过农家乐和旅游接待户扶持项目，引导其修房开办农家乐，在验收合格后给予补贴，使其参与旅游接待，实现增收致富。受低收入农户的家庭地理区位、住房面积和劳动力等因素制约较大，旅游参与门槛较高，对低收入农户的吸纳能力有限。农家乐雁阵引领模式的轿子山景区沿线村落参与旅游的低收入农户少于多渠道参与乡村旅游专业合作社模式的传统文化村落贵州南猛村。单一的渠道设置和较高的参与门槛，不仅影响了轿子山景区沿线村落低收入农户参与旅游的比率，也影响了其区域农户的脱贫率。

第5章 国内外的有益经验

5.1 国外有益经验借鉴

5.1.1 政府启动并制定亲贫性政策法规

欠发达国家着力挖掘旅游助力乡村发展的潜力。1999 年 4 月，英国国际发展局提出了旨在增加旅游发展过程中低收入人口净利益的 PPT 项目。PPT 项目中，政府主要在亲贫性的旅游法规建设、基金建立、制度设计和政策制定四方面发挥作用（王铁和李梅，2007）。从英国国际发展局在南非、越南和柬埔寨等的 PPT 项目研究和实施经验来看，这些政策法规涉及就业、税收、财政、金融、教育培训、监控、利益分配与平衡等多个方面。如南非的黑人经济授权政策，激励企业雇佣当地人，发展有益于低收入人口的地方小企业（朱海森和王颖，2007）。越南在其旅游法律中明确了有利于低收入人口的原则。荷兰国家援助机构帮助柬埔寨开发了利于实现 PPT 的政策框架（Pro-poor tourism partnership，2007）。澳大利亚联邦政府 1985 年对 Uluru-Kata Tjuta 国家公园实行所有权和经营权分离。公园由澳大利亚公园和野生动物服务中心和当地社区共同管理。经营权则交予当地土著居民，使当地社区不仅能得到租赁土地和分享门票收益等直接补偿，还能得到参与管理和经营、帮助改造房屋、捐资助学等间接补偿（杨桂华等，2004）。

5.1.2 激励多主体参与

旅游相关院校方面，美国许多大学在乡村社区可持续发展或社区旅游发展方面都有合作推广服务（cooperative extension service）。校内有面向社区服务的旅游教师（全职或兼职的都有），义务为乡村及社区旅游发展出谋划策，并出版了大量的指南和工作手册，以帮助社区理解和管理旅游。如密苏里大学出版的《美国旅游：旅游发展指南》、《旅游的社区途径》（Murphy，1985）、《乡村旅游和小型商业发展国家政策研究》《乡村旅游发展培训指南》（Koth et al.，1995）、《帮助乡村社区发展经济：旅游资源评估和开发》（Fessenmaier and Fessenmaier，1993）、《社区旅游评估手册》（Brass，1995）等。

旅游相关企业方面，英国国际发展部、英国海外发展研究所、荷兰国际双边救援机构等世界旅游扶贫研究组织均已认识到私营企业，尤其是小企业是全球扶贫的重要力量，是旅游助力乡村发展市场化和社会化的主体。激发和促进私营企业与当地社区和低收入家庭的联系，也是世界旅游组织和联合国贸易和发展委员会 ST-EP 计划项目的主要操作内容。南非通过对旅游相关企业在规划获准、资金资助、良好的邻里关系和营销等方面进行激励（business incentives），给低收入人口创造更多利益（朱海森和王颖，2007）。

援助与发展等社会组织方面，有大量 PPT、ST-EP 等项目，能以项目推动欠发达社区和低收入人口发展(李佳等，2009c)。英国国际发展局、海外发展研究所、荷兰国际双边救援机构、世界旅游组织，在发展中国家开展了大量国际 PPT 和 ST-EP 计划项目(朱海森和王颖，2007)。世界旅游组织实施了"UNWTO 志愿者计划"。该计划由有一定相关技能且受过培训的志愿者对项目区的旅游发展进行调研分析，提升低收入人口的知识和能力，引导其实现可持续发展。ST-EP 的活动包括：引导当地居民参与旅游，培训社区旅游从业人员，帮助低收入生产者和旅游企业建立联系，对小微企业和基于社区的旅游业提供金融和商业服务，召开可持续旅游能力建设培训会，研究和出版旅游发展相关研究报告和培训手册，召开国际旅游发展研讨会进行信息传播和意识提升(UNWTO，2011)。

　　旅游者方面，美国外地游客到乡村旅游需付包括旅游食品及饮料税、特种执照税等的旅游奉献税(tourism-dedicated taxes)。许多社区宾馆有客栈老板税(an innkeeperps tax)或床位税(bed tax)。这些税只对游客而非当地居民征收(Lewis，1998)。泰国 Huay Hee 村建立了接受游客或相关组织捐赠的村民旅游基金会，旅游基金会的钱主要用于村中与旅游有关的项目(何艺玲，2002)。

5.1.3　使低收入人口融入旅游供应链

　　国际旅游发展研究以旅游的经济影响为关注焦点，尤其重视旅游经济的"地方的"(哪些停留在本地)和"有利于低收入人口的"(哪些到达低收入人口那里)影响。地方利益最大化是国际旅游扶贫战略之一。使低收入人口融入旅游供应链是国际旅游发展的主要手段。如英国国际发展局的 PPT 项目操作原则中明确提出使低收入人口融入当地旅游供应链，以提高低收入人口对旅游产业和市场的可进入性，并在多米尼加共和国、老挝、卢旺达、冈比亚和加勒比海地区的 PPT 项目中加以实践。研究表明，直接由低收入人口赚取的收入和间接从旅游中获得的收入对于在目的地层面有着强经济联系的能超过 1/4 的旅游支出，但在一些联系不太强的地区则降到 10%。南非 Spier 村对旅游供应链进行了改革，发起了推进使当地、黑人受益且环境可持续的旅游产品供应者的行动，以发展当地旅游供应链，并对所有新供给者进行经济、社会和环境表现的评估，使得价格和质量不再是获得供给合同的唯一决定因素；联合国与发展会议中心一起帮助塞内加尔达卡尔的两家雅高(Sofitel and Novotel)酒店识别那些能帮助提供饭店可持续基本需求的当地生产者和服务提供者，以促进地方发展；柬埔寨 Siem Reap 镇鼓励旅游企业购买和使用当地原料(如食品和手工艺品)，并对有利于当地社区的旅游企业(如从当地社区雇用员工)进行认证(Pro-poor tourism partnership，2007)。

　　国际旅游助力欠发达地区发展项目实施前，充分利用价值链分析工具(value chain analysis，VCA)分析当地旅游发展情况，帮助低收入人口融入当地经济和旅游价值链[①]，量化低收入人口收益，提高本地旅游发展的益贫收入(pro-poor income，PPI)，避免无效扶贫投资(Mitchel and Ashley，2009)。如英国海外发展组织和荷兰国际双边求援机构运用VCA 调研了老挝琅勃拉邦省低收入人口参与旅游产业发展的住宿、饮食、手工艺品、交

[①] 包括：旅游企业就业(旅行社导游、酒店员工等)、食品供应链、手工艺品供应链、自主创业(住宿、餐饮、向导、马帮等特色交通工具等小微企业)。

通和旅游团服务几大价值链，得出了受缺乏技术制约，低收入人口更多是作为旅游供应商而不是通过旅游就业或销售旅游产品来参与当地旅游价值链的(Ashley，2006)。南非等国家通过建立"包容性商业"模式(推动大企业与小微企业之间的协作，整合低收入人口成为其供应商、经销商、零售商或雇员)，以扩大就业和创造创业机会，消除贫困。如南非的米勒啤酒将众多小微企业整合到其产业链中，以促进当地社区和经济发展。南非旅游扶贫的经验表明，通过对欠发达地区居民的适当培训，可使当地旅游相关企业的工作人员大部分来自本地，旅游收入的70%以工资形式流入当地经济，并使当地社区与旅游企业建立平等合作关系(杨立华，2005)。其次是明晰低收入人口自主经营小企业的困难和障碍。如天主教海外发展组织(The Catholic Agency For Overseas Development，CAFOD)通过对阿富汗、肯尼亚等14个地区小企业经营者在发展中面临的挑战和问题调研，发现获得信贷等金融服务(14%)、交通运输等基础设施和公共服务(13%)、拥有顾客(13%)、不稳定的商业环境和市场(10%)、健康不佳和缺乏技能等人力资源(9%)5个问题占到总体困难的59%，且在所调研的地区中惊人的一致，应优先考虑(Montgomery，2013)。

5.1.4 引导社区参与旅游

欧美发达国家历来重视社区在旅游发展中的作用。如欧美乡村旅游，从旅游规划编制与实施，到旅游监测调控，每一步都有当地社区居民参与，以获得社区支持，减少旅游的文化和环境负面影响(张环宙等，2007)。英国世界遗产哈德良长城的管理者，让当地社区居民和学校参与遗产保护、社区艺术、地方解说、考古、教育和信息等项目和计划，以建立当地社区和世界遗产的联系，使社区居民理解遗产管理者的意图，保证遗产收益更多地流向当地居民，增加其对哈德良长城的认同感和主权感(HWHL，2007)。国际旅游扶贫研究组织积极引导贫困社区的私营企业通过雇佣当地贫困人口、与当地企业联动等，建立履行社会责任的企业使命(Ashley and Roe，1998)。

5.1.5 开发使当地人受益的产品

国际旅游发展与消除贫困研究表明，可通过开发使当地人和环境受益的产品，使更多利益流向他们。跨越老挝、越南和柬埔寨的区域性行动——"再停留一天"，通过开发新产品，尤其是能让低收入人口受益的产品，鼓励人们延长停留时间，增加在当地的相关消费，使低收入人口更直接地从中获利，如从旅游者的游览中赚取收入和捐款，组织为学生提供职业培训，为地雷受害人提供补偿等。不丹自然保护司、旅游部和旅游经营者协会联合在Jigme Singye Wangchuck国家公园的Nabji-Korphu试验区，开发了一个PPT项目——为期6天的低海拔冬季牛拉车旅行，使得沿线的每一个村民都能参与增加收入的活动，如提供社区露营地、文化项目、乡村导游、提供就餐。引导旅行社使用这些当地提供者的产品和服务。在冈比亚，一种新的白天短程旅行被成功开发出来——让游客参观一个典型的冈比亚村庄并了解当地人的生活。在运营的前4个月，这一新的短途旅行就接待了超过500名游客。印度基于西孟加拉的一种新种族活动，开发了丛林露营。服务和向导由当地附近村民提供。社区发展计划由自助行动包括创建社区森林预备队、进行住宿业培训和开办家庭旅馆等组成。在野生动植物保护意识项目中,将当地青年人射鸟的弹弓拍卖给鸟类爱好者,相关经费用于增加国家公园附近的替代游憩设施和鸟类保护中心的资金(Pro-poor tourism partnership, 2007)。

倡导 ST-EP 的世界旅游组织和荷兰国际双边救援机构等世界旅游扶贫研究组织均已认识到只有帮助低收入人口成为住宿、餐饮、导游、运输、零售和娱乐等小微企业的经营主体,才能提升低收入人口的自我发展能力,实现永续脱贫。荷兰国际双边救援机构在尼泊尔实施"地区合作伙伴计划"(District Partners Program, DPP),鼓励低收入人口自主创业并参与商业计划,以引导社区小微企业发展,并加强农村发展委员会、社区、私营部门、非政府组织等在维护村内弱势群体和妇女权益方面的合作。巴拿马政府制定"小微企业发展权利",在政策上支持发展以社区为基础的小微企业,并通过"社区企业家项目"对小微企业经营管理者提供资金和培训(SNN Asia, 2005)。

为了实现小微企业的可持续发展,还需培育具核心竞争力的特色品牌,完善社会化服务体系。如日本的"一村一品",每个村子在已有资源和传统擅长的基础上,结合消费者的个性化需求,通过科研机构、大学、企业组成的科研体系,以及政府的农业改良推广所和农协组成的农业推广服务体系等社会化服务体系[①],把产品和项目求精、做专、深挖、创新,从而成为知名品牌,促进欠发达地区小农场发展,提高当地农民的市场竞争力(王蕊, 2008)。

5.1.6　开展有利于社区的旅游营销

国际 PPT 项目非常注重利用信息通信技术,发展社区旅游中的电子商务,以及建立由第三方(非直接利益相关者)提供的在线营销平台,如"全球旅馆在线"(World Hotel Link, WHL)、"南非在线社区旅游目录"(Online Community-based Tourism Directory for Southern Africa)、"亚洲接触"(Asian Encounters)等在线营销公司和项目(王铁, 2007)。南非区域旅游组织和网站管理公司研发了南非社区旅游网和数据库,列出了 200 种社区旅游产品和由当地社区管理或所有的食宿名录,配有每个项目如何有利于社区的说明,使旅游者对他们感兴趣的产品在了解的基础上做出购买决策。2007 年 11 月,南非旅游公平交易建立了南非可持续旅游区域网络,认证支持当地社区、赞成劳动标准、尊重文化、人权和环境的旅游企业。到 2007 年,30 个企业获利了南非旅游公平交易 FTTSA 的认证,包括 5 个社区所有的公司。负责任旅游网和国际保护组织在 2006 年成为合作伙伴以帮助、支持和营销基于社区参与的旅游活动与消费者和旅游经营商的接触,以改善基于社区参与的旅游企业的全球可进入性。负责任旅游网现在已经有超过 45 个基于社区参与的旅游项目在其成长的资料库中,已对大量将基于社区参与的旅游项目整合进其旅游线路的旅游经营商进行了介绍,为这些企业带来了不少收入。达喀尔 28 家小型冈比亚企业,包括当地食品加工生产商和基于社区的手工艺品商,在 2007 MBOKA-塞内加尔和冈比亚的第一届次区域旅游展览会上,在国际大众面前展示了他们的产品和服务(Pro-poor tourism partnership, 2007)。

---

① 日本农协围绕农业生产开展产前、产中和产后服务,是一个代表农民利益的组织体系,以提高当地农民的经济发展能力。

5.2　国内有益经验调查

5.2.1　生态景区带动型社区：稻城亚丁景区周边

稻城亚丁景区位于四川省甘孜藏族自治州稻城县南部，总面积为 1232 平方公里，是中国川滇藏大香格里拉旅游区的核心区，四川香格里拉旅游区的增长极，联合国教科文组织世界人与生物圈保护区网络成员，国家级自然保护区(核心区总面积为 849.14 平方公里)，国家 5A 级景区，申报世界自然遗产。

景区核心为世界佛教二十四圣地中排名第十一位的三怙主雪山：北峰仙乃日(观音菩萨，代表仁德)海拔 6032 米；南峰央迈勇(文殊菩萨，代表智慧)海拔 5958 米；东峰夏诺多吉(金刚手菩萨，代表力量)海拔 5958 米[①]，三座雪峰呈"品"字形排列，峰形各异，三尊圣灵共守净土(图 5-1)。一直以来，区内藏民都有转山祈福的宗教活动。景区内雪山、冰川、湖泊、溪流、瀑布、森林、草甸有机组合，野生动物出没其间，营造出一片静谧安详的世外之境，被誉为"香格里拉之魂"。

图 5-1　稻城亚丁三怙主雪山——仙乃日、央迈勇、夏诺多吉雪峰

位于亚丁景区内的亚丁村海拔 3900 米，有 28 户，183 人，是距景区最近最方便的藏族村落(图 5-2)，正在完善排水、电力、停车场等基础设施，为游客提供住宿、餐饮、购物等旅游服务。

图 5-2　亚丁村

---

① 数据资料来源于甘孜州稻城县政府。

稻城县城所在地金珠镇(图 5-3)和以呷拥村为主体的香格里拉镇(图 5-4)是稻城亚丁旅游区的一级重点旅游城镇,是亚丁景区的门户和交通枢纽,有机场大巴旅游客运班车系统、交通换乘系统、加油站、维修站和医疗救助等公共服务体系,有星级酒店、民居客栈、青年旅社、家庭旅馆等住宿设施,以及餐饮、购物、娱乐等旅游服务设施。

图 5-3　金珠镇

图 5-4　香格里拉镇

1. 稻城亚丁旅游区的旅游发展阶段

1)探查起步阶段(1998～2008 年)

这一阶段为稻城亚丁旅游开发的起步阶段和亚丁景区的初步形成时期。在这段时期,稻城亚丁旅游乘着西部大开发和旅游业受到各方重视的"东风",有了初步的发展。

1998 年以前,甘孜州西部的 16 个县均属不对外开放地区。稻城县的主要对外联系通道仅有公路交通。截至 2000 年底,公路总里程为 557 公里,公路技术等级普遍很低(四级公路 243 公里,等外级公路 314 公里),无一条油路或水泥路,严重影响了亚丁等旅游景区(点)的可进入性。因此,受政策和交通区位所限,稻城对外开放时间较晚,以农林牧业生产为主,林牧业为其支柱产业,经济社会发展较为缓慢,这也使得其原始壮美的自然生态资源和神秘淳朴的民俗民风较完整地得以保存。1998 年天然林保护工程实施后,禁止砍伐森林,产业结构调整,药材和菌类(虫草、贝母、雪莲、松茸)成为居民主要收入。旅游业逐渐成为优势产业,马帮和民居接待也是社区居民重要经济收入。药材、菌类和旅游收入占社区居民收入的 70%左右[①]。

_____

① 稻城县人民政府. 稻城亚丁香格里拉生态旅游区总体规划[R]. 2004.

(1)政策支持。1999年，我国实施西部大开发战略，为稻城亚丁旅游发展提供了机遇。2006年，国务院西部开发办编制《西部大开发"十一五"规划》，将旅游产业列入要大力加快发展的特色优势产业，提出要重点开发稻城亚丁所在的香格里拉生态旅游区等西部跨区域重点旅游区。2008年，国务院出台《关于支持青海等省藏区经济社会发展的若干意见》，助力稻城亚丁的生态保护与建设、增收、教育等公共服务体系建设、基础设施建设和旅游业等特色产业发展。

(2)积极申报。1996年3月20日，亚丁获批县级自然保护区。1997年5月，升级为州级自然保护区。同年12月，升级为省级自然保护区和风景名胜区。2001年6月，升级为国家级自然保护区。2003年4月1日，亚丁成为中国生物圈保护区网络成员，同年7月10日，获批联合国教科文组织的世界人与生物圈保护区网络成员，成为甘孜州第一个世界级品牌资源。

(3)区域联动。2002年，四川、云南、西藏三省(区)举行了协调会议，决定联合开发建设"中国大香格里拉生态旅游区"。2007年，国家旅游局将川滇藏三省区接合部确立为"中国香格里拉生态旅游区"，国家旅游局和国家发展和改革委员会编制完成了《中国香格里拉生态旅游区总体规划(2007—2020)》，稻城亚丁被划定为中国香格里拉生态旅游区的核心区。

(4)地方重视。早在2000年，四川省委、省政府就提出要将稻城亚丁建设成为世界级旅游精品。2001年11月，稻城县政府完成了《稻城县旅游发展总体规划(2001—2015)》，提出了"把稻城建成融合康巴藏族文化、世界级的高山高原自然风光的生态旅游目的地，把旅游业培育成稻城县域经济的龙头支柱产业"的发展目标。2003年，时任省委书记张学忠在四川省旅游发展大会上提出："要加速启动西环线，并向稻城亚丁'中国香格里拉生态旅游区'延伸，成为我省一个新的亮点。"2003年9月，稻城县人民政府编制完成了《稻城亚丁香格里拉生态旅游区开发建设规划》。

(5)投资创建。2006年，稻城县通过招商引资等办法投入2.5亿元对亚丁景区的供电、污水处理、步游道、观光车、电瓶车、警务室、医务室、数字化网络平台等基础和配套设施项目进行建设，通过3年的努力，提升游客接待能力。

2)提档加速阶段(2009年以后)

稻城县旅游局负责人说："2009年以来，尤其是2012年开始，我们州提出了全域旅游发展战略(全域资源、全域规划、全民参与、全民共享)和群众工作全覆盖工程(机关为民服务，干部与群众一对一帮扶)，整个治安环境和政务环境得到了极大改善。我们县是全域旅游示范点，机场通航后我们就在推全域旅游。除了亚丁核心景区产品外，还提出了以下几点。第一，自然观光之旅，组织人员对全县旅游资源进行普查，按照国家标准，达到了850分以上，国家4A级以上景区还有10家具有开发价值。第二，民俗体验之旅，原生态的藏族民俗旅游。今年(2014年)9月20日办的转山文化旅游节，其服装、山歌、舞蹈、婚俗等都是原生态的。第三，宗教朝拜之旅。外国游客喜欢宗教文化，旅游设施投资1.23亿元，其中4000多万元用于改善寺庙的厕所、停车场及观景平台。2013年全县游客21万人次，今年9月已达到了26万人次，今年(2014年)全年估计要超过40万人次。"

2009 年 2 月，稻城县香格里拉乡撤乡建镇，打造香格里拉镇为亚丁景区依托的一级重点旅游城镇。2010 年亚丁成为国家 4A 级旅游景区，特别是随着川藏公路改造、亚丁机场通航等项目的顺利实施，对外交通条件和服务接待能力有了极大改善。2011 年 8 月，四川省提出了"北有九寨黄龙，南有稻城亚丁"的藏区旅游发展战略，开始着手打造大香格里拉(四川)世界精品旅游区，稻城亚丁旅游业进入了加快发展的黄金时期。

2009～2014 年稻城亚丁景区的游客量和门票收入大幅增加。2010 年 4A 级景区创建成功，稻城县旅游总收入由 2009 年的 0.82 亿元增至 1.61 亿元；旅游总收入占 GDP 的比重由 2009 年的 31.4%增至 51.6%；农村居民人均纯收入由 2009 年的 2266 元增加至 2778元，增速由 2009 年的 15.14%提升至 22.59%。

(1)组织协调。为了推进稻城亚丁国际精品旅游区的建设，2012 年 5 月，四川省成立了大香格里拉(四川)国际精品旅游区项目建设推进协调小组。此后，省发改委、财政厅、农工委、住房和城乡建设厅、环境保护厅、交通运输厅、国土资源厅、人力资源和社会保障厅、文化厅、林业厅、宗教事务局和旅游局等项目各单位成员在稻城亚丁国际精品旅游区的基础和旅游设施建设、农业景观设计、精品文化旅游村寨打造、城镇和新村建设、文化产业发展、艺术精品打造、文物和非物质文化遗产的保护与传承、宗教活动场所管理与服务、生态环境保护、林业发展、地灾规划、旅游人力资源发展规划、人才培训、宣传营销等方面展开通力合作。

(2)规划先行。2012 年 5 月 10 日，四川省发改委、甘孜藏族自治州人民政府编制的《金沙江流域大香格里拉国际精品旅游区——四川稻城亚丁概念性总体规划及重要项目概念性设计》通过评审。随后，《金沙江流域大香格里拉(四川)国际精品旅游区总体规划》等 6 个支撑性专项规划、《"一城一镇两村"控制性详规及城市设计》等规划在 2012 年内编制完成。2014 年 10 月 16 日，《稻城亚丁风景名胜区总体规划(2014－2030)》通过评审。

(3)项目支撑。国家发展和改革委员会将亚丁景区开发项目纳入国家支持四省涉藏州县"十二五"项目规划，总投资 40 亿元。2012 年 6 月 6 日上午，在亚丁机场建设工地举行了涵盖公路、机场候机楼、宾馆酒店、输变电工程等 6 个项目的稻城亚丁国际精品旅游区开发项目集中开工仪式。同时，稻城亚丁景区相关旅游基础设施建设项目也加快推进。

(4)建设升级。为了景区内硬件设施的提档升级和景区工作人员服务水平的提升，同时也是为亚丁机场即将正式通航做准备，2012 年 3 月 20 日～7 月 31 日，稻城亚丁景区实行封闭施工，暂停营业。2013 年 5 月前，稻城县完善了重点依托旅游城镇和乡村的上档升级，遵循保持本土风貌的原则，整治了亚丁机场至亚丁景区沿线风貌，重点改造了香格里拉镇至桑堆沿线的 334 户民居的入户道路、院坝、建筑外观、门窗等。

(5)机场通航。稻城亚丁机场是全球海拔最高(4411 米)的民用机场。2013 年 9 月 16日，总投资约 15.8 亿元的稻城亚丁机场正式通航。目前，稻城亚丁机场已开通成都、重庆、西安、泸州等地的直飞航班，成为大香格里拉环线的空中交通枢纽。为了避免游客过多对景区生态造成破坏，2013 年开始，在国庆黄金周期间，亚丁景区实行限量进入，将每天进入景区的游客数量限制为 5050 人，景区门票全部通过网络预售，现场一律不售票。

2. 稻城亚丁旅游开发使景区周边社区居民经济受益

亚管局负责人说:"我们对2013年景区内的亚丁村民收入摸过底。2013年3月20日~7月31日景区封闭式施工,亚丁村收入最低的一户当年人均收入为29686元,收入高的为45000元左右,一户6~9人。景区内的仁村,农家每户都有1~2台机动车(面包车、轿车)。老乡的财产性收入比较高,从高到低依次为:房租(把房屋出租出去用于民居接待)、马帮、药材土特产(虫草、松茸等)、农牧业(自给自足,商品化率低)、打工(景区建设较多)。此外,还有征地、马帮、禁牧等补偿。"稻城县旅游局负责人说:"旅游产业是富民产业。旅游发展后,老百姓的房子租出去了,比我们还富。"

通过访谈和问卷调查(表5-1),稻城亚丁旅游开发以前,当地农户的收入来源主要为农作物种植(42.86%)、畜牧养殖(7.14%)、打工(28.57%)、马帮等交通运输(21.43%)、药材山菌(14.29%)等。旅游开发以后,当地农户从事行业中传统的农作物种植(6.52%)、畜禽养殖(2.17%)、打工(26.09%)和马帮等交通运输(6.52%)的占比均有所下降,新增店面出租(69.57%)、餐饮住宿(4.35%)和旅游商品销售(10.87%)等旅游相关收入。家庭年收入最低为3000元(以农作物种植为生,家庭旅游总收入0~20%来源于旅游业),最高为40万元(除自主经营餐饮住宿外,家里还开装修公司,20%~40%的收入来源于旅游业),平均家庭年收入由30316元增加至65442元,增加了115.87%。受访的近6成家庭总收入几乎全部来源于旅游业(57.9%的受访者表示家庭总收入来源于旅游业的占比达80%以上),73.69%的家庭总收入中一半以上来源于旅游业。

表5-1 稻城亚丁被调查家庭的旅游经济受益

项目	占比
旅游开发前从事行业及家庭年收入	农作物种植(42.86%);畜牧养殖(7.14%);打工(28.57%);马帮等交通运输(21.43%);药材山菌(14.29%)。平均家庭年收入30316元
旅游开发后从事行业及家庭年收入	农作物种植(6.52%);畜牧养殖(2.17%);打工(26.09%);马帮等交通运输(6.52%);店面出租(69.57%);餐饮住宿(4.35%);旅游商品销售(10.87%);其他(4.35%);平均家庭年收入65442元
家庭总收入有多少来源于旅游业	0~20%(10.53%);21%~40%(15.78%);41%~60%(5.26%);61%~80%(10.53%);81%~100%(57.9%)

数据来源:问卷调查。

1)店面租金收入

调研发现,稻城亚丁景区周边的民居、店面大多租给外地人经营餐饮住宿、旅游纪念品店等。随着稻城亚丁景区旅游开发的深入,特别是2013年亚丁机场通航,稻城亚丁景区周边及交通沿线社区的店面租金一直处于上涨的状态。香格里拉镇、亚丁村等地一间经营餐饮或旅游纪念品的店面的租金为4万~6万元/年,一幢经营住宿接待的小楼的租金为20万~35万元/年,作为店面、民居拥有者的当地居民从旅游开发中得到了实惠。

一位在香格里拉镇经营餐馆的外地人说:"近几年,香格里拉镇的店面房租上涨很快，我所租的 3 间店面的租金已经从 1 万多元/年上涨到十多万元/年。"另一位 2008 年来此地经营旅游纪念品商店的店主说："我所租的店铺的租金之前 6500 元/年，今年涨到了 5 万元/年"。

2009 年开始来亚丁村经营客栈的外地人说："亚丁村的房租上涨很快，之前我经营的这家客栈的租金才 2 万元/年，今年房租上涨到了 25 万元/年。"另一位同样是 2009 年来亚丁村经营住宿接待的店主说："我的客栈之前的租金是 4 万元/年，今年涨到了 35 万元/年。"

2)家庭旅游经营性收入

家庭旅游经营性收入包括家庭旅馆等住宿接待、餐饮、纪念品和土特产(松茸、雪莲等)旅游购物、马帮收入。

亚管局负责人说："我们的基础教育水平远没跟上。当地老百姓思想落后，文化低，经营没有思路，文化和能力不足以支持经营。据我所知，稻城县只有 5 家人自主经营，大多数人就只有当'包租公''包租婆'。"

目前，稻城亚丁景区多数的民居都由外地人租赁作为家庭旅馆，仅有极少数家庭自主经营。根据访谈和问卷调查，有 2 户本地人家在旅游开发后自主经营餐饮住宿，因其位置、规模和经营能力不同，营业收入一家为 3 万元，另一家为 16 万元。银器类旅游纪念品商店大多为云南白族人所开，调查发现有 1 户本地人自主经营旅游纪念品商店，家庭年收入 2 万元。本地家庭药材菌类(虫草、松茸等)等土特产销售的家庭平均年收入为 1 万元。所有在稻城亚丁旅游区经营住宿的家庭年收入为 3 万~25 万元，平均为 8.4 万元/年，经营餐饮的居民的家庭旅游年收入为 6 万~15 万元，平均为 10 万元/年，经营旅游纪念品和土特产商店的家庭旅游年收入为 1 万~12 万元，平均为 4.9 万元/年。

2007 年以前，亚丁景区内主要的交通方式是马帮。载客的马帮在乡内按每户人数平均分配牵马的时间，亚丁村一户被访问的人家分到 9 天的时间。亚丁村每家有 2~4 匹马，高峰期每天能跑 2 次，180 元到洛绒牛场，80 元到仙乃日神山，管理局提取 20%。截至 2007 年，香格里拉镇有 11 个行政村，460 户，2100 人，680 匹马，旺季的时候需要赤土乡和蒙自乡等乡的马 1000~2000 匹，共需 4000~5000 人牵马[①]。

由于亚丁主景区生态脆弱，之前交通工具仅有原始落后的马帮，已造成主景区环境容量严重超载，生态环境面临严峻形势，严重影响旅游质量的客观实际。2007 年开始投入使用环保、快捷的交通工具——电瓶车(冲古寺至洛绒牛场)代替马帮，并规范亚丁景区内马帮特种旅游活动。目前稻城亚丁景区内洛绒牛场—牛奶海，每天保留 30 匹马从事特种旅游服务，往返 300 元/人(景区管理部门收取 15%的管理费)，骑马往返时间为 2 小时，高峰期每天可运营 2 趟，此段马帮服务由仁村(包括叶尔红村)和亚丁两村从事[②]。在旅游旺季，马匹供不应求。

---

① 中华人民共和国国家旅游局. 中国香格里拉生态旅游区总体规划(2007—2020)[R]. 2008.
② 稻城县亚丁景区管理局[2007]166 号文件. 亚丁景区开发建设管理及群众利益补偿方案[R]. 2007.

3) 旅游相关工资收入

亚管局负责人说："亚管局职工中有 60%左右是本地职工。我们下面的景区公司有 50%是本县的员工。讲解员 33 人，全是本地的；厕所、环卫、餐饮服务工作人员基本是本地的；马帮 30 人也全是本地的。"

日松贡布酒店管理人员说："我们是稻城唯一一家五星级酒店。酒店招本地员工有硬性指标。在稻城我们做了 3 家酒店，亚丁驿站也是我们的（员工最多时 70~80 人，少的时候达 30~40 人），2009 年开的。还有个最早的 2006 年营业的圣庭亚丁，现在改为员工宿舍。亚丁驿站从前年开始本地员工占 70%，有的时候达 80%~90%。2012 年我们这个五星级酒店从本地招了 100 多人，本地员工占差不多一半，另外在成都周边德阳、内江等地招实习生。"

旅游工资主要包括在甘孜藏族自治州稻城亚丁景区管理局就业的工资收入和在宾馆、餐馆等旅游企业打工的收入。稻城亚丁景区管理局（简称"亚管局"）建局以来，地理位置偏僻，工作条件艰苦。为保障景区各项工作的正常开展，同时为解决当地农牧民的就业问题，亚管局根据工作实际，在景区周边附近地区招聘了大量的编外临时用工。2013 年 12 月，亚管局共有职工 104 人，其中，在编职工 48 人，景区周边附近地区招聘的临时编外职工 56 人，占总人数的 53.8%。当前聘用的临时用工主要分布在景区各管护站，从事景区内的环境保护、护林防火、票务、讲解等工作；局机关有少量临时工，工作在车辆驾驶、停车场管理、后勤保障等岗位。从工资待遇来看，根据学历和岗位不同，月工资为 2300~4400 元，全员办理了养老保险和医疗保险，年奖金为 1500~3000 元，年收入（含奖金、保险及其他补助）为 40000~60000 元。从用工形式来看，既有长期聘用的，也有旅游高峰期临时雇用的。长期聘用的人员都签订了劳动合同，他们占全体编外临时用工的 95%[1]。

根据访谈和问卷调查，在香格里拉镇出租房屋给外地人经营住宿的藏族房东，通常至少有 1 人受雇做客栈保洁等工作，月工资为 2000 元左右。在稻城亚丁景区周边，一些距亚丁景区及主干道较远的家庭成员受雇成为住宿餐饮、旅游商品及交通运输旅游相关企业的员工，月工资为 2000~3000 元。

4) 稻城亚丁景区的门票收入用于马帮、禁牧、征地等补偿[2]

（1）马帮补偿。

根据规划，马帮运营线路缩短，从事马帮群众利益受损，由亚管局补偿香格里拉乡群众马帮受损补偿费 240 万元，并以 7 万人为基数，游客每增长 5 万人，以 240 万元为固定基数，增加补偿金额 5%。景区外围临时性强和规模小的三个乡（蒙自、赤土、木拉）退出马帮服务。具体补偿为：亚管局每年补偿给三乡共 100 万元作为三乡马帮停产补偿，其中蒙自乡 40 万元、赤土乡 35 万元、木拉乡 25 万元。由各乡党委政府按照群众受益、兼顾各方、民主决定的原则妥善分配补偿资金。

---

① 稻城县亚丁景区管理局〔2014〕97 号文件. 甘孜州稻城亚丁景区管理局关于请求解决临时用工人员经费的请示[R]. 2014.
② 稻城县亚丁景区管理局〔2007〕166 号文件. 亚丁景区开发建设管理及群众利益补偿方案[R]. 2007.

(2) 禁牧补偿。

针对亚丁景区内所涉草场为亚丁、仁村放牧点，草场实行禁牧后，纳入退牧还草计划，享受退牧还草政策[①]。同时，由亚管局每年补偿 50 万元，由亚丁村、仁村两村按照群众受益、兼顾各方、民主决定的原则妥善分配补偿资金。

(3) 征地补偿。

征地后不是一次性补偿，而是根据粮食的当年价，每年进行动态补偿。

亚管局负责人说："像呷拥村，征地后不是一次性付清，政府对开发商是按照土地出让的方式出让土地的，对老百姓是按每年 1100 斤粮食(300 斤青稞、400 斤玉米、400 斤小米，1 斤=0.5 千克)当年的市场价格来补助，换算成现金从我们景区的门票收入里面补偿给他们。"

5) 政府对国家乡村旅游重点村接待户的生活补贴和经济扶持

在国家乡村旅游重点村——金珠镇龙古村的调研和访谈中得知，政府有农村危旧房改造工程，金珠镇龙古村村民修建房屋一户补贴 2 万～3 万元。政府从村里挑选条件较好的做接待，对接待户进行旅游培训，发放生活补贴。同时，政府发放银毛料，发展藏银工艺。

龙古村一位藏族接待员说："政府从我们村选了 10 户条件较好、家里有人会普通话的做接待。龙古村是政府打造的文化村，免费接待参观。政府一个月发放 1800 元的生活补贴，我们不用出去打工挣钱，每天在家里面打扮得漂漂亮亮的负责接待就可以了。而且家里面的农作物不用种，土地全部交到村委会，统一由村委会分配给未做接待的家庭种，收成仍是我家的。这位是村寨里面的卓玛，过来帮我倒倒茶，帮帮忙的，其实也就是过来监督我的工作的。她也是负责接待的，她去接待时，若我闲下来也会去帮她、监督她。政府为了发展这个村子的经济，从今年开始发放一吨的银毛料到村里面的作坊，由老人提炼打造，做出的工艺品就在这 10 户做展示。这些东西卖出后我会登记，全部要上交：银毛料的钱要上交政府，政府明年才会给我们拨银毛料；其余的钱要交给村委会，村委会要交一部分到喇嘛庙，余下的分到每家每户。"

3. 稻城亚丁旅游发展改善周边社区居民的生活环境

随着 2011 年 8 月 13 日四川省委、省政府"北有九寨黄龙，南有稻城亚丁"的涉藏州县旅游发展战略和打造大香格里拉(四川)世界精品旅游区(此举被简称为"813 项目")发展目标的提出，四川省委、省政府成立了金沙江流域大香格里拉(四川)国际精品旅游区项目建设推进协调小组(简称"813 项目"推进协调小组)，稻城亚丁国际精品旅游区的交通、电力等基础设施建设开始提档加速，当地居民的生活环境得以改善。

---

① 依据 2011 年 8 月 22 日国家发展和改革委员会、农业部、财政部印发《关于完善退牧还草政策的意见》的通知，青藏高原地区围栏建设每亩中央投资补助由 17.5 元提高到 20 元，补播草种费每亩中央投资补助 20 元，人工饲草地建设每亩中央投资补助 160 元，舍饲棚圈建设每户中央投资补助 3000 元。从 2011 年起，在工程区内全面实施草原生态保护补助奖励机制。对实行禁牧封育的草原，中央财政按照每亩每年补助 6 元的测算标准对牧民给予禁牧补助，5 年为一个补助周期；对禁牧区域以外实行休牧、轮牧的草原，中央财政对未超载的牧民，按照每亩每年 1.5 元的测算标准给予草畜平衡奖励。

亚管局负责人说："现在航线也多起来了，成都、西安、泸州、广州、重庆也逐步开通。百度的老总和中层干部200多人今天包机，另有部分人员坐航班，来稻城亚丁做百度的会奖旅游。"

亚丁村民居接待户说："以前村里经常停电，导致游客少，我们生活也不便。"

日松贡布酒店管理人员说："政府投了机场，道路改善，对这边很有促进作用。从这边到中甸到木里的路3年内要通，真正形成大香格里拉旅游圈。以前冬季枯水季节60%时间要停电，现在电基本够。明年年初会从乡城过来2股电。"

亚丁旅游区之前主要依靠公路交通，从成都或中甸来亚丁都需要十多个小时，途中要翻过几座海拔4000米以上的高山，极大限制了游客进入[①]。2012年理塘县城至稻城亚丁公路项目、稻城亚丁至云南三江口公路项目、亚丁机场候机楼工程、稻城110千伏输变电工程等工程开工，2013年9月16日，稻城亚丁机场正式通航，从成都至稻城亚丁的时间由2天的车程缩短为1小时的航程。对外交通条件的改善和区内道路等建设，使当地居民的出行和生活更加方便。

4. 稻城亚丁旅游开发使景区周边居民观念转变，能力素质提升

稻城亚丁旅游促进先进发达地区与当地居民双向式的交流。受高海拔、区位偏远、条件有限等因素影响，稻城亚丁的目标市场主要是热爱自驾、自助游，能吃苦，爱好户外探险、文化体验和摄影的游客。目前在稻城亚丁旅游区的金珠镇、香格里拉镇和亚丁村的民居接待户都有Wi-Fi，方便游客在稻城旅游期间上网查询相关信息，预订机票、酒店和实时发布微博和微信。机票、酒店都可以在携程、去哪儿、艺龙、美团等网站上预订或团购。景区门票在国庆期间也是网上销售。

稻城亚丁旅游目前主要是市场口碑驱动的自然增长，没有主动进行宣传营销，马蜂窝等旅游网站攻略也对稻城亚丁旅游发展起到极大的推动作用。网络信息增强旅游目的地形象的吸引力，如稻城亚丁因其原始的自然环境和神秘的文化风情被驴友誉为"香格里拉之魂""蓝色星球上的最后净土"，通过百度搜索"稻城旅游"有923万条结果，其中大部分是驴友、摄影爱好者、行业名人或背包族的路书、自助游攻略和摄影作品等，这些网络信息使稻城亚丁旅游备受关注，也形成了稻城亚丁在广大游客心中独特而丰满的品牌形象（陈晔等，2014）。

稻城县旅游局负责人说："稻城旅游的宣传主要是通过游客和旅行社进行。以前条件不好，大的宣传不敢做，我们想做小众的、高端的。"

日松贡布酒店管理人员说："稻城亚丁旅游后来才发展起来，之前一个是受交通的影响，另一个就是受没有旅行社赚钱的点的影响。来玩一趟比去东南亚旅游一趟成本还高。景区通常主要靠旅行社推，稻城一个是机票贵、酒店贵(主要因为只有半年营业)，像我们酒店仅20%～30%的入住率，旺季2000多元，淡季600多元；另一个是旅游购物还不行，

---

① 稻城县人民政府. 稻城亚丁香格里拉生态旅游区总体规划[R]. 2004.

旅游购物链条没出来。从今年看到一些改变，现在主要是网络对这种景区的推动很大，3年前网上几乎看不到稻城亚丁旅游的信息。"

通过相互交流，当地居民开始注意卫生，会说普通话，会做生意了。

亚管局负责人说："现在旅游发展后，亚丁村等马帮的人基本会说普通话。"

日松贡布酒店管理人员说："旅游带来的好处，他们是看到了。前年一幢民居租5万元，现在是20万~30万元，两年的时间涨这么多。之前这边的房子他们都不修卫生间，很多山上路也没通。现在他们知道涨价了，会做生意了。旅游的带动作用很大，越能到艰苦地方去旅游的人，越有钱有知识。他到一个地方会带去新的东西、思想。"

其中，最本质性的变化是当地居民日渐重视教育。

亚管局负责人说："稻城亚丁旅游区最大的变化是大批娃娃被送到内地去上学。这个变化是本质性的。"

稻城县旅游局负责人说："我以前当乡长，老百姓他们以挖虫草、放牧等理由不送孩子上学，我到好些人家里说不送娃上学就把银碗没收了，收了好几个碗都还是不来。现在大企业用工荒，来了后招不到本地的讲解员、宾馆员工。现在老乡主动送孩子读书，深山老林的老乡搬到县城来租房子带娃娃读书。这种转变很惊人，稻城教育有了很大变化。"

5. 稻城亚丁旅游开发增强当地居民的生态、文化保护意识

稻城亚丁景区位于香格里拉生态旅游区的核心，属国家级自然保护区、省级风景名胜区、世界级人与生物圈保护区，保护区内有我国保护最完善、体系最完整的高山生态系统，被誉为"青藏高原的物种基因库"。稻城亚丁景区的开发建设中明确提出："在充分考虑群众利益、生态保护、民族文化保护的基础上，加快景区建设，规范景区旅游管理和服务，积极探索'共赢、共建、共享、共生'的资源开发模式，将亚丁景区建成世界高山生态旅游目的地，国家 5A 景区、全国优秀风景名胜区。"[①]稻城亚丁景区实行黄金周期间游客限量进入，景区内的亚丁村、仁村放牧点和草场实行禁牧，享受国家的退牧还草政策，亚管局每年另补偿 50 万元。出于保护景区环境考虑，根据旅游发展及规划的要求，缩短马帮运营线路，缩小从事马帮运营的人员范围，未来景区内马帮运营服务将逐步淡出，亚管局对利益受损的群众实行补偿。国家还有专项资金引导当地群众以电代材。这些引导性举措，约束了当地居民的行为，改变了他们的生产生活方式，无形中也增强了他们的资源环境保护意识。

---

① 稻城县亚丁景区管理局[2007]166 号文件. 亚丁景区开发建设管理及群众利益补偿方案[R]. 2007.

亚管局负责人说："我们稻城亚丁景区也是国家级自然保护区，归口生态环境部管的。生态环境部有'环境保护区能力建设资金'，如科研基地、观测设施、瞭望塔、护林防火装置等建设资金。国家发改委'中央预算或涉藏州县专项资金'对我们也有投入，定向转移支付。一般对县级政府这块有非定向转移支付，用于老百姓的退牧还草、以电代材等。现在涉藏州县享受的优惠政策比内地多。"

稻城县旅游局负责人说："我们在开发原生态的藏族民俗文化体验旅游产品时，强调保护为主，医疗、交通、卫生等建设为辅。原生态民俗文化保护去水泥、去瓷砖、去人为，加文化。通过发展旅游，我们的民俗资源保护得越来越好。如我们的国家级非物质文化遗产——陶器烧制技艺(藏族黑陶烧制技艺)，开始只有一个师傅，没有人学，认为没有利润，现在徒弟都带了二十多个，旅游发展起来后对民族文化有保护作用。同时，旅游发展后不能破坏环境，我们控制酒店数量，不能走中甸的路，酒店多了后，50元一个标间。我们要培育精品，做高端。"

稻城亚丁旅游开发过程中，当地政府和旅游管理部门十分重视原生态藏族民俗文化体验旅游产品的开发和非物质文化遗产的保护与传承，积极打造龙古村、仲堆村等一批民俗文化旅游村寨，扶持和引导村民参与民俗文化旅游，发展藏民族工艺作坊和非物质文化遗产传承人，这有利于增强当地居民的民族文化自豪感，激发他们展示、保护与传承民族文化的积极性和主动性。

5.2.2　民族文化村寨型社区：汶川县萝卜寨

汶川县位于四川省西北部，是阿坝藏族羌族自治州东南门户，是中国四个羌族聚居县之一，是距成都最近的藏羌民族聚居区。素有"大禹故里，熊猫家园"美誉的汶川，不仅拥有丰富的自然资源和人文景观，还因"5·12"汶川特大地震而举世瞩目。在灾后恢复重建中，汶川把全县作为一个景区来规划，着力形成全域景区新格局。

被誉为"云朵上的街市，古羌王的遗都"的萝卜寨位于四川省阿坝藏族羌族自治州汶川县雁门镇。萝卜寨村民多为羌族，皆是农业人口，汶川地震以前，全村共有人口1071人，226户，户均4.8人。2007年，全村总收入152.6万元，每户年平均收入只有6592元，人均仅1373元。萝卜寨是迄今为止世界上最大、最古老的黄泥羌寨，是羌族地区高山村落的典型代表，2008年被评为国家历史文化名村。在汶川地震中，萝卜古寨遭到严重损坏，全貌基本被毁，建筑几乎被夷为平地，226户人家的房屋全部倒塌(图5-5)，44人遇难[①]。

萝卜寨村恢复重建时，新村采取统归统建的方式择址重建，全村220多户村民不仅搬进了新寨新居，家家户户还搞起了羌家乐(图5-6)，主要由村办的盛达旅游管理有限公司管理；老寨则部分恢复原貌，部分保留地震遗址进行古羌文化和地震遗址旅游开发(图5-7)。恢复重建后的萝卜寨老寨景区由四川东旭誉投资管理有限责任公司管理。2014年12月萝卜寨村被列入四川省第一批国家乡村旅游重点村，新老两寨利用国家历史文化名村和羌族

---

① 阿坝州政府. 汶川县雁门镇萝卜寨旅游精品村寨规划(2009-2012)[R]. 2010.

文化生态保护实验区的品牌,大力发展旅游业和大樱桃、红脆李、花椒等特色种植业,实现了民俗文化与休闲农业的结合,促进村寨经济发展和村民脱贫增收。

图 5-5　萝卜寨老寨遗址

图 5-6　萝卜寨新寨

图 5-7　恢复后的萝卜寨老寨

1. 汶川萝卜寨旅游发展阶段

1)自发发展阶段(2008 年 5 月地震以前)

2008 年汶川地震以前,萝卜寨全村产业主要为第一产业(农业)和第三产业(旅游业)。农业是萝卜寨村的最大产业,主产农作物是玉米、洋芋、小麦和豆类等,蔬菜主要有大白菜、萝卜、豇豆等,畜禽以牛、羊、猪、鸡为主。旅游业主要为光大民族文化发展有限公司租用地盘经营餐饮住宿(图 5-8),另有极少数村民自主经营羌家乐(笔者入户访谈和问卷调查的 62 户村民中,只有 4 户在地震之前从事羌家乐住宿餐饮接待),经营旅游业收入约为 48.05 万元,其中羌家乐旅游接待年收入约为 8.05 万元,商店销售收入 8.0 万元。2007年,全村总收入为 152.6 万元,每户年平均收入只有 6592 元[①]。

---

① 阿坝州政府. 汶川县雁门镇萝卜寨旅游精品村寨规划(2009-2012) [R]. 2010.

图 5-8　萝卜寨老寨震前外来投资经营旅游遗址

2) 灾后重建阶段(2008 年 5 月地震后～2010 年 5 月开坛迎客前)

在 2008 年汶川地震中，萝卜古寨遭到严重损坏，羌族文化遭到严重破坏，引起了党中央、国务院的关注并做出抢救保护羌族文化的指示。2008 年 10 月，文化部正式设立我国的第四个文化生态保护实验区——羌族文化生态保护实验区[①]，确定了萝卜寨进入羌族文化生态保护实验区的范围，并将羌族文化生态保护实验区建设纳入国家汶川地震灾后恢复重建总体规划[②]。2008 年 10 月 3 日，四川省汶川县雁门乡萝卜寨村被住建部和国家文物局评为第四批中国历史文化名村。

萝卜寨老寨维修保护工程委派阿坝州具有羌族文物建筑修缮资质的施工单位，在专业人员全程质量监督和技术指导之下，按照三原五性(原风向、原朝向、原面积；安全性、功能性、地标性、民族性、独特性)的原则，恢复村内巷道，并对 8 户民居进行了示范性维护修缮。修缮后的房屋主要用以开展餐饮、住宿等旅游、休闲活动(图 5-9)。余下的房屋则保留原貌，进行地震遗址和峡谷观光项目开发(图 5-10)。

图 5-9　萝卜寨老寨修缮后的餐饮、住宿房屋

图 5-10　萝卜寨老寨地震遗址与峡谷观光

---

① 国家"十一五"时期文化发展规划纲要明确指出，在"十一五"期间，我国要确定 10 个国家级文化生态保护区，对非物质文化遗产内容丰富、集中的区域，实施整体性保护。羌族文化生态保护实验区是继闽南、徽州和热贡之后，我国的第四个文化生态保护实验区。

② 包括羌族主要聚居区茂县、汶川、理县、北川羌族自治县，以及毗邻的松潘县、平武县、黑水县，陕西省宁强县、略阳县等部分相关地区。

萝卜寨新村则择址进行统规重建。在老寨对面的台地上，统一建设，统一外观风貌，村民享受国家农房重建补贴（图 5-11）。

图 5-11　萝卜寨新村

3）精品文化旅游村寨大发展阶段（2010 年 5 月以后）

2010 年 5 月 12 日（汶川地震 2 周年），萝卜寨迎来震后首批游客。此后，众多游客慕名前来萝卜寨，参观黄土羌寨，采摘大樱桃，购买羌绣等纪念品，吃农家饭（洋芋糍粑、白豆花、酸菜搅团和羌山腊肉），住农家屋，体验原生态的羌族文化。恢复重建后的萝卜寨老寨景区由四川东旭誉投资管理有限责任公司（简称"东旭誉公司"）管理。在政府构建房屋等基础设施的基础上，东旭誉公司对萝卜寨景区进行了全方位的业态打造和提升：对景区的多功能旅游服务设施进行了全面打造和建设，以满足旅游市场多元化的需求，并形成了集餐饮、娱乐、住宿等于一体的多功能旅游服务区；兴建羌王府博物馆，从源头保护羌文化；创建"还原村庄文化"等项目，立体活态展示羌文化；发展观光农业、户外康体游基地、垂直养殖业等带动当地产业发展、居民增收。为把萝卜寨景区宣传推广出去，东旭誉公司做了大量工作。2012 年 4 月，东旭誉公司诚邀世界 43 个国家的超模走进萝卜寨，举行萝卜寨超模大赛，超模们亲身体验了古老、神秘的羌族文化，并且接受东旭誉公司的聘请，成为萝卜寨羌族文化保护传播大使，超模们表示将把萝卜寨古老的羌族文化带到她们的国家。同时，超模们与当地的羌族女孩结为姐妹，羌族女孩把她们最精湛的羌绣手工教给超模们，互通友谊，在萝卜寨植下象征国际友谊的树木。东旭誉公司旨在将这座古羌王的遗都打造为世界最大、最具核心文化价值的羌族文化传播平台，让五千年的羌族文化绽放世界。此后东旭誉公司举办了"大型原生态古羌演义活动""国际户外运动安全与健康高峰论坛"等活动。2013 年，东旭誉公司在萝卜老寨建立了四川大学公共健康与社会发展萝卜寨基地，与四川大学户外运动研究所共同组建萝卜寨户外运动康体游基地，并在 2013 年成功举办了首届萝卜寨古羌定向探秘康体游活动。该活动将古羌民俗文化与户外体育运动有机结合，让旅游者亲身体验羌族风情、品尝羌族美食、观光羌族村落，让游客与羌文化进行零距离对话。此后，该活动作为萝卜寨景区保留项目，每年定期举行。2014 年 4 月，由东旭誉公司投资的电影《钞票飞》完成在萝卜寨的取景和拍摄，《钞票飞》用电影的形式将萝卜寨搬上大荧幕，展现在全国观众面前。《钞票飞》再现了萝卜寨原始淳朴的羌文化和村庄文化，并将其转化为生动的艺术画面。随着《钞票飞》登陆全国院线，这座迄今为止发现的世界上最大、最古老的黄泥羌寨的全貌在汶川震后首次展现在大屏幕上，使观众在与剧中人物共悲喜的同时，足不出户欣赏奇异风光，感受羌族风情。东旭誉公司在萝卜寨投入几千万元，主要用于文化产品的研发、旅游所需的业态打造、提升及配套功能的完善和亮化工程建设。已建成羌王府展示区，将听得到的释比①变成可以看得到的释比；推出体验旅游，比如当地老乡教游客刺绣。最终把景区建成国家级文化保护景区、国家 4A 级景区，让羌族文化得以传承，让羌族农耕文化、婚俗文化、释比文化得以展示，让旅游发展带动村民致富。此外规划修建大型停车场方便自驾游客停车。游客在山门购得门票后，将乘坐统一的交通车至寨门口(为感恩社会各界汶川地震期间对萝卜寨的援助，初期对外免费开放)。景区打造完成后，防火、防震、安保措施等大大加强，保安人数也将增加。此外还在景区的山坡上遍植大樱桃等绿色果树，加强生态保护。据悉，现在已从云南引入江血桃充实萝卜寨农业的发展。

萝卜新寨多为村民办的羌家乐，主要由村办的盛达旅游管理有限公司统一进行标准管理，公司提升羌族特色表演，将购物、餐饮、住宿全部规范化运作。萝卜新寨是汶川县羌绣基地，也是"三基地一窗口"②，村民沿街摆摊设点销售羌绣等旅游纪念品和大樱桃等土特产。当前，大樱桃已经成了萝卜寨的支柱产业之一。每年 5 月大樱桃成熟时为萝卜寨的旅游旺季，游客们亲自采摘，现场品尝。萝卜寨的大樱桃、红脆李等特色种植业通过"公司+农户+基地"的经营模式，销路很好。下一步，萝卜寨将被打造成为羌绣、羌历年、释比、羊皮鼓舞等非物质文化遗产集中展示地，大力培育羌家乐等旅游接待户，做好老寨区的遗址保护与旅游开发，进一步发展大樱桃、红脆李、江血桃、花椒等特色种植业，使萝卜寨成为羌族文化、地震遗址与休闲农业结合的旅游区。

2. 汶川萝卜寨旅游开发使村民经济受益

通过访谈和问卷调查(表 5-2)，萝卜寨旅游开发以前，当地家庭主要从事行业为农作物种植(占比 96.49%，主产农作物是玉米、洋芋、小麦和豆类等)，蔬菜主要有大白菜、萝卜、豇豆等，果树、花椒等经济作物(59.65%)基本还没有产生效益，另外还有畜禽养殖(占比 94.74%，以牛、羊、猪、鸡为主)、外出打工(84.21%)、交通运输(10.53%)、极少数村民的羌家乐旅游餐饮住宿(7.02%)及旅游商品销售(3.51%)。平均家庭年收入只有 6088 元，人均仅 1268 元(2007 年的贫困线标准为 1067 元)。

---

① 释比，是羌族中最权威的文化人和知识之集大成者，是羌族文化的传承者，他熟知本民族的社会历史和神话传说，有较为丰富的社会经验，具备一定的医药常识，能诵经咒，从事巫术活动。释比在羌族社会中享有较高的社会地位，甚至起精神领袖的作用。羌族的祖先们在远古时期制定、规范祭仪和主持祭司的首领逐渐变成了释比，一切敬神、压邪、治病、送穷以及成年冠礼、婚丧事均由释比包办。倘若全村寨举行大型的节日集会，释比不但要承担祭祀任务，而且诵唱经典——关于羌族的古老文化与历史渊源的神话传说和叙事长诗。所以释比在羌族人的心目中享有崇高的地位和威信。由于羌族没有文字，其语言、文化均靠口传身教来传承，所有释比的经典都是世代口耳相传、口传心授传承下来的。

② 2010 年 8 月，中共中央政治局常委李长春同志到四川地震灾区视察工作时指出，要把重建后的灾区建设成为"爱国主义教育基地、社会主义核心价值体系学习教育基地、民族团结进步宣传教育基地和展示中国发展模式、发展道路勃勃生机的窗口"。

表 5-2　汶川萝卜寨被调查家庭的旅游经济收益

项目	占比
旅游开发前从事行业及家庭年收入	农作物种植(96.49%)；畜禽养殖(94.74%)；外出打工(84.21%)；餐饮住宿(7.02%)；交通运输(10.53%)；旅游商品销售(3.51%)；果树、花椒等经济作物种植(59.65%)；平均家庭年收入 6088 元
旅游开发后从事行业及家庭年收入	农作物种植(94.74%)；畜禽养殖(87.72%)；外出打工(71.93%)；餐饮住宿(54.39%)；交通运输(29.82%)；旅游商品销售(50.88%)；大樱桃、红脆李、花椒等经济作物种植(87.72%)；景区导游讲解、歌舞民俗表演(7.02%)；平均家庭年收入 16956 元
家庭总收入有多少来源于旅游业	0~20%(21.05%)；21%~40%(19.3%)；41%~60%(28.07%)；61%~80%(26.32%)；81%~100%(5.26%)

数据来源：问卷调查。

　　萝卜寨村委会一位负责人说："我们的大樱桃销路很好，一方面采取'公司+农户+基地'的经营模式，另一方面，大量游客前来，在家门口就能卖完。2013 年大樱桃种植加上村民经营农家乐，人均增收 6000 多元/年。"

　　萝卜寨一位村民说："地震前，家里主要靠种地，一年到头只有 1000~2000 元收入。如今灾后重建，发展旅游业和特色农产品种植业，收入早翻番了。现在村里的年轻人也很少外出打工了，不出村就能有不错的收入。"

　　灾后重建旅游开发以后，当地家庭主要从事行业中传统的农作物种植(94.74%)、畜禽养殖(87.72%)和外出打工(71.93%)所占比例均有所下降，而旅游相关的行业所占比例均有所增加，其中，自主经营餐饮住宿占比增加至 54.39%，羌绣等旅游商品销售占比增加至50.88%，交通运输占比增加至 29.82%，大樱桃、红脆李和花椒等特色经济作物不出村就实现了销售，占比增加至 87.72%，新增 7.02%的景区导游讲解和歌舞民俗表演，平均家庭年收入 16956 元(人均 3768 元，2011 年新划定的贫困线标准 2300 元)，增长了 178.53%。59.65%的家庭总收入中一半以上来源于旅游业。

　　3. 汶川萝卜寨旅游开发改善村民的生活环境

　　震后的萝卜寨立足自身区位优势和旅游资源，坚持政府引导与农民自力更生相结合，推进萝卜寨精品旅游村寨建设，组织动员和支持引导农民自主调整收入结构，大力发展文化旅游、农家乐和特色农业，打造了新老两寨，完善基础设施和公共设施，改善了萝卜寨村的生产生活条件和人居环境。

　　萝卜寨一位村民说："我们的老寨子修复了，新寨建设得也不错，进村的路修宽了，有了干净的自来水，还开通了有线电视，我们的生活和城里人没啥区别了，现在很多客人前来游玩。"

　　萝卜寨另一位羌家乐接待户说："我们的房子建好了，环境更美了，设施齐全了，生活水平发展比原来至少提前了 10 年。我家的新楼房里设置了十多个床位供客人住宿，欢迎你们常来萝卜寨。"

5.2.3 旅游特色小镇型社区：汶川县水磨古镇

水磨镇地处汶川县南部，距汶川县城 70 公里，距都江堰市区 34 公里，距成都市区 76 公里。汶川地震前，水磨镇是阿坝藏族羌族自治州的一个高能耗工业重镇。1985 年水磨镇被规划为工业区，区内集中了水泥、电石、稀土等行业的 63 家高污染企业。2008 年汶川地震，全镇因灾遇难 311 人，受伤 3701 人，小镇 75%的住房损毁，基础设施和公共服务设施遭到严重破坏，产业发展受到严重影响，直接经济损失 58 亿元[①]。

对口援建的广东佛山援建者将水磨镇重新定位为"旅游、教育、特色农业和居住"功能区。其中旅游功能主要是通过建设涵盖"禅寿老街、寿西湖、羌城"三大旅游区的西蜀人文与藏羌文化交相辉映的水磨古镇景区来实现(图 5-12)。重建的水磨古镇景区位于汶川县西南部，地处岷江支流寿溪河畔，距汶川地震震中映秀 5 公里。其旅游区位条件优越，位于大九寨旅游环线上，213 国道、都汶高速、三江旅游快速通道穿越而过；地处成都 1 小时旅游圈，是城镇居民假日出游、周末休闲尤其是自驾游的绝佳目的地。

图 5-12 水磨古镇景区的禅寿老街和羌城

1. 汶川水磨古镇旅游发展阶段

1)转型起步阶段(2010～2012 年)

汶川水磨古镇的旅游是在 2008 年地震灾后重建时经济结构战略性调整"由高耗能工业向文化、旅游、教育转型"后发展起来的。2010 年 5 月 1 日，汶川县水磨古镇首届文化旅游节隆重举行，水磨古镇正式开始接待游客。2010 年 9 月 20 日水磨古镇被评为国家 4A 级景区。2010 年 10 月 23 日，水磨镇与四川中大投资管理有限公司(简称"四川中大")在"四川·阿坝藏族羌族自治州开放合作暨项目签约仪式"上签订协议，水磨镇的整体经营管理全部外包给四川中大。在此之前，四川中大先试水推广了"汶川三江+水磨古镇+萝卜寨生态三日游"旅游套餐，受到旅行社的热捧，仅 2010 年"十一"黄金周期间，水磨古镇就吸引游客 4 万余人[②]。

2)提档升级阶段(2013 年以后)

为了使汶川旅游的知名度和软硬件设施都再上一个台阶，使旅游业进一步发展，使当

① 阿坝州政府. 汶川水磨古镇：伤痕坐标 涅槃重生[EB/OL]. [2012-06-13]. http://www. abazhou. gov. cn.
② 四川日报. 水磨镇外请"管家"[N]. 2010-10-24.

地居民的收入更加稳定，2013 年 3 月 21 日水磨古镇景区、三江生态旅游区、映秀 5·12 纪念地三个已建成的 4A 景区的"汶川特别旅游区"被整合后成功升级为国家 5A 级景区。2013 年，汶川特别旅游区经营收入达到 138435.91 万元，位居四川全部 A 级景区经营收入第一名[①]。

2. 汶川水磨古镇旅游开发使社区居民经济受益

通过访谈和问卷调查（表 5-3），水磨古镇旅游开发以前，当地家庭主要从事行业为打工（66.67%）、农作物种植（60%）、畜禽养殖（50%）等，平均家庭年收入只有 16205 元。灾后重建实现了"灾区变景区"的目标，当地居民主要从事行业为店面出租（新增，60.26%）、打工（降至 46.67%）、旅游商品销售（新增，36.67%）、餐饮住宿（增至 33.33%）、农作物种植（降至 10%）、畜禽养殖（降至 13.33%）、交通运输（6.67%）和生活用品销售等其他（13.33%），平均家庭年收入 29900 元，增长了 84.51%。其中，36.66% 的当地受访者基本没参与旅游（家庭总收入仅有 0～20% 来源于旅游业），43.34% 的受访者的家庭总收入一半以上来源于旅游业。

表 5-3　汶川水磨古镇被调查家庭旅游经济收益

项目	占比
旅游开发前从事行业及家庭年收入	农作物种植（60%）；畜禽养殖（50%）；打工（66.67%）；餐饮住宿（6.67%）；交通运输（6.67%）；其他（16.67%）；平均家庭年收入 16205 元
旅游开发后从事行业及家庭年收入	农作物种植（10%）；畜禽养殖（13.33%）；打工（46.67%）；餐饮住宿（33.33%）；交通运输（6.67%）；旅游商品销售（36.67%）；店面出租（60.26%）；生活用品销售等其他（13.33%）；平均家庭年收入 29900 元
家庭总收入有多少来源于旅游业	0～20%（36.66%）；21%～40%（20%）；41%～60%（0%）；61%～80%（26.67%）；81%～100%（16.67%）

数据来源：问卷调查。

水磨古镇一位火锅店老板说："地震前，我是一家硅厂的员工，干了 20 多年了，每月工资收入才 1300～1400 元。现在，我成了这家店的老板，生意最好的时候，月收入能达到 1 万～2 万元。"

水磨古镇一位餐馆老板说："地震前，我是一家硅厂的冶炼工人，每月工资 1300 元，还种点地，基本够生活。重建后，我开了这家餐馆，收入比原来翻了几番。"

3. 汶川水磨古镇旅游开发改善社区居民的生活环境

水磨镇在地震前是一个工业镇。这个仅 88 平方公里的小镇，密布着 63 家高能耗、高污染企业，镇上居民的生活环境差。震后重建，广东佛山援建者为水磨找到了一条可持续发展道路——重新规划功能定位，转变经济发展方式，告别高能耗高污染工业，促进生态环境恢复和保护，结合灾区安置工程，挖掘和弘扬当地历史和民族文化，建设宜居宜游的生态新城、文化名镇，使水磨这个"工业废墟"重获新生。

灾后重建时，水磨镇由震前的"工业区"被重新定位为"教育、安居、旅游现代服务

① 成都商报. 四川景区谁赚钱？汶川旅游区收入 13.8 亿多超九寨黄龙[N]. 2014-09-26.

区"；黑烟弥漫的工厂或关或搬，仅存的 5 家环评排放全部达标；地震之前破败不堪的老房子依照川西藏羌民族风格规划重建，延续老街商业模式，并注重以"道路、给水、排水和通信等"为重点的基础设施和学校、医院、广场、村民活动中心等公共服务设施建设，规划安置 200 多户当地农户，许多村民搬进了"家带店"式的安置区；引入阿坝师范专科学校和四川音乐学院两所大学，迁入汶川县第二幼儿园(原映秀幼儿园)，将初高中整合建成水磨中学，健全从幼儿园到大学的教育资源，增添水磨镇的活力和文化内涵。2010 年，水磨古镇被评为"全球灾后重建最佳范例"。

水磨古镇一位居民说："我在新建的水磨羌城里分到了住房，还有一间商铺，我开了个商店，卖一些日用品和旅游纪念品，收入比以前好多了。"

水磨古镇另一位居民说："我们这里的风光原来就很美，有的房子有上百年的历史了，重建改造后，新房修得很漂亮，抗震也好，主要是规划得好，我们的环境变好了。"

4. 汶川旅游开发使社区居民观念转变，能力素质提升

水磨古镇一位村民说："灾后重建，我们的产业结构调整了，收入增加了，大家的观念也在转变，人人都努力参与，勤劳致富。"

水磨古镇一位居民说："对于拆除工厂，我们最初并不接受，担心我们失业了无法生活。后来县里租车带我们去洛带古镇、丽江古城参观考察，让我们看到未来美好的生活。现在没有了工厂，发展文化旅游业，我们照样能就业增收。"

为推动汶川旅游接待服务体系恢复重建，提升旅游从业人员的素质和技能，促进当地旅游又好又快发展，对口支援的广东省旅游局、阿坝州旅游局、阿坝州人力资源和社会保障局分别于 2009 年、2010 年和 2011 年派出旅游专业人员，采取理论教育和实际操作相结合的方式，对县内各乡镇分管旅游负责人，各景区负责人，乡村旅游从业人员，乡镇干部，村两委会干部，餐饮、旅店、购物点的经营户等就汶川生态旅游发展、优质服务理念、酒店业务营运管理、餐饮服务、卫生防疫等进行培训，为萝卜寨、水磨古镇老人村等每个精品旅游村寨培训乡村风情讲解员、治安维护员(保安)、厨师和旅游服务(餐厅和客房服务)人员，切实提高了汶川县旅游从业人员的服务意识和水平，提升了汶川旅游服务软实力。精品旅游村寨建设中，通过治理"五乱"，落实卫生"三包"制度，引导农牧民群众养成良好的生活习惯，提高村民的文明素养，确保村内环境整齐、洁净、优美，为汶川旅游持续发展奠定了坚实的基础。

5. 汶川旅游开发促进社区居民稳定团结

汶川县位于横断山脉，是全国自然灾害高发区之一，在四川省各县自然灾害危险性分级(分为基本无危险、轻度危险、中度危险、次高度危险、高度危险五级)中处于高度危险等级(于欢等，2012)。2008 年汶川特大地震对萝卜寨和水磨镇造成重创。羌族高山村落的萝卜寨村民原本就在贫困线上挣扎，地震后工业重镇水磨镇更是因灾致贫。在重建过程中，政府大力推进旅游安民富民行动，从而使"灾区变景区"。

萝卜寨一位村民说：“灾后重建，调整了村里的产业结构，大樱桃等经济作物种植和农家乐等旅游业发展使我们的收入翻了番。没有国家政府的关心，没有社会各界好心同胞的帮助，就没有萝卜寨和我的今天，我的勤劳致富就是对大家的最好感恩。”

水磨古镇一位客栈老板说：“我家在地震中受损严重，古镇建好后，我们搬进了‘家带店’式的安置区。这家客栈由我们家里人出资一部分，特殊党费资助一部分，共花费了7万元，按照我们羌族风格装修的。现在生意做起来了，一家人在一起，日子比以前好多了。真要感谢社会各界的关心、帮助，感谢各地游客的光临、惠顾。”

6. 汶川旅游开发增强社区居民的生态、文化保护意识

汶川特大地震后，羌族群众赖以生存的自然和文化环境遭到严重破坏，引起了各界高度重视。2008 年 10 月，汶川县被列入文化部所设立的羌族文化生态保护实验区，并将生态保护实验区建设纳入了汶川灾后重建总体规划。在对汶川萝卜寨的调研中发现，随着村里的孩子们被送出去读书，年轻人外出打工，当地的年轻人已极少穿本族服装，穿本族服装的大多是中老年人，而且大部分年轻女性已经不会羌绣等传统技艺。

震后旅游开发过程中，在各乡镇、各羌寨建立羌绣基地，进行羌绣和旅游培训，使羌绣产业和旅游产业在汶川落地生根，改变传统产业结构，实现当地居民增收致富，使发展产业的方式成为保护羌文化的重要途径。如汶川文锦羌绣产业有限责任公司抢救、修复羌绣 16 种传统技法，研发创新 100 多类产品，与国内外多家品牌合作，联合开发羌绣产品市场。该公司从汶川特大地震以来，已在汶川等县培训、帮扶农村及城镇低收入妇女 8000 多人，发放工资 600 多万元，生产绣品 70 多万件，实现产值 1800 多万元[①]，不仅传承了羌绣技艺，而且提高了当地居民的家庭收入。

不可否认，旅游开发是“双刃剑”，一方面能促进生态和文化保护，脱贫增收；另一方面，也可能带来生态、文化和贫富分化等负面影响。因此，要进一步加大生态建设和环保的投入，加强文化保护与传承，尽量减少旅游发展导致的负效应，以保证当地居民的持续受益。

亚丁村一位村民说：“旅游发展起来后，景区游客多起来了，现在雪山上的雪没以前多了。要合理开发，保护神山。”

香格里拉镇一位村民说：“藏族文化要保护，现在的娃娃很多汉语能考 90 多分，藏文都不太会了。”

萝卜寨一位村民说：“羌族文化应深化保护，保护语言，语言有失传风险，要加强歌曲传承。”

萝卜寨另一位村民说：“政府要统一管理农家乐，公平分配，停车不要收费，收费要分给村民。村里有些人到老寨景区门口去拉客、摆摊，爬到人家车窗抢客，看着就烦。”

---

① 阿坝州政府. 羌族绣娘：一手绣出大市场 一手绣出好日子[EB/OL]. [2010-04-13]. http://www.abazhou.gov.cn.

第6章　西部乡村旅游中的人地协同发展路径

6.1　西部乡村旅游中人地协同发展的理论阐释

6.1.1　西部乡村旅游中人地协同发展的理论基础

1. 地理学相关理论

1) 人地关系地域系统理论

马克思主义认为人类活动和地理环境存在着相互影响和制约的关系。人地关系是协调还是矛盾，取决于人而非地。人有利用、保护地理环境和认识、控制自身的能力，地是自然和人文要素构成的地理环境整体，人地系统兼具自然与社会属性。随着人对地的认识和利用能力的变化，这种影响与制约作用也在不断变化。人地关系地域系统是以地球表层一定地域为基础的人地相互联系、相互作用的动态结构关系系统（吴传钧，2008）。人地关系地域系统理论将人类社会大系统和地理环境作为一个整体加以研究，为合理而有效地开发资源、保护环境、服务社会经济发展战略，探究人地系统内各要素相互作用的机理、结构、潜力，提出缓和人地矛盾，增加人地产出，实现人地关系良性循环、协调发展的系统整体优化调控对策。人地关系地域差异性明显，不同类型地域上的人地关系结构和矛盾亦有不同，须因地制宜地协调人地关系。

2) 区域经济系统协同发展理论

自然、社会、宏观、微观等一切非平衡的有序结构系统，都可应用协同学。协同是指构成系统的各个要素通过协调合作，达到系统整体功能大于各个要素功能之和的一种系统结构状态，它既反映了系统发展的协调合作过程，又反映了系统通过这一过程所达到的结构状态优化的结果。协同是一切领域中普遍存在的现象，也是一切系统演化发展的必然趋势（哈肯，1984）。经济系统的协同发展是经济发展的内在要求和客观规律。区域经济系统的协同发展，包括区域内经济要素与要素之间的协同，产业与产业之间的协同，要素与产业之间的协同，经济与社会文化、资源环境之间的协同（王力年，2012），利益相关者之间的协同。

2. 经济学相关理论[①]

1) 贫困恶性循环理论

1953 年，美国哥伦比亚大学教授拉格纳·纳克斯在《不发达国家的资本形成》一书

---

① 李佳. 扶贫旅游理论与实践[M]. 北京：首都经济贸易大学出版社，2010.

中系统阐述了发展中国家的贫困问题，提出了"贫困恶性循环"理论。纳克斯认为，发展中国家长期存在的贫困，是由若干个相互联系和相互作用的"恶性循环系列"造成的，其中"贫困恶性循环"居于支配地位，而资本形成不足是产生贫困恶性循环的中心环节。从资本供给方面看，发展中国家人均收入低，人们绝大部分收入用于生活消费支出，很少用于储蓄，导致储蓄水平低而使资本形成不足，使生产规模和生产效率都难以提高，人均收入低下，如此周而复始，形成一个"低收入→低储蓄能力→低资本形成→低生产率→低产出→低收入"的恶性循环。从资本需求方面看，低收入意味着发展中国家人民的低购买力，国内市场容量狭小，致使投资诱因不足，缺乏足够的资本形成，生产规模小，生产率低下，导致低收入水平，如此周而复始，形成一个"低收入→低购买力→投资引诱不足→低资本形成→低生产率→低产出→低收入"的恶性循环。供给和需求两个循环相互联结、相互作用，造成了发展中国家在封闭条件下长期难以突破的贫困陷阱。

2）不平衡增长理论

1958 年，著名经济学家赫希曼的《经济发展战略》一书，着重从现有资源的稀缺性和企业家的缺乏等方面论述平衡增长战略的不可行性，并提出了"非均衡增长"理论。该理论指出：经济发展是一个动态过程，是一系列不平衡发展的连锁反应。在经济发展的初期阶段，"极化效应"占主导地位，因此区域差异会逐渐扩大；但从长期看，"涓滴效应"将缩小区域差距。赫希曼指出："在经济发展的高级阶段，引起平衡增长可能性的正是过去不平衡增长的经历。"赫希曼强调不平衡增长，目的是要实现更高层次和更高水平的平衡增长，只不过平衡增长是目的，不平衡增长是手段。"不平衡理论"认为，投资不足是造成贫困的原因之一。在资本不足的情况下，应该投资到那些创造力强、利润高、"联系效应"大的主导产业。这样投资才能通过"联系效应"传递到其他部门，诱发其他部门的投资。许多发展中国家都以此理论为基础来制定其经济发展战略。

3）包容性增长理论

从理论上来说，经济的增长可以产生"波及效应"来解决弱势群体和贫困问题。但是，大量的实践证明，"发展"的辐射效应并不是"自动"完成的。总的 GDP 增长和人均 GDP 增长，并不意味着增长的分配随着总量的提升和人均水平的改变而"平均"提升，并不必然带来收入水平的普遍提升和生活水平的全面提升。因此，包容性增长（inclusive growth）作为发展经济学中的一个新概念受到越来越多的理论与实际工作者的关注。Ali 和 Zhuang（2007）把包容性增长界定为机会均等的增长。也就是说，包容性增长既强调通过经济增长创造就业与其他发展机会，又强调发展机会的均等化。研究增长的包容与否有多项内容，多个角度。其中最重要的是考察增长对低收入人群生产生活的影响。这是因为在世界上大多数国家中，低收入人群在总人口中还占很大比例。这部分人分享不到增长的成果，便根本谈不上增长的包容性。更重要的是低收入人群在发展中往往处于劣势地位，发展的成果很难惠及这一人群。低收入人群的状况改善不但是包容性增长的重点，更是包容性增长的难点所在。因此一些文献里把包容性增长与益贫式增长（pro-poor growth）基本上等同起来（汤敏，2008）。

3. 旅游学相关理论[①]

1）可持续旅游理论

随着旅游业的发展，旅游业对环境的消极影响开始逐步显现，若不解决旅游带来的环境污染和环境破坏的问题，就将从根本上削弱旅游业的发展基础。在这种背景下，1997年6月，世界旅游组织、世界旅游理事会、地球理事会在联合国第九次特别会议上正式发布了《关于旅游业的21世纪议程》，明确了旅游业可持续发展的目标。旅游业可持续发展的内涵强调：①在保护和增进未来发展机会的同时，满足旅游者和旅游地居民当前的各种需要；②旅游业带来的效益要广泛渗透到社会之中，尤其应当裨益当地居民；③强调发展机会的公平性，强调本代人之间、各代人之间应公平分配有限的旅游资源，满足一部分人的旅游需求不能以旅游区环境的恶化为代价，当代人不应以满足自己的旅游需求而损害后代公平利用旅游资源的权利。

2）旅游乘数理论

旅游乘数理论最初来自经济学家凯恩斯的投资乘数理论，后来由世界著名旅游学者、英国萨瑞大学的阿切尔教授及其他旅游学者在近30年的研究工作中逐步发展和完善。根据阿切尔的定义，旅游乘数是指旅游花费在经济系统中（国家或区域）导致的直接的、间接的、诱导性变化和最初的直接变化本身的比率。旅游业产业关联度大，涉及食、住、行、游、购、娱六要素，而这六要素又分别有自身的关联产业以及基础产业。因此，旅游业的发展能直接或间接地带动这些产业的发展，从而对整个国民经济增长以及产业结构的变动等起到推动作用。旅游乘数的大小主要取决于旅游收入与漏损（游佩媛，2006）。影响旅游收入的主要因素有：资源质量、区位与交通条件、接待能力与环境容量等。其中资源质量是主要因素中的决定性因素。影响旅游收入漏损的因素主要有目的地经济水平、当地人力资源质量和管理水平、出境旅游的规模等。旅游业的发展需设法增加收入、培育产业链、减少收入漏损，由此才能充分发挥其乘数效应，从而产生良好的效果。

4. 管理学相关理论[①]

1）社区参与理论

社区参与主要包括三方面的内容——主体赋权、承担责任、获取收益。社区参与最重要的主体是社区居民。1985年墨菲（Murphy）首度把社区参与的概念引入旅游业，尝试从社区角度研究和把握旅游。在以往的旅游开发中，旅游开发的利润主要由开发商所得，旅游开发带来的负面影响却留给了当地，为了转变这种旅游开发的内部经济性和外部不经济性，应采用社区参与的旅游开发模式，更好地实现经济效益和环境效益的统一。社区参与旅游是指旅游目的地社区及其居民以其自有的各种生产要素（经济资源）进入旅游决策与执行体系，广泛从事各类旅游活动，以此获得利益分配，同时促进环境保护和社区全面发展（佟敏，2005）。

---

① 李佳. 扶贫旅游理论与实践[M]. 北京：首都经济贸易大学出版社，2010.

2) 利益相关者理论

利益相关者 (stakeholder) 理论提出者弗瑞曼 (Freeman) 指出, 任何一个企业的发展都离不开各种利益相关者的投入或参与, 企业追求的是利益相关者的整体利益, 而不仅仅是某个主体的利益。这些利益相关者包括企业的股东、债权人、雇员、消费者、供应商等交易伙伴, 也包括政府部门、本地居民、当地社区、媒体、环境保护主义等压力集团, 甚至还包括自然环境、人类后代、非人物种等受到企业经营活动直接或间接影响的客体 (贾生华和陈宏辉, 2003)。利益相关者理论从 20 世纪 80 年代开始引入旅游研究领域。作为综合性行业, 旅游业比大部分其他行业所涉及的利益主体都要多, 因此将各相关利益主体纳入规划和决策过程是保证旅游活动得以可持续发展的关键。依据我国的现实国情和旅游发展的实际情况, 宋瑞 (2005) 将旅游产业的利益相关者分为旅游开发商、政府 (政府中的经济及旅游部门)、当地社区 (当地居民及当地民间组织)、压力集团 (政府环保局、媒体机构、科研所及学校、环境、野生动物、人权、工人权利等非政府组织)、旅游者五类。在这些利益相关者群体之间, 存在着复杂的相互依赖关系和矛盾关系, 各个利益相关者只有在旅游大系统中相互协调, 才能保证旅游业的可持续发展和目标的实现。

5. 中国特色社会主义理论

在中国发展的重要战略机遇期, 中国共产党立足于中国特色社会主义事业, 从新世纪新阶段党和国家发展的全局出发, 提出了科学发展观。科学发展观坚持以人为本, 保障人民群众的切身权益, 发展成果全民共享, 以实现人的全面发展; 科学发展观以经济建设为中心, 发展先进生产力和文化, 推进政治、文化、社会和生态文明建设, 以实现"五位一体"全面小康; 科学发展观注重城乡、区域、经济社会、人与自然、国内发展与对外开放、经济基础与上层建筑等各方面的统筹协调可持续发展, 以充分调动各利益相关者的积极性, 突破发展难题, 实现和谐永续发展。

6.1.2　西部乡村旅游中人地协同发展的内涵

西部乡村旅游中的人地协同发展是稳定脱贫和乡村振兴的内在要求。人类技术系统的外部帮扶主体、政策制度、低收入人口、当地社区、旅游者、开发水平、组织管理, 地域经济系统的资源禀赋、生态环境、市场区位、设施条件、产业结构、社会文化等是西部乡村旅游中人地协同发展的要素, 这些要素既有自发的无规则的独立运动, 又有相互影响制约的关联运动。西部乡村旅游中的人地协同发展, 就是在一定条件下, 通过调节控制旅游发展中的人类技术系统和地域经济系统各要素的独立运动及其关联运动, 使要素关联运动成为旅游发展中人地系统内部各要素运动的主导力量, 达到人地系统各要素协调合作的发展态势, 使整个人地系统由零散、无序、盲目的旧结构状态发展变化为整体、有序、同一的新结构状态, 形成超越各要素自身功能之和的协同效应, 从而实现西部乡村旅游中的人地系统相关要素合乎规律发展, 区域内外人地互补合作发展, 区域人口资源、产业经济、社会文化、生态环境、政治管理全面协调可持续发展。由此可见, 西部乡村旅游中的人地协同发展是多方面多层次的。

在西部乡村旅游发展过程中，人地系统要素之间所形成的联系种类多样且不断变化，不同的联系都对应着不同的旅游发展模式。旅游发展模式是由各种联系协同合作来决定的。各要素之间相互作用所形成的各种联系的协同，既突出地体现在旅游相关产业协调发展上，也突出地体现在区域政治、经济、社会、文化、生态等的协调发展上，总目标是实现低收入人口的全面发展和欠发达地区的可持续发展。西部乡村旅游中的人地协同发展是人地系统内部要素之间各种联系的竞合辩证统一。人地系统内部要素之间的各种联系对旅游发展中的人地协同发展的作用是不一样的。欠发达地区的人地系统通过外部帮扶主体的参与，促使区域人地系统内各要素相互作用所形成的各种联系产生合力，抓住主导区域人地矛盾和发展趋向的要素之间的本质联系，使得区域人地矛盾得以缓解，潜在的人地发展模式显化，人地系统步入平衡富足的良性循环。

西部乡村旅游中的人地协同发展，要求充分利用各种帮扶资源，主动地协调欠发达地区的人地关系，通过"输血"与"造血"等相互作用使矛盾对立面达到统一，形成欠发达地区人地发展的合力，人地系统各相关要素达到协调一致的行动，从而出现新的有序状态，构建新的稳定人地关系；西部乡村旅游中的人地协同发展，要求形成制度创新的协同效应，提高人地可持续发展的支撑力。通过培育旅游相关新兴产业，建立以市场为导向、以企业为主体、产学研相结合的技术创新体系，创造新的市场需求，形成新的经济增长点。通过整合良好的政策制度、有利的金融条件、高素质的创意人才等影响低收入人口参与和旅游相关产业发展的因素，引导低收入人口创业与就业，带动低收入人口脱贫，引领欠发达地区发展。西部乡村旅游中的人地协同发展，要求发挥资源整合的协同效应，通过不同帮扶主体之间的合作，推动帮扶资源的整合，充分发挥欠发达地区资源、产业等比较优势和旅游乘数效应，以点带面，能人带户，促进区域产业、经济结构的优化和低收入人口的观念更新和能力提升，将资源转化为区域发展的资产。西部乡村旅游中的人地协同发展，要求凝聚发展的向心力，通过协调各方利益关系，充分调动各方的积极性，激活欠发达地区旅游发展中人地的内生能力，形成明确的人地协同的发展目标指向和人地可持续发展的理念，达到人地全面协调可持续发展的目标。

6.1.3　西部乡村旅游中人地协同发展的机理探讨

一些生态环境脆弱、旅游资源丰富、旅游产业比较优势突出的西部欠发达地区乡村，发展乡村旅游对其脱贫攻坚和乡村振兴都具有十分重要的现实意义。我国全面建成小康社会新时代背景下的乡村旅游，亦有其发展规律和历史使命。从云贵民族地区的人地关系地域系统生成机制来看，欠发达是由于区域性的自然生态、经济社会、政策制度等要素短缺、结构失衡，制约了地域功能及其价值实现，地域之上的低收入人口受生计资本、能力及权利约束，沦入人地恶性循环的空间落后陷阱。西部乡村旅游发展中，如单纯注重对低收入人口的扶持，虽然能达到扶持对象精确的要求，但由于其生计脆弱且自我发展能力有限，常常过度依赖外部帮扶，脱贫成效难以巩固。因此，应在西部乡村旅游发展中，以认识区域的"人地耦合关系"为前提，注重旅游助力乡村发展的精准深度和发展广度，培育低收入人口自我发展能力和欠发达区域的经济、政治、文化、社会、环境综合发展能力，加强旅游助力乡村发展措施和区域旅游发展政策的耦合创新，促进人地协同发展。由此可见，西部乡村旅游中的人地协同发展是实现精准脱贫与乡村振兴有效衔接的关键所在。

1. 人地协同的乡村旅游打破欠发达地区的人地恶性循环[①]

欠发达很多时候是"PPE 怪圈"，即贫困（poverty）、人口（population）和环境（environment）之间形成的一种恶性循环（Grant，1994）：收入低下导致人口增长和生态环境趋向脆弱；反过来人口增加又使收入更为低下，致使生态环境更加脆弱；脆弱的生态环境使经济落后变本加厉（图 6-1）。

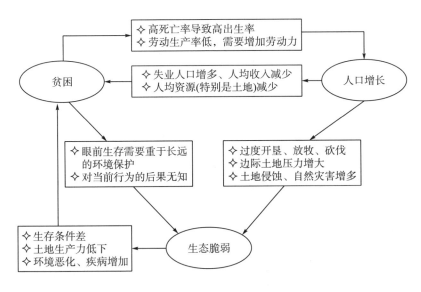

图 6-1 欠发达地区的人地恶性循环

资料来源：Grant（1994），有删改。

人地协同的旅游发展要打破欠发达地区的人地恶性循环（图 6-2）。通过在具有旅游产业比较优势的欠发达地区发展注重区域经济、社会、文化和环境效益的可持续旅游，注重旅游与当地相关产业的融合，开发因地制宜的旅游发展项目，对可参与旅游的低收入人口进行精准识别，整合相关帮扶资源和社会力量，采取切实可行的分类到户措施，转变低收入人口受限于自然的原有生计，使低收入人口生计多样化，加强对低收入人口参与旅游的组织管理、能力建设和福利改善，低收入人口生计资本增加，变人地恶性循环为良性循环，从而实现人地协同可持续发展的旅游助力乡村发展目标。

---

① 李佳. 扶贫旅游理论与实践[M]. 北京：首都经济贸易大学出版社，2010.

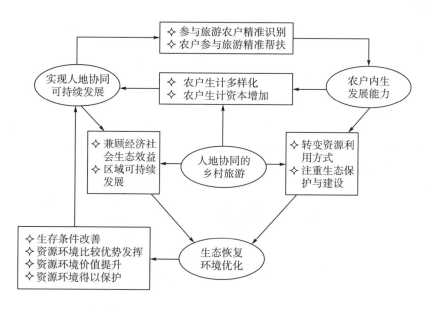

图6-2　人地协同的乡村旅游打破人地恶性循环

2. 人地协同的乡村旅游——突破人地制约因素[①]

贫困主要包括环境约束型、能力约束型和权利约束型三种(黄承伟, 2000)。人地协同的乡村旅游将突破相关制约因素，形成良性循环(图6-3)。

1) 人地协同的乡村旅游突破资源环境制约

我国欠发达地区的空间分布与地理位置密切相关，存在"空间陷阱"。水土资源的短缺和恶劣的气候环境构成了经济落后的基本成因(黄承伟, 2000)。我国多数欠发达地区生物资源、森林资源、民族文化资源等丰富，但没有进行合理的开发利用，陷入了"富饶的落后"(王小强和白南风, 1986)。脆弱环境条件下的中国欠发达区县集中分布区正是旅游资源富集区。自然景观与人文习俗受人类经济活动与外来文化干扰、影响较小，自然生态与人文习俗保存较好，正好迎合了当前生态旅游、背包旅游、乡村旅游、户外探险旅游等成长型市场的需求。加上这些地区农业资源短缺，生态环境十分脆弱，传统产业发展的潜力十分有限。与传统产业相比，人地协同的乡村旅游有效遏制了传统农林牧业对资源环境的掠夺式开发，发挥了欠发达地区的资源环境优势，并将资源利用模式从物质型的掠夺转换为审美型的利用，提供了可持续增长的机会。

---

① 李佳. 扶贫旅游理论与实践[M]. 北京：首都经济贸易大学出版社, 2010.

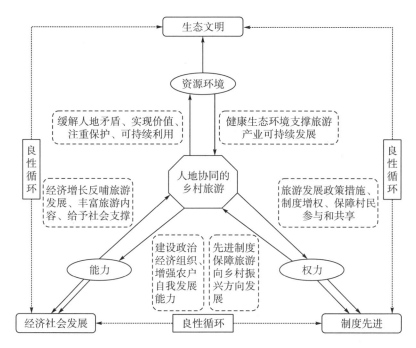

图 6-3 人地协同的乡村旅游突破贫困的制约因素

2）人地协同的乡村旅游提高欠发达地区和低收入人口的发展能力

人力资本水平低和缺乏强有力的政治、经济组织是制约欠发达地区发展的两个主要因素（黄承伟，2000）。人地协同的乡村旅游重视能力构建，通过建立由居民组成的旅游专业合作社、农家乐旅游发展协会、低收入农户互助组织等组织，确保以社区为基础的组织能实现旅游受益，参与决策制定，并对本社区的旅游开发等工作进行监督，使他们的行为符合欠发达地区村民的普遍利益。通过成立乡村旅游工作领导小组或办公室，建立乡村旅游发展的组织架构，主抓旅游助力乡村发展工作，编制乡村旅游发展规划，制定乡村旅游工作计划或手册，协调和解决乡村旅游发展过程中出现的问题。为保证乡村旅游发展工作的切实有效，建立第三方评估机构，对旅游助力乡村发展工作进行评价，提出预防和改进措施。同时，积极引导非政府组织等社会力量参与，构建政府、行业、社会"三位一体"大振兴格局。还通过制定村规民约、乡村旅游专业合作社章程、生产销售管理制度、乡村振兴指挥部指挥长和办公室职责，提高欠发达地区民主自治能力。人地协同的乡村旅游发展重视低收入人口的参与，通过"股份制联合经营公司""公司＋农户""政府＋公司＋旅行社＋农民旅游协会"等模式创新，改变欠发达地区的经济组织程度不高的状况。人地协同的乡村旅游发展重视对低收入人口进行旅游参与与监督能力、生态文化保护与传承、旅游从业知识和技能等的系统培训，以提高人力资本及其参与、获益能力。

3）人地协同的乡村旅游赋予欠发达地区和低收入人口发展的机会

2011 年以来，我国提出了连片经济欠发达地区主战场脱贫攻坚、乡村振兴等多项着眼于解决"三农"问题，促进欠发达地区可持续发展的方针政策。人地协同的乡村旅游不仅赋予欠发达地区发展机会，而且将致力于创造低收入人口发展机会。政府在财政上对乡村旅游重点村等欠发达社区给予支持，引导社会力量参与乡村旅游，进行乡村旅游公益规划，进行交通、教育、医疗卫生等基础设施建设，引导社区参与，建立旅游发展基金，制订有利于低收入人口参与的法规、政策和制度，保障低收入人口参与旅游的权利，协调金融机构提供低息贷款、小额贷款等，帮助居民筹措开展经营活动所需资金，增加低收入人口的参与机会。

3. 人地协同的乡村旅游——实现旅游可持续发展和乡村振兴"双赢"

人地协同的乡村旅游以村民的获利和发展为旅游产业发展的方向，以旅游产业发展的成果最终是否能落实到当地为标尺，以注重旅游产业效率和代际、代内公平的可持续旅游为基石，来兼顾效率与公平；以乡村旅游中人地协同的调控优化为核心，来打破人地恶性循环，突破制约因素，实现人地协同发展的"双赢"[①]（图6-4）。

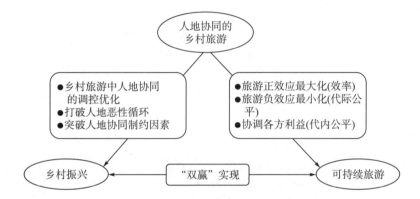

图6-4　人地协同的乡村旅游实现旅游可持续发展与乡村振兴"双赢"

6.1.4　人地协同的乡村旅游驱动力系统

1. 原动力

人地协同的乡村旅游谋求旅游发展中欠发达地区和低收入人口的受益和发展。其原动力就是欠发达地区和低收入人口的发展权力和利益需求。如果不关注欠发达地区和低收入人口的发展诉求，比如仅以旅游开发商利益为重的欠发达地区旅游开发，就算不上人地协同的乡村旅游。

2. 次生动力

上述原动力无法直接驱动乡村旅游中的人地协同发展，而要在一些具体的驱动力作用下才能实现。这些直接驱动力包括低收入人口行为驱动、政府行为驱动、旅游企业行为驱动及非政府组织行为驱动。

1）低收入人口行为驱动

在一些景区知名度较高、市场区位条件较好、人们的商品经济意识较强的欠发达地区，低收入人口看到了旅游开发所带来的巨大经济利益，自发地参与旅游，从而实现获利和发

① 李佳. 扶贫旅游理论与实践[M]. 北京：首都经济贸易大学出版社，2010.

展。从深层次来看，低收入人口参与旅游的直接驱动力是由其发展需求这个原动力引发的结果，是在原动力的作用下所产生的次生动力。

2）政府行为驱动

对于大多数欠发达地区来说，政府在区域经济发展中起着重要作用。政府有着推动区域经济发展的使命和职能，在旅游开发时，政府也会以自己的实际行为来引导旅游向助力乡村发展方向发展。政府一般可以通过政策和组织保障、编制和实施旅游发展规划、建立旅游发展基金、构建本地化的旅游产业链、协调利益相关者等具体行为来实现乡村旅游中的人地协同发展。因此，政府行为的驱动力也是乡村旅游中的人地协同发展不可缺少的次生驱动力。

3）旅游企业行为驱动

当一些旅游企业开发以欠发达社区的旅游资源为基础的旅游（如乡村旅游、民族村寨游、历史文化村镇游等）时，由于社区内的低收入人口是特色文化旅游资源的拥有者，旅游企业吸纳村民就业，采购低收入人口的原料供应品，将低收入人口开发的住宿、餐饮接待设施、民族手工艺品、民族风情、文化展演、特色交通整合进企业的旅游产品中，实现低收入人口的脱贫致富，使得旅游企业行为也成为欠发达地区乡村旅游中的人地协同发展主要的次生动力之一。

4）非政府组织行为驱动

当前，国际上一些关于环境保护、社区发展、旅游可持续发展的援助和发展组织是促进乡村旅游发展的重要力量，他们能够为乡村旅游发展提供资金支持、技术支持、人力资源支持和舆论支持，如提出 ST-EP 和 PPT 的世界旅游组织、英国国际开发部、荷兰发展组织等。他们在尼泊尔、南非、乌干达、印度、越南等发展中国家建立了相关的乡村旅游项目案例区，以项目研究推动和指导案例区旅游发展。世界旅游组织实施了"UNWTO 志愿者计划"。该计划由有相关技能且受过培训的志愿者对项目区的旅游进行调研分析，提升低收入人口的知识和能力，引导其实现可持续发展。再如联合国教科文组织的社会变革管理计划已进入我国成都、上饶和上海，其与政府、社会与人文科学界、民间社会合作，加强知识与行动之间的联系，倡议青年参与基层社区治理。其推出的 MOST 学校能够将社会科学研究的重要发现和数据传达给决策者和其他利益相关者，在这个培训项目中，研究人员和决策者们把知识转化成行动的能力得以提高。国内的乡建中心、乡村旅游相关协会、乡村旅游相关科研院所也是新时期的乡村旅游的实践力量。因此，相关非政府组织行为的驱动力也是欠发达地区乡村旅游中人地协同发展的重要次生动力之一。

3. 背景条件

1）宏观背景

（1）反贫困背景。

贫困问题是国际社会广泛关注的世界性难题。各国政府、社区、多边和双边组织，特别是非政府组织及慈善机构进行了大量的帮扶行动（曹文道，2000）。由于学者们不断探讨贫困的机理和反贫困的战略，加之一些贫困地区通过旅游发展脱贫致富的事实，人们逐渐认识到旅游在乡村发展上的潜力和能力。因此，反贫困的理论和实践，我国旅游扶贫、精准扶贫、巩固脱贫成果、全面乡村振兴、推进共同富裕等时代背景，为西部乡村旅游中的人地协同发展奠定了基础，并提出了迫切的需求。

(2)旅游发展背景。

旅游助力乡村发展是旅游发展到一定阶段的产物，是旅游深化和细化发展的结果。在旅游发展早期，人们追求旅游经济效益的最大化，着手开发旅游资源和市场，兴办旅游经济实体，从而兴起传统大众旅游。随着经济社会及旅游研究与实践的发展，人们对旅游的认识更加深入和全面，旅游逐渐深化和细化，出现了可持续旅游、生态旅游、社区旅游等多种形式的旅游。正是在这一背景下，旅游与扶贫开始结合，PPT 和 ST-EP 等扶贫旅游形式被提出，并得以发展，乡村旅游也成为助推脱贫致富和乡村振兴的重要抓手。

2)微观条件

(1)区位条件。

乡村旅游巩固脱贫成果在区位方面应具备以下两个条件：一是必须瞄准低收入人口较为集中的地区。从世界范围来看，主要位于发展中国家，国际上 PPT 和 ST-EP 的项目案例区均如此。从我国来看，主要位于低收入人口较为集中的欠发达地区、农村地区、民族地区。二是必须具有能吸引旅游者的旅游资源。并非要在所有欠发达地区开展乡村旅游，一个关键前提是其拥有独具吸引力的旅游资源。

(2)主观意识。

意识是行动的基础。只有让旅游开发的主体认识到乡村旅游中人地协同的重要性，积极引导旅游向有利于欠发达地区和低收入人口的方向发展，旅游助推乡村发展的目标才能真正实现。这些主体主要包括政府部门和管理人员、非政府组织、旅游专家学者、当地居民及当地民间组织、旅游开发商等。

(3)发展权力。

欠发达地区和低收入人口拥有一定的权力是其发展的前提和保证。在没有权力的自上而下的旅游发展模式下，低收入人口往往被忽视，他们即使有些什么想法、呼声也由于权力的缺失而得不到重视和采纳。因此，需要培育有利于低收入人口参与的多元的地方旅游劳动力市场，大力发展农家食宿接待、乡村旅游合作社、旅游商品生产与销售等旅游经济，并改善针对低收入人口参与旅游的金融和专业服务，充分挖掘低收入人口参与旅游的机会，制订有利于低收入人口参与的法规、政策和制度，建立政府、私营部门、社会组织以及本地居民多元化的旅游参与主体间的权力依赖和合作伙伴关系，实施政策增权、意识增权、组织增权、知识增权等方式，赋予和保障低收入人口发展机会和参与权利。

(4)发展能力。

能力是行动的保障。当欠发达地区获得旅游开发机会时，欠发达地区和低收入人口的能力成为影响旅游助力乡村发展的关键性因素。首先，从欠发达地区角度来看，区域旅游相关产业竞争优势不足，区域旅游发展的经济、社会和制度基础较差，区域强有力的政治、经济组织普遍缺乏，自我持续发展能力欠缺。应通过培育经济、政治、文化、社会、生态综合发展能力，发展旅游相关政治和经济组织，来提升欠发达地区在乡村旅游中的获利和可持续发展能力。其次，从低收入人口角度来看，他们受教育程度低，缺乏参与旅游的知识、技术和资金，需对其进行相关的教育培训，并通过建立旅游发展基金、协调金融机构提供低息贷款和小额贷款等方式帮助其筹措开展经营活动所需的资金。

　　综上所述，乡村旅游中人地协同发展的驱动力系统主要由三个层面构成：一是深层的原动力，二是表层的次生动力，三是这些驱动力作用的背景条件。其中的原动力是指欠发达地区和低收入人口的发展需求。在这个原动力的驱动下，产生低收入人口行为驱动、政府行为驱动、旅游企业行为驱动、非政府组织行为驱动四种次生驱动力。在特定的宏观背景和微观条件下，这些驱动力开始发挥作用，使得乡村旅游中的人地得以协同发展，最终实现旅游可持续发展和消除贫困的"双赢"（图 6-5）。

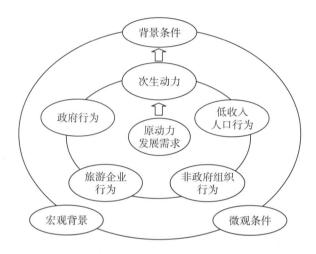

图 6-5　人地协同的乡村旅游的驱动力系统

6.1.5　人地协同的乡村旅游驱动机制

　　图 6-6 以图示的形式揭示了人地协同的乡村旅游驱动机制的作用过程：在宏观背景和微观条件符合乡村旅游开发的特定地区，具有强烈的发展需求，选择乡村旅游来打破人地恶性循环。着眼于欠发达地区和低收入人口脱贫解困的资源、权力和能力等制约因素，第一，注重乡村旅游的区域产业经济效益与农户生计发展协同。通过旅游产业自身的经济效益和可持续发展、旅游产业与当地相关产业的带动融合、旅游产业对农户的参与机会和渠道设置、旅游产业对农户的减贫增收，实现区域产业兴旺与农户参与受益。第二，注重乡村旅游的区域社会文化效益与农户能力提升协同。针对区域建立乡村旅游工作领导小组、旅游合作社、农家乐协会、文化传承工坊、创客基地等相关政治和经济组织来吸引年轻人回乡从业，提高妇女地位，促进文化保护与传承，提升欠发达地区的自组织能力。注重政府、行业和社会等外援主体的分工合作，结合农户缺乏参与旅游的知识、技术和资金等主要障碍，在政策、资金、人力和技术等方面给予农户相应的社会网络支持，提高农户的自我发展能力。第三，注重乡村旅游区域生态环境效益与农户生活改善协同。在乡村旅游开发中，保护不可再生的自然资源，加强生态环境建设，通过旅游资源景区化进程与美丽乡村建设相结合，落实新时代"两不愁三保障"的要求，改善交通、卫生、教育等整体环境，实现欠发达地区生态宜居。通过农家乐和旅游接待户扶持项目，改变农户的住房条件，增

加农户的家庭固定资产。第四，注重乡村旅游的区域组织管理效益与农户观念更新协同。乡村旅游开发中通过组织架构、政策制度安排、项目管理和资金使用公开透明，加强生态保护和文化传承管理，实行旅游发展与党建工作结合，设置村务监督委员会，做好党务公开、村务公开和财务公开，健全民主监督，维护村民决策权、知情权、参与权和监督权，加强宣传教育和治安治理工作，倡导良好的村风民俗，建设和谐的发展环境，推进区域法治、德治和自治融合，提升村民参与旅游的积极性，树立村民的生态文明理念，提高群众的环保意识，增强村民的文化自信、自觉传承和保护民族文化意识。由此，方可实现欠发达地区乡村旅游中的区域产业经济、社会文化、生态环境、政治管理全面协调可持续发展，实现农户生计发展、能力提升、生活改善和观念更新的可持续生计。

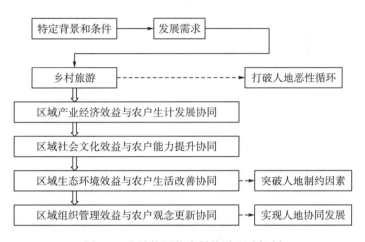

图 6-6　人地协同的乡村旅游驱动机制

6.2　多元主体的创新实践

2014 年 10 月 17 日，在首个"扶贫日"之际，习近平总书记做出重要批示，强调形成政府专项扶贫、部门行业扶贫和社会扶贫"三位一体"大扶贫格局，调动全社会力量广泛参与扶贫事业，实现同精准扶贫有效对接。2014 年国务院下发了《国务院办公厅关于进一步动员社会各方面力量参与扶贫开发的意见》。云贵民族地区是中国经济落后的集中地带。由此，在我国云贵民族地区新时期的乡村旅游发展中涌现出了全国性扶贫公益组织中国扶贫基金会(百美村宿乡村旅游创新公益项目)、大型民营企业集团万达(贵州丹寨县文旅小镇旅游项目)、高校专家成立的 NGO 小云助贫中心(云南勐腊河边村参与式旅游项目)等社会力量。

6.2.1　公益组织——中国扶贫基金会百美村宿项目

2013 年，由国务院扶贫办主管的全国性扶贫公益组织"中国扶贫基金会"发起乡村旅游创新公益项目——百美村宿项目，通过以民宿改造和运营管理为主的百美村宿项目为切入点，探索"乡村旅游+"模式，发掘村落自然景观、文化传统、特色产业、绿色产品等特有价值，发展精品民宿，打造餐饮、农副产品、手工艺品制作、民族文化展演、自然和文化教育等，以村两委、合作社为依托，让当地低收入农户通过闲置房屋流转、在合作社劳动取酬、配股分红等方式，实现精准脱贫。截至 2018 年底，在民生银行、加多宝集团、恒大集团、中国三星、中国石油、中国石化、中国旅游集团等外部帮扶力量的支持下，项目覆盖贵州反排村、白岩村、黄岗村、田坝村。截至 2018 年底，项目累计投入资金 5910.70 万元，所投入项目资金分别用作各个项目点的规划设计、民宿设计、公共建筑、合作社发展、传播运营及项目执行成本。2017 年，已运营村庄经营性收益总额为 396 万元，实现村民人均分红 174.37 元，低收入农户人均分红 187.41 元。带动村民就业超过 100 人，人均年工资性收入约 23500 元。乡村旅游带动村民间接收益估算约 230 万元[1]。其乡村旅游发展模式得到了国务院扶贫办、中共中央组织部、尼泊尔媒体记者访华团、柬埔寨王国农村发展部调研组的高度认可，获得了新浪公益 2017 年度中国公益致敬奖、"大国攻坚，决胜 2020"论坛推荐案例等荣誉。

1) 多方合作，市场运作

引入各类合作伙伴以市场化的方式共同促进村庄发展。如在民宿改造和运营管理方面，建立运营方备选库，目前已建立合作的运营方有北京隐居乡、北京乐宿、北京大地乡居、贵州循美匠心、惠州禾肚里、杭州借宿、莫干山西坡、安徽猎栏酒吧、湖南山谷花间等。优选运营方参与选村、规划、设计、建设等，即从市场需求出发指导民宿改造和运营管理全过程，委托运营方市场化经营村庄，以民宿运营为支点，带动当地文化、价值的再造与传承。与外界积极对接，联系到村考察各类投资、商业项目，与相关公司签署合作协议，与相关院校建立实训基地，与相关公益组织达成友好合作意向，开发村庄伴手礼、旅游产品，邀请五星级酒店的厨师从城市到村庄，挖掘当地 200 多种食材，为村民带来新的饮食理念和制作工艺，并将公益艺术教育成功"扎根"。通过注册"在乡见"商标，开设"百美村宿"公众号，发布项目信息，推荐村庄活动，进行交通指引和导航链接，招募会员和团队成员。组织或参与各类论坛活动，举行领导出席的村民分红大会，接待央视到村拍摄节目。累计开展社会力量参与脱贫攻坚协作交流会、研讨会、调研活动、考察活动、设计大赛、节目录制等 40 余次；各类新闻媒体、自媒体平台传播推广 40 余次，项目影响 1700 万余人次，全面树立项目品牌影响力。

2) 规划设计，环境宜人

通过整村规划，改造入口景观、停车场、市集、沿街立面、绿植栽种，修缮所确定的民宿区域老宅院落和路灯、文化中心等公共设施。在改造中保存乡村肌理和自然风貌；就地取材，大量使用本地原材料；邀请设计研究院设计师参与设计，寻求传承百年的传统营建方式与现代设计思路之间的结合。通过建筑师的重新规划设计，在保持原有村庄宅院特色的同时，修旧如旧，将老宅改造成与周围景观和谐统一的乡村民宿。有的村庄建设集文化展览、排练、食宿、接待为一体的文化中心，引导村民充分利用村内的文化资源大力发展旅游经济。有的村庄甚至建设充满美学和智慧的艺术馆、创客中心等，举办艺术展、沙龙等多种活动，成为乡村的新文化交流空间。有的村庄还建设会议室和团队建设场地，提

---

① 数据资料来源于百美村宿项目办公室。

供小型会议和团队建设服务。有的村庄通过环境卫生评比活动，调动村民积极性，提升村民保护环境卫生的意识，改善村庄卫生环境。

3）共享成果，精准互助

使用房屋入股的方式，对村内房屋进行流转，将房屋改造成民宿。改造后的民宿实行私人管家服务，管家为当地村民，提供免费的用当地食材制作的餐食。成立乡村旅游专业合作社这一股份制合作社平台，壮大村集体经济，使村民共享发展，并将精准互助机制嵌入股权设计。对旅游专业合作社进行组建注册及税务备案，组织召开多次骨干会议通过合作社相关管理制度。合作社多次召开全员大会，对合作社财务管理办法、合作社章程、工程立项、村民确权、合作社人员架构、员工薪资、合作社餐饮协会管理、民宿协会管理、员工绩效考核等工作进行了民主表决。推出"三级联动、五户联助"手段，搭建包括理事会、监事会、村两委、合作社骨干、合作社农户的旅游农民专业合作社五户联助构架表，发放含股东姓名、证书编号、股东组别、股权数量、低收入农户与否、注意事项、发证机构、发证日期等信息的旅游农民专业合作社股权证书进行确权，以及含联助人员、联助代表、联系电话、联助骨干、联系电话等的五户联助信息卡，互通信息，互相帮助。分配原则方面，全民入股、一人一股、贫困翻倍、按股分红，实现帮扶增收、多劳多得、多投多得、全民共享。收益分配实行"三七分成、二五保底"，30%合作社发展基金、50%村民分红、10%公共事务帮扶基金、10%公益传导基金。

4）社区融合，能力建设

建设社区融合体系，提供社区服务，助力社区建设与发展。积极开展老年茶话会、篝火晚会、足球狂欢夜等多项社区融合活动，倡导帮扶弱势群体，加强村庄精神文明建设，营造美好社区。为促进合作社骨干能力提升，开拓合作社骨干和村民代表的视野，让村民充分了解和认同百美村宿项目成果，助力百美村宿项目顺利开展，合作社积极开展培训，进行项目理念宣讲、合作社认知培训、合作社相关制度解读、各类政策介绍、学习好的村庄发展模式与民宿经营理念、带村民外出参观学习，引导村民转思路、变观念，激发内生动力，参与乡村旅游。有的村庄还推出"能工计划"，邀请相关能工导师对村民进行专项产业技能培训，以提升村民参与乡村旅游发展的技能水平，拓展村民本地就业渠道，推动乡村旅游产业发展，实现村民的可持续生计。

5）活动造势，城乡互动

在规划设计环节，通过举办"乡村设计大赛及集训营"活动，号召设计专业的学生和青年设计师关注乡村的发展问题，参与指定村落中的精品民宿、乡创中心、规划设计、景观提升、生态厕所等独立建筑规划设计比赛，最终入选的方案还将得到为期一周的不同导师的主题讲座、面对面交流、深化设计方案的机会，并全程参与项目的实施落地，为建设乡村旅游发展贡献力量。活动不仅聚集了国内旅游界、民宿界众多"大咖"，为民宿发展献计献策，还引起了全球优秀设计运营团队的关注。在项目建设试运营环节，开展"以艺换宿"的试住体验活动。吸引有才有艺有想法的人来村，在感受体验之后，通过拍照、拍视频、写文章、画作、歌曲、诗歌、书法等方式加以纪念推广，并为村庄发展支招。项目正式运营后，各项活动定期更新预告，开拓城市客源。推出自然教育和手工制作课程、民族传统节事活动体验、相关院校学生社会实践和文化交流，举办民宿发展和乡村旅游发展论坛，开设特色产品创意市集等，定制开发各类细分市场。有的村庄还设立乡创学院，延续村落众创 DNA，搭建活动空间。设置每月一期的乡创学院课程，吸引国内外乡村建设团队到村交流，讲述乡村旅游发展的新模式、新故事，开展乡村建设和乡村振兴的干部培训，推动旅游工作、文旅产业发展和乡村振兴。

6.2.2　民营企业——万达集团贵州丹寨旅游小镇项目

以"共创财富，公益社会"为使命的世界 500 强民营企业大连万达集团股份有限公司，自 1994 年起就以捐赠的方式参与对口帮扶，截至 2015 年底，其累计捐赠帮扶资金超过 50 亿元，但其发现仅依靠注入资金的帮扶效果欠佳。2014 年，响应国家"万企帮万村"政策号召，万达集团在国务院扶贫办的推荐之下，来到当时中国脱贫攻坚任务最重的省份之一——贵州，选点实践其所提出的"包县扶贫"以实现县域产业持续发展、人口稳定脱贫、教育拔除穷根、环境全面改善的扶贫新设想。在走遍黔东南州 8 个县的实地考察、综合考虑之后，其选择了低收入人口比例大、多年对口帮扶都收效甚微的丹寨县作为帮扶对象。

多民族聚居的贵州省黔东南苗族侗族自治州丹寨县，总人口 17 万余人，县内人多地少，人均耕地仅 0.64 亩，单纯依靠传统农业很难满足农户生存需要。县内山清水秀，自然生态环境宜人，有龙泉山、高要梯田等旅游景点，民族风情浓郁，民族非物质文化遗产丰富，有古法造纸、苗族蜡染、苗族锦鸡舞等 7 个国家级非物质文化遗产和 17 个省级非物质文化遗产，但旅游发展在州内相对滞后。经过多次深入调研论证，万达集团摒弃了最初的依托土猪、硒锌米、硒锌茶叶及其深加工等工农业产业扶贫计划，基于其自身文旅地产项目开发的已有经验优势和旅游产业带动关联性强、利于文化传承和生态保护、造血功能突出、促进精神文明、综合效益明显等比较优势，确定将旅游产业作为精准扶贫的主要抓手，取得了显著的扶贫成效。2016 年，丹寨县在贵州省扶贫开发工作成效考核中的位次由 2014 年的第 23 位迅速跃升至第 2 位，精准扶贫群众满意度更是高居全省第 1 位。2018 年 9 月 10 日，万达集团荣获第十届"中华慈善奖"。2019 年 4 月，经国务院扶贫办委托的第三方评估机构实地专项评估，贵州省人民政府正式批准丹寨县退出贫困县序列。

1）注重系统，着眼长效

为解决传统单一扶贫模式难以彻底脱贫的弊端，2014 年，万达集团真抓实干，与丹寨县政府一起研讨，探索运用系统性扶贫思维，创造性地提出一对一、组合拳"包县扶贫"模式。通过捐资捐建丹寨万达旅游小镇和贵州万达职业技术学院，设立万达丹寨专项扶贫基金，进行产业"富口袋"、教育"富脑袋"、基金"保米袋"的系统性综合扶贫。立足低收入人口和丹寨县的"个体-区域双重需求"，兼顾"见效快"和"利长远"的扶贫长效，因地制宜，分类施策，融内生能力建设、精准生活救济、根除落后基因于一体，摘帽不摘帮扶，不仅捐资助学，还帮助当地政府长期运营，不断新增项目，以实现丹寨县的稳定脱贫与全面小康。

2）育准动能，产业共振

企业等外力帮扶只是脱贫解困的推手，彻底脱贫致富还是要依托产业发展的"造血"

功能。万达集团立足实际，充分挖掘当地和自身优势，高瞻远瞩地将内生动力强大的旅游产业作为丹寨县脱贫致富的新动能和精准扶贫的有效抓手，在原本没有成熟旅游景点的丹寨县打造运营万达旅游小镇，形成以小镇为核心的旅游产业体系，推动丹寨产业结构转型升级和经济社会发展。万达旅游小镇位于景色优美的东湖畔，占地 400 亩，建筑面积 5 万平方米，建筑具有浓郁的苗侗风格，以当地特有的非物质文化遗产和苗侗民族文化为内核，建设含苗族风情商业街、东湖自然风景区、滨湖民俗体验区三大街区，翻鼓广场、苗年广场、尤公广场、锦鸡广场四大民俗文化广场，斗牛、斗鸡、斗鸟三大斗艺场的特色小镇。其中引入非物质文化遗产、民族手工艺、苗侗美食、苗医苗药、农副特色产品等，并配套建设星级酒店、万达影城、民宿客栈、儿童乐园、世界最大水车、环湖慢跑道、会馆、酒吧等，打造融文化、旅游、商业、休闲于一体的综合性精品目的地，已于 2017 年 7 月正式开放。开业仅一年，万达旅游小镇累计接待游客人次数比 2016 年翻了 6 倍，全县旅游综合收入比 2016 年翻了 4 倍多，带动了丹寨种植业、养殖业、手工业、住宿业等 20 个行业发展，也为丹寨人提供了更多的就业机会，帮助 1.6 万丹寨人增收[①]，充分发挥了旅游产业链条长、受益面广的优势。

3）以镇带村，辐射全域

丹寨万达旅游小镇带动全域发展，创造了近 2000 个直接就业岗位，小镇六成以上商铺直接带动了美食、手工艺、土特产品、苗侗医药等相关合作社和农户；带动全县农户 4704 人实现增收，并辐射带动周边 27 个景区和旅游村寨的低收入人口增收；不仅帮助丹寨县整县脱贫，还推动县域全面发展，发挥了较好的产业经济、社会文化、生态环境综合效益。在产业经济方面，万达旅游小镇带动全县旅游井喷式增长，带动关联产业发展，辐射周边区域增收；在社会文化方面，提供上万个直接和间接就业机会，促进非物质文化遗产和民族文化的传承、保护与活化，扶志又扶智，增进外界交流、推动青年返乡、提高妇女地位、增强民族团结，提升当地居民的文化自信和获得感、幸福感、安全感；在生态环境方面，注重资源环境保护和代际可持续发展，改善居民生活条件和丹寨投资环境，带来了丹寨面貌的深刻变化和丹寨人脱贫致富的精神动力。

4）以人为本，普惠全体

万达集团的丹寨"包县扶贫"注重人群覆盖上的普惠性，确保不让一个低收入人口掉队，设立 5 亿元专项扶贫产业基金，关照到全县所有低收入农户，对其进行不少于 10 年的每年 5000 万元分红，且实行差异化分配，其中有劳动力的普通低收入农户每人兑现生产奖补 1224 元，对于无法通过产业脱贫的特殊困难人群，如五保老人、重病重残、鳏寡孤独等每人兜底抢救 2000 元，既提升低收入人口的内生动力，又实现兜底保障。同时，万达集团投资 3 亿元建设贵州万达职业技术学院开展适应集团相关产业、职位需求的职业教育，在丹寨小镇设立实习基地，还对有生产能力的低收入农户进行技能培训，提升县域青年和低收入人口的就业创业能力，建立起扶贫长效机制。通过万达集团的"包县扶贫"，丹寨全县低收入农户基本实现"两不愁三保障"，低收入人口的生计资本得以改善，参与旅游相关产业的积极性增加，生活满意度和幸福感明显提升，思想观念和精神面貌焕然一

---

① 数据资料来源于中国旅游研究院《万达丹寨旅游扶贫模式和效果评价报告》。

新，文化自信和内生能力明显增强。

5）整合资源，多方参与

万达集团积极响应党中央号召，与党同心、同向、同行，以丹寨整县脱贫为企业新的历史使命，切实履行社会责任，与政府和定点帮扶单位审计署共进退，全方位参与，全程沟通协调，形成互补互促的合作机制，开创民营企业包县帮扶的先河和企业政府合力扶贫的新路。同时，整合外部资源，通过全球招募"轮值镇长"、丹寨扶贫茶园、"关注全球减贫，聚焦乡村振兴"云上丹寨摄影月赛和全国摄影大展等品牌活动创意策划，积极引入美食博主、导演、英国男模、演奏家、文化学者、高校教授、知名主持人、自媒体"大 V"等全球各方社会主体，打造社会力量参与扶贫的示范标杆，推动"万企帮村"精准扶贫行动上新台阶，营造政府、行业、社会"三位一体"大扶贫的浓厚社会氛围，发挥了良好的社会带动效应。

6）创新制度，确保活力

万达集团创新旅游精准扶贫的制度设计，开展包县扶贫制度供给侧结构性改革，以确保产业发展与扶贫济困的活力。在旅游相关产业培育方面，万达集团通过旅游扶贫带动提升丹寨相关企业的经济效益，推动现代企业制度的建立，激发当地企业的创新能力，培育旅游扶贫的同盟军，引领企业的长远发展；在旅游小镇宣传营销和公益力量引导方面，万达集团建立"轮值镇长"制度，常年向海内外、社会各界招募为期一周、没有官衔和薪酬、有志于丹寨扶贫事业、有特色专长和施政举措、能调动身边社会资源来宣传和帮扶丹寨的轮值镇长，一年来先后迎来 52 位镇长，各施其政，使丹寨万达旅游小镇的国内外知名度和游客量快速提升，各旅游细分市场和公益力量的黏性大为增强，"轮值镇长"项目连续斩获戛纳国际创意节铜狮大奖、大中华区多项(亚太区品牌类、旅游观光类、企业声誉类、社会化媒体营销类、公益类、影响力类)艾菲奖、ONE SHOW 中华节全场大奖、跨平台创新营销金奖、社交媒体内容原创铜奖、社会媒体在线营销铜奖等多项国际大奖；在职业教育和就业方面，万达集团在贵州万达职业技术学院建立了针对学生的助学金、奖学金、学杂费减免、校园双创岗位、每年择优录取一半学生进入万达工作等立体教育扶贫和就业制度，避免学生因贫辍学；在低收入农户托底覆盖方面，万达集团将 5 亿元专项扶贫基金进行专业理财，"每年 5000 万元的理财收益用于全县低收入农户的分类兜底分红，分红期不低于 10 年"这一制度化的规则将捐赠资金转变成为低收入农户的资产，建立起不依赖于低收入农户的自身生计发展能力也能积累资产的资产收益增值制度，实现低收入农户的持续稳定脱贫。

6.2.3　高校专家——小云助贫中心云南勐腊河边村参与式旅游项目

国际知名发展学专家、研究乡村理论 20 多年的实践型学者中国农业大学人文与发展学院教授李小云提出"方案公益"。基于从提出方案到实践落实的职业伦理，2015 年 3 月，李小云教授将公益资源扎根基层，在云南省西双版纳傣族自治州勐腊县注册成立小云助贫中心，并将办公室设在该县的河边村，带着同事、学生、志愿者进行社会实验，探索有效瞄准低收入人口的助贫机制和村落综合扶贫治理模式，以期实现村落的永续发展。河边村是位于云南边境的瑶族村寨,2015 年李小云到村考察时,村寨中有 57 户人家,人均可支配收入仅 4303 元,而人均债务 3049 元,有 19 户为建档立卡贫困户,共 79 人。村民主要生计是种植甘蔗和砂仁,干农活收不抵支,加上受教育程度低、民族语言受限和传统文化差异等障碍,村民难以外出打工,村里没有一间像样的房屋,村级道路仅有 8km 的土路,出行不便,基础设施落后,村民生计资本匮乏,也缺乏自我发展能力,普通扶贫补贴政策很难从根本上解决其贫困问题。通过半年的驻村访谈调研,李小云决定将村里高森林覆盖率的新鲜空气和水源、具有民族特色的干栏式木楼、热带雨林景观、完整的瑶族文化习俗等资源转变为资产,打造高端会议旅游小镇,将村民的房屋改建成为具有民族特色和现代理念的客房。通过"政府+公益+农户"的参与式发展扶贫模式,2017 年 37 户村民有了客房收入,许多农户客房加餐饮收入超过了 3 万元,实现了河边村建档立卡贫困户的全部脱贫[①]。2017 年,"方案公益"提出者李小云荣获全国脱贫攻坚创新奖。

1) 以旅游主导产业为基础,发展复合型产业

李小云将会议旅游经济定为河边村脱贫的主导产业,将客房收入定为村民的主要收入来源,启动了改造村民原有住房嵌入现代商务客房的瑶族妈妈特色客房建设,并配以会议、餐饮等辅助设施,通过举办第六届"东盟+3 村官交流项目会议""扶贫开发河边公益与高端对话会议"、邀请游客来河边村过年和学校冬令营等会议旅游活动策划,开设"小云助贫"公众号,推荐村庄活动,形成河边村集商务会议、学生冬令营、家庭亲子游、民族村寨文化体验等于一体的新型旅游产业。考虑到旅游产业的敏感性和脆弱性特征,单一产业结构市场风险太大,而且收入增长的比例可能不能使深度贫困的村民在既定时间内脱贫,李小云决定保持河边村的基础性产业,继续种植甘蔗、砂仁、粮食等作物,养殖土鸡、小黄牛、小耳朵猪等本地原生态牲畜;发展电子商务辅助产业,建立电商平台售卖雨林鸡蛋、木瓜、蜜柚、芭蕉干、百香果、土蜂蜜、古法红糖、生态蔬菜等天然土特产,形成以新业态产业为支柱的三位一体的复合型产业体系,使村民近期增收有保障,远期发展有潜力。

2) 用好相关政策,撬动政府资源投入

在全面决胜小康的关键时期,作为脱贫攻坚的主导力量,当地党委政府和挂包单位领导协助推进河边村的试验。小云助贫中心充当政府精准扶贫工作的智囊团,引导政府有针对性地投入,将社区需求与政府政策、项目、规划相结合。政府视李小云教授为权威,十分认可其提出的方案,根据其建议对进村和村内的道路进行水泥硬化,修建村里的排水沟、饮水管网,改造电网,进行景观绿化、开通 4G 网络、实施薪柴替代改灶项目等。村民修建房屋方面,政府为建档立卡贫困户改建房提供 4 万元补贴,普通村民有 1 万元建房补贴,住建部门提供 7000 元危房改造补贴,每户还享受易地搬迁扶贫政策的 6 万元无息贷款,客房内部的软装由小云助贫中心以每户 2 万多元予以补贴。政府还设立产业扶持资金 30 余万元,扶持村民发展热带特色水果、生态蔬菜和黄花梨、檀香木等名贵用材林种植和本地牲畜养殖等特色生态农林业。截至 2017 年,小云助贫中心在河边村投入约 300 万元,政府投入超过 1500 万元[①]。村里的基础设施得以建成,一幢幢瑶族特色、现代理念的干栏式客房拔地而

---

① 数据资料来源于小云助贫中心。

起；实行人畜分离，牲畜统一养殖；薪柴替代改灶，村民长期砍伐雨林树木生火的恶性行为得以终止，河边村的生产生活环境得到改善，村容村貌焕然一新。

3) 利用个人影响力和资源，凝聚社会公益支持

以往的产业扶贫实践中，有实力的外部公司一开始就直接介入扶贫开发和农户生产，拿走大部分好处，低收入人口受益微薄。李小云决定先将市场挡住，在引导政府投入之外，凝聚社会公益支持，引导村民参与式发展。小云助贫中心执行具体项目所需的专业力量主要通过李小云的同事、学生、中心公开招募的专业规划设计人员及其他志愿者来解决。如募集专家完成河边村脱贫规划编制；发起"瑶族妈妈的一间厨房"等众筹项目；开展北大MBA 校友会"梦想伙伴版纳行"河边村活动；通过志愿者引入上海博康供应链管理有限公司等市场力量，并在小云助贫中心的平衡下，将市场的收益高比例回馈到村民；邀请懂热带植物、能胜任连续两周以上工作的志愿者入驻河边村参与村寨景观设计、家庭庭院设计和热带植物的规划布局和植物资料的铭牌制作；与小鹰计划项目合作，携手搭建青年人参与乡村建设的优质平台，面向 20～35 岁大学三年级以上有一年完整的时间参与的青年群体，招募河边村学员，参与乡村振兴工作。小云助贫中心与爱德基金会、盖茨基金会、招商局慈善基金会、澳大利亚驻华大使馆、浙江敦和慈善基金会、南都公益基金会、中国扶贫基金会、清华大学公共健康研究中心、中国妇女发展基金会、友成企业家扶贫基金会等公益机构建立了合作关系，对志愿者进入、资助型基金会支持、国内基金会的项目资助、社会公益众筹等公益资源进行组装配置，投入精准扶贫的河边村实验中，充分发挥个人的影响力和资源，调动相关社会力量广泛参与河边村的民居设计、电商开发、旅游培训、乡村建设等旅游精准扶贫事业。

4) 提升村寨自组织能力，发展村民可持续生计

为了发挥低收入村民在精准扶贫中的主体作用，改变"等、靠、要"等思想顽疾，激发其主观能动性，小云助贫中心在河边村成立了"河边发展工作队"和"河边青年创业小组"，将这两个小组作为村内核心骨干力量，并以互助的形式调动其他村民积极参与村寨建设、发展生产、创业脱贫。先后制定增强村寨凝聚力、村民自我管理、树文明新风的河边村村规民约，建设和谐社区；带领骨干村民赴西双版纳旅游发达景区、北京、河北等地参观学习先进的、符合当地特色的景观建设、室内装修、美丽乡村民宿、农特产品产销等知识，开阔眼界。在客房改造环节，李小云聘请了专业建设师傅，引导村民跟着建设师傅学习建房技术，并投工投劳，互相帮助，改建瑶族妈妈特色客房，更新客房外观，保留传统的瑶族风格，嵌入现代客房、厨房、卫生间、太阳能洗浴设施等。建成后还与村民一起制定装修计划，选购装修材料，制作具有当地特色的家具等。此外，还在村里配套建设了会议中心、餐饮、酒吧等设施。在村寨微型景观绿化环节，引导村民就地取材，发挥想象力和创造力，修建休闲凉亭、台阶便道、竹篱笆菜园和木桩景观灯等；在农特产品生产环节，引导村民种养优良品种、经济作物、生态产品；在农特产品销售环节，支持村民注册成立自主运营的"版纳河边雨林天然出品"微店，将雨林鸡蛋等农特产品销往北京、上海等大城市中高端市场，并推出了"雨林鸡蛋年卡"；在客房运营环节，通过注册成立"雨林瑶家专业合作社"作为对接市场的经营主体，将客房日常管理工作移交给返乡务工青年和村民，把合作社办公室建得和城市的创投空间一样，引进城市中的现代技能和现代文化

价值，让人才留在农村；在村民培训环节，组织妇女外出参观学习客房服务、旅游接待、民宿设计、庭院装饰、宜居家庭等知识技能，邀请餐饮美食协会对村民进行"结对子""拜师"式的烹饪技能培训，并加强电脑、电商等相关培训，走自我组织管理、自我积累发展的道路；在基础教育环节，建设儿童活动中心作为村里的幼儿园，让本村知识青年担任教师，教自小说瑶话的学前儿童学习普通话和古诗，倡导村民重视教育。希望通过教育体系以及社区建设，实现可持续脱贫，通过市场实践和个人努力实现村民致富。

6.3　西部乡村旅游中人地协同发展的实现路径

6.3.1　多元主体协同

西部乡村旅游中的人地协同发展，最为关键的是激发人的主观能动性，使政府、行业、社会"三位一体"的多元帮扶主体资源整合，力量凝聚。通过多元化的社会帮扶，加大社会网络支持度，提升农户的社会资本。引入乡建中心、助贫中心、相关协会、负责任企业、科研院所、公益机构、热心公益人士等，在资源开发与规划、文化保护与利用、引导种植经济作物、农业技术推广下乡、社区参与旅游、培训与就业、资金和项目、旅游运营、组织管理、生态建设与保护等方面提供全方位的支持和帮扶，助力乡村振兴。

本书所提及的云贵民族地区乡村旅游相关案例中，云南轿子山沿线村落的帮扶主体主要包括政府、对口帮扶单位和旅游公益规划单位；贵州南猛村的帮扶主体主要是下派的驻村第一书记及其人脉资源；贵州百美村宿的帮扶主体是"中国扶贫基金会"及其合作伙伴；贵州丹寨小镇的帮扶主体是万达集团及其引入的全球社会资源；云南勐腊河边村的帮扶主体是政府及中国农业大学人文与发展学院李小云教授及其同事、学生、志愿者、公益机构。西部乡村旅游中各个帮扶主体依据其在人地关系地域系统中所处的地位和所起作用的不同，呈现不同的乡村旅游发展模式。

从所调研的两组云贵村落来看，云南轿子山沿线村落帮扶主体的相关工作主要集中于旅游规划与开发、农户住房条件改善和参与旅游的引导等方面。在后续的地理标志农特产品、民族工艺品等特色旅游商品开发、激活市场的旅游宣传营销、村落农家乐运营管理、生态建设与保护、产业联动融合等方面还需引入相应的帮扶主体。贵州南猛村帮扶主体的相关工作主要集中于旅游专业合作社组建、引导种植经济作物、进行刺绣等民族手工艺培训、旅游商品研发和电商扶贫等方面。未来在芦笙舞传承展演和研学基地建设、食宿接待条件改善、旅游活动策划与细分市场开发、旅游商品品牌打造与订单对接等方面还需引入相应的帮扶主体，实现旅游高质量发展、村民持续受益和低收入农户永续脱贫。

6.3.2　多方资金协同

在西部乡村旅游发展中，需引导更多的社会资本参与乡村旅游投资，补齐农户金融、物质等生计资本的短板。用好《促进乡村旅游发展提质升级行动方案(2018 年—2020 年)》、全国金融支持旅游发展重点项目、《国务院办公厅关于支持贫困县开展统筹整合使用财政涉农资金试点的意见》等投融资政策，拓展投融资渠道，促进城市工商资本反哺乡村建设，优化财政资金规范高效拨付，加大村落基础设施和服务设施方面的投入，建立旅游发展基金和公益金，将资金用于乡村旅游发展的关键环节、壮大村集体经济和低收入农户的"两不愁三保障"扶持济困。

本书所提及的云贵民族地区乡村旅游相关案例中，云南轿子山沿线村落的建设资金主要包括政府的产业扶持资金、修房补贴、农家乐扶持、对口帮扶单位的帮扶资金、美丽乡村建设资金等；贵州南猛村的建设资金主要是产业扶贫资金、集体经济发展资金、社会爱心资助、村民股金、扶智公益金等；贵州百美村宿的建设资金是"中国扶贫基金会"及民生银行、加多宝集团、恒大集团、中国三星、中国石油、中国石化、中国旅游集团等外部帮扶力量的投入资金；贵州丹寨小镇的建设资金是万达集团的产业、教育扶贫捐赠资金及其设立的专项扶贫基金；云南勐腊河边村的建设资金主要是政府的产业扶持资金、基础设施建设资金、无息贷款、建房补贴、危房改造补贴及小云助贫中心提供的客房内部软装补贴、基金会资助、社会公益众筹等。

从所调研的两组云贵村落来看，云南轿子山沿线村落在加大村落基础设施和服务设施的投入、农户建房贷款、村集体经济壮大、获取股权型分红收入、旅游公益金设置、社会爱心资助等方面还需进一步着力；贵州南猛村在用好相关政策进行村民建房、危房和厕所改造补贴、促进城市工商资本反哺乡村建设等方面均也需进一步着力。

6.3.3　社区农户协同

培育乡村旅游发展的人力资本，构建稳定脱贫、乡村振兴的内生能力。挖掘当地的村干部、党员、长老、乡贤、能人、文化传承人、手工匠人、可扶持参与旅游的农户和返乡青年，结合传统文化传承与发展、旅游服务与经营、农特产品培育、资源生态保护等进行更多有针对性的培训，提升其旅游就业、创业能力。推行农家乐、民宿、文创等旅游扶持项目，扶持刺绣、银饰、芦笙、非物质文化遗产、农特产品等利于低收入人口参与的小微企业，激励企业雇佣当地弱势群体和妇女，与当地企业或村合作社联动。鼓励传承人做技艺传承和以市场对接为基础的产品开发和市场营销，打造返乡青年和精英乡贤的创客基地。建立景区-社区联合管理委员会、各类旅游专业合作社、旅游经营户协会、农户互助等社区组织，培育村民的自组织能力。对参与旅游限制性因素较多的低收入人口建立旅游公益金进行旅游利益再分配和精准帮扶。

本书所提及的云贵民族地区乡村旅游相关案例中，云南轿子山沿线村落主要通过有重点的示范村和示范户扶持带动，吸纳村民在景区就业，建立旅游经营户协会，实施旅游接待服务培训、组建歌舞民俗表演队等方式来引导社区能人大户和低收入农户参与旅游。贵州南猛村主要通过组建充分吸纳低收入人口的四类乡村旅游专业合作社来抓好本村重点人才(村干部、非物质文化遗产传承人、返乡知识青年、种植能手等)，对低收入农户实行精细化管理(分为发展生产、发展教育、易地搬迁、生态保护、社保兜底五类)，创建党建示范村，推进"三治"融合，进行刺绣、银饰、芦笙制作等民族手工艺培训，做好农特产品和手工艺品研发及市场对接等。贵州百美村宿主要通过成立乡村旅游专业合作社这一股份制合作社平台，壮大村集体经济，并将"三级联动、五户联助"精准互助机制嵌入股权设计，让当地低收入农户的闲置房屋流转，将房屋改造成民宿，改造后的民宿由当地村民提供私人管家服务，建设社区融合体系，提供社区服务，注重合作社骨干能力提升。贵州丹寨小镇主要通过引入非物质文化遗产、民族手工艺、苗侗美食、苗医苗药、农副特色产品等商铺带动县域内的合作社和低收入农户，设立专项基金，对全县低收入农户托底覆盖，建设职业技术学院开展适应集团相关产业、职位需求的职业教育，对有生产能力的低收入农户进行技能培训，建立起稳定脱贫长效机制。云南勐腊河边村主要通过成立"河边发展工作队"和"河边青年创业小组"等村内核心骨干力量，并以互助的形式调动其他村民积极参与村寨建设、发展生产、创业脱贫，充分发挥低收入村民的主体作用，引导村民跟着建房师傅一起学习建房技术，并投工投劳，互相帮助，进行村寨微型景观绿化美化，引导村民种养优良品种、经济作物、生态产品，注册成立自主运营的微店，通过注册成立"雨林瑶家专业合作社"，将客房日常管理工作移交给务工返乡青年和村民，组织村民外出参观学习知识技能，邀请餐饮美食协会对村民进行烹饪技能培训，加强电脑、电商等相关培训，建设儿童活动中心作为村里的幼儿园，让本村知识青年担任教师，倡导村民重视教育，走自我组织管理、自我积累发展的道路。

从所调研的两组云贵村落来看，云南轿子山沿线村落在对低收入农户实施分门别类的精细化管理，引导更多经营主体和能人带头创办乡村旅游和种植养殖等专业合作社，促进农户集体兴办农产品加工实体，组建民族民俗文化演艺或工程相关劳务用工公司，扶持农副产品或民族手工艺品小微企业，成立景区-社区联合管理委员会，选聘低收入农户为生态护林员等方面还应继续加强。贵州南猛村在扶持农家乐、民宿、文创等村民自主经营项目，芦笙文化演艺和研学旅游，鼓励村民参与型旅游产品开发和市场营销，打造返乡青年和精英乡贤的创客基地，农户互助组织建设等方面还有较大提升空间。

6.3.4　地域产业协同

用好当地特色资源资本，发展乡村文旅产业，做强旅游经济，促进农户生计的多样化。基于村落特征和市场价值构建相应的产业链与产品体系，如特色村宿、民族美食、休闲康养、文化体验、研学亲子、节事会奖、民族工艺品、农特产品电商等；按照"旅游化的农副土特产品""创意化的文化产品""文化化的实用产品"三大类型，紧密结合地域特色，紧盯市场需求，倡导与艺术院团合作，设计研发兼顾文化技艺传承和市场时尚创意的产品，培育民族文创企业和文创品牌，积极推动旅游商品开发，发展旅游电商，提升区域旅游经济增长的质量和效率。开展"万企万村"结对帮扶，激励企业履行社会责任，推行包容性商业，将当地生产者和低收入人口整合进旅游供应链，增强旅游产业的包容性。加强文旅相关产业和原有生计的融合，降低旅游的季节性和脆弱性等生计风险。

本书所提及的云贵民族地区乡村旅游相关案例中，云南轿子山沿线村落主要通过引导、扶持村民修房自主经营农家乐，打造旅游示范村，发展乡村旅游相关食宿接待产业。贵州南猛村主要发展茶叶杨梅等经济农业、刺绣银饰等民族手工业，以及芦笙舞传承表演等文化产业，并利用互联网开展电子商务，上线淘宝和开设微店，与贵州、北京等地的多个企业建立了订单式的合作关系。"中国扶贫基金会"在其所选村落主要号召设计专业学生和青年设计师参与指定村落中的精品民宿、乡创中心、规划设计、景观提升、生态厕所等独立建筑规划设计比赛,优选运营方参与民宿改造和运营管理,以民宿运营为支点,开发村庄美食、伴手礼、特色商品、文化传承、活动线路、课程论坛等,激活乡村相关产业,开拓各类细分市场客源。万达集团在贵州丹寨打造运营万达旅游小镇,引入非物质文化遗产、民族手工艺、苗侗美食、苗医苗药、农副特色产品等,并配套建设星级酒店、万达影城、民宿客栈、儿童乐园、世界最大水车、环湖慢跑道、会馆、酒吧等,形成以小镇为核心的旅游产业体系,小镇每一个商铺都带动一批县域内的合作社和低收入农户,帮助丹寨整县脱贫,推动县域全面发展。小云助贫中心在云南勐腊河边村主要通过嵌入现代商务客房并配以会议、餐饮等辅助设施的瑶族妈妈特色客房建设,将会议旅游经济定为河边村脱贫的主导产业,通过会议旅游活动策划,形成河边村集商务会议、学生冬令营、家庭亲子游、民族村寨文化体验等于一体的新型旅游产业。继续保持河边村的基础性种植、养殖产业,发展电子商务辅助产业,形成以新业态产业为支柱的三位一体的复合型产业体系,以规避旅游产业的敏感性和脆弱性特征,以及单一产业结构的市场风险。

从所调研的两组云贵村落来看,云南轿子山沿线村落在兴办观光休闲农业,彝族歌舞、刺绣、习俗、康养等旅游相关产品开发,有机农副产品、手工艺品等旅游商品开发,高山有机种植园和生态养殖园等特色种植养殖业和经济作物,无公害农产品、绿色食品、有机农产品和农产品地理标志的"三品一标"认证,开展农产品精深加工,提高乡村旅游农副产品附加值等方面还需努力。贵州南猛村在芦笙文化演艺、芦笙文化传承中心和生态农家乐特色乡村等相关旅游接待产业支点建设,以及旅游产品研发、活动策划、线路设计、市场开拓等方面还需努力。

6.3.5　地域环境协同

保护村落的自然、文化等资源资本,改善人居和旅游环境。保护旅游发展的资源生态、农业遗产、文化遗产、建筑工艺、手工技艺和非物质文化遗产等,发展文化传习馆、匠心大师坊、艺术工作室、创客研学基地,改善村落的交通、卫生、教育、风貌等整体环境,完善基础和旅游设施,提升公共和旅游服务能力。

本书所提及的云贵民族地区乡村旅游相关案例中,云南轿子山沿线村落主要通过对轿子山自然保护区实施"五禁"管理和对农户进行补偿、制定"五禁"村规民约和宣传告示,提高群众的生态文明环保意识。政府进行村落旅游或美丽乡村规划,扶持农户自建或改建房屋和厕所,统一村落外观风貌,兴建村道、水电、通信、文化娱乐等设施,改善村落人居环境。贵州南猛村修建芦笙博物馆和学习芦笙舞、表演芦笙舞的芦笙场,建设南猛村脱贫攻坚作战室,改造村里的道路并添加护栏,增设太阳能路灯,建设生活垃圾集中收集点,接入生活污水处理设施,全村覆盖免费 Wi-Fi,有效推动了村落污染和环境综合治理。"中国扶贫基金会"通过对所选村落进行结合传统营建方式与现代设计思路的整村规划,就地取材,保存乡村肌理和自然风貌,改造入口景观、停车场、市集、沿街立面、绿植栽种,修缮所确定的民宿区域老宅院落和路灯、文化中心等公共设施,修旧如旧,将村里的老宅院落改造成保持原有特色且与周围景观和谐统一的乡村民宿，建设文化中心、艺术馆、创客中心、会议室和团队建设场地等活动空间，并通过环境卫生评比活动改善村庄卫生环境。万达集团在贵州丹寨景色优美的东湖畔建设含苗族风情商业街、东湖自然风景区、滨湖民俗体验区三大街区，翻鼓广场、苗年广场、尤公广场、锦鸡广场四大民俗文化广场，斗牛、斗鸡、斗鸟三大斗艺场的特色小镇，实现当地特有的非物质文化遗产和苗侗民族文化的传承与活化，注重资源环境保护和代际可持续发展，改善居民生活条件和丹寨投资环境。小云助贫中心在云南勐腊河边村通过建议政府对进村和村内的道路进行水泥硬化，修建村里的排水沟、饮水管网，改造电网，进行景观绿化，开通 4G 网络，实施薪柴替代改灶、牲畜统一养殖等项目改善村内设施环境，聘请专业建设师傅引导村民学习改建嵌入现代客房、厨房、卫生间、太阳能洗浴设施等的瑶族妈妈特色客房，在村里配套了会议中心、餐饮、酒吧等设施，邀请志愿者入驻河边村参与村寨景观设计、家庭庭院设计、热带植物的规划布局和植物资料的铭牌制作，使村容村貌焕然一新。

从所调研的两组云贵村落来看，云南轿子山沿线村落在生活垃圾集中收集点、生活污水处理设施、环境卫生、村落景观美化、网络开通、村内道路拓宽、旅游活动空间、旅游标识系统、农家乐庭院设计与设施配套等方面还需进一步完善。贵州南猛村在嵌入现代客房设施的特色乡村民宿改造、生态厕所改建、研学活动空间、旅游购物商店、乡创基地建设等方面还需进一步完善。

6.3.6 制度管理协同

西部乡村旅游探索制度化的可持续发展长效机制，实施制度化管理。一是不同层级和部门协同制度。在旅游助力乡村振兴的统一目标引领下，为防止乡村旅游发展中的条块化和碎片化问题，实现不同层级和部门之间的协同，按照习近平总书记提出的国家、省、市、县(区)、乡(镇)、村六级书记抓振兴的总体要求，建立各级乡村旅游领导小组和管理机构，健全旅游联席会议制度，整合政府资源，促进发改委、文旅局等部门之间的深度协作，组织开展乡村旅游项目规划可行性评估、制定目标战略、整合政策措施、项目集成决策、资金多元投入、开发精细管理、社区参与受益、监督检查等工作，因地制宜地选择有自身特色、有市场竞争力、有振兴潜力的包容性可持续乡村旅游项目，征求吸纳村民的合理建议，对项目进行调控优化，提升乡村旅游资金使用、项目安排、人员组织等方面的精准度和村民的满意度。

二是多元主体激励制度。根据耗散结构理论，负熵流的输入是开放系统维持有序和不断进化的基本条件。所以，西部乡村旅游中的人地协同发展也必须从其外部不断获取负熵，通过实施一系列针对不同旅游参与主体的激励行动和计划，使得乡村旅游中的人地系统向着有序性增高的方向发展。通过开展诸如针对相关企业实施"万企帮万村"大振兴行动，针对行业协会实施旅游助推乡村振兴行动，针对旅游相关科研院所实施旅游公益规划和旅游社区服务志愿者计划，针对旅游者实施善事旅游计划，针对社区旅游能人大户实施低收入农户结对帮扶计划，推动旅游相关企业、科研院所、国际援助与发展机构、旅游相关协会、社区旅游精英、旅游者、志愿者等社会各方面力量参与西部乡村旅游，实现乡村旅游与已有的定点结对(中央和国家机关、央企和事业单位定点帮扶)、东西部协作、干部驻村(第一书记、驻村工作队、帮扶联系人)等制度的协同,充分发挥各方力量的资源整合能力,实现优势互补。

三是低收入群体参与受益、资产收益增值和能力提升制度。在旅游产业发展中,挖掘欠发达地区的乡村资源、地方性知识和乡土价值,明确低收入群体在旅游产业链中的介入机会,通过引导低收入群体积极参与食、住、行、游、购、娱、商、养、学、闲、情、奇等旅游环节,或通过土地、闲置房屋等产权流转,劳动取酬,配股分红,建立公益金等方式,增加其工资性、经营性、财产性或转移性收入,发挥低收入群体的主体性和能动性,将公共资产和资金以制度化的规则转变成为集体资产,建立起不依赖于低收入农户的自身能力也能积累资产的资产收益增值制度,改变对外部帮扶资源和帮扶资金的过度依赖。将吸纳低收入群体就业、带动低收入群体增收与奖补扶持政策挂钩,避免贫富过于分化现象发生。建立针对低收入群体的旅游教育培训制度,组织旅游扶持户、领头雁等外出参观学习,邀请乡村旅游项目负责人和相关能工导师对村民进行理念宣讲、认知培训、制度解读、政策介绍和专项产业技能培训,引导村民转思路、变观念,激发内生动力,提升村民参与乡村旅游发展的技能水平,拓展村民本地就业渠道,推动乡村旅游产业发展,实现村民的可持续生计。在旅游职业教育和就业方面,建立针对学生的助学金、奖学金、学杂费减免、校园双创岗位、每年择优录取工作等立体教育和就业制度,避免学生因贫辍学,确保从根上阻断生计脆弱的代际传递。

本书所提及的云贵民族地区乡村旅游相关案例中,云南轿子山沿线村落主要通过建立省级综合实验区,促进"两区"管委会、旅游局、市级对口帮扶单位等部门之间的深度协作,整合旅游等相关部门和对口帮扶单位资源,实施低收入农户农家乐和旅游接待户扶持项目,吸纳低收入人口到轿子山景区就业,建立起低收入农户参与旅游受益制度。对受"五禁"影响的农户建立生态补偿制度。激励社会力量对被列入国家乡村旅游试点村的恩祖村进行乡村旅游公益规划、修建村内道路,重视低收入农户的精准指导。成立农家乐小旅店协会,进行旅游从业技能培训,建立起农户自组织和能力提升制度。贵州南猛村由国家下派第一书记,创建党建示范村,整合产业资金、村集体发展资金成立各类利于低收入农户参与共济乡村旅游专业合作社,壮大集体经济,建立起资产收益增值制度。倡导村民以资金、土地入股,劳动取酬、配股分红,搭建低收入人口参与受益制度。与贵州苗家春茶叶有限公司、雷山阿妮刺绣有限公司、云上贵州大数据产业发展公司、北京大石基文化旅游开发有限公司、北京快捷健电子商务有限公司、国安社区(北京)科技有限公司、王的手创品牌、环球捕手公司、燕谷坊集团、国家级非物质文化遗产传承人签约合作,建立激励多元主体参与乡村旅游的制度。进行芦笙制作培训、银匠绣娘技艺提升及思维创新培训,建立能力提升制度。设立"扶智公益金",建立阻断生计脆弱的代际传递制度。"中国扶贫基金会"以村两委、合作社为依托,让当地低收入农户通过闲置房屋流转、在合作社劳动取酬、配股分红方式,建立低收入人口参与受益和资产收益增值制度。协助引入社会资金、信息和人才等要素,搭建乡村和外部联结制度。推出"三级联动、五户联助"精准协同制度。建立能力提升制度,进行项目理念宣讲、合作社认知培训、合作社相关制度解读、各类政策介绍、学习好的村庄发展模式与民宿经营理念、带村民外出参观学习，邀请相关能工导师对村民进行专项产业技能培训。万达集团在贵州省丹寨县建立了产业"富口袋"、基金"保米袋"、教育"富脑袋"的着眼长远、以镇带村、辐射全域的乡村旅游制度。万达集团与政府和定点帮扶单位审计署共进退，形成互补互促的合作机制。推动丹寨相关企业建立现代企业制度。建立"轮值镇长"制度，各施其政，增强丹寨万达旅游小镇各旅游细分市场和公益力量的黏性。在贵州万达职业技术学院建立了针对贫困生的助学金、奖学金、学杂费减免、校园双创岗位、每年择优录取一半学生进入万达集团工作等立体教育和就业制度，确保从根上阻断生计脆弱的代际传递。对5亿元专项基金进行专业理财，每年5000万元的理财收益用于全县建档立卡低收入农户的分类兜底分红，分红期不低于10年，这一制度化的规则将捐赠资金转变成为低收入农户的资产，建立实现低收入农户的持续稳定脱贫制度。小云助贫中心在云南勐腊河边村充当政府乡村建设工作的智囊团，引导政府有针对性地投入，建立"政府+公益+农户"的协同机制。利用个人影响力和资源，凝聚社会公益支持，建立志愿者、资助型基金会、国内基金会、社会公益众筹等公益资源广泛参与乡村旅游帮扶机制。成立"河边发展工作队"和"河边青年创业小组"等村内核心骨干力量，并以互助的形式调动其他村民积极参与村寨建设、发展生产、创业脱贫，建立村民参与式发展受益机制。通过带领骨干村民外出参观学习、聘请专业师傅培训、支持村民注册成立自主运营的微店等方式建立村民能力提升制度。通过注册成立"雨林瑶家专业合作社"，将客房日常管理工作移交给务工返乡青年和村民，建设教育体系，建立自我积累发展的可持续脱贫制度。

从所调研的两组云贵村落来看，云南轿子山沿线村落在壮大村集体经济的资产收益增值制度、系统长远的低收入农户分类帮扶受益制度、激励社会力量广泛参与制度、村民能力提升制度、阻断生计脆弱的代际传递制度等方面还有改进的余地。贵州南猛村在增强各旅游细分市场和公益力量的黏性制度、搭建乡村和外部的联结制度、多元主体协同机制、自我积累的可持续发展制度等方面还有改进的余地。

第7章 结论与展望

7.1 主要结论

7.1.1 人地协同发展是西部乡村旅游稳定脱贫的关键所在

在乡村振兴的背景下，在旅游产业比较优势突出的西部乡村，通过旅游产业涉入改善低收入农户的生计方式，通过人地两个交互约束系统的高效协同来提高旅游助力乡村发展政策措施的绩效，可望构建起稳定脱贫的新型人地关系。将"乡村旅游"与"人地协同发展"研究有机相连，多层面、多维度地剖析两者之间的内在联系。通过构建乡村旅游中人地协同发展的理论分析框架，定性、定量地分析人地协同发展的障碍性因素和约束条件，深刻认识和准确把握人地关系协同发展的内涵、特征、要素、作用机理和实现路径。紧扣西部乡村旅游中的人地协同发展这一主题，通过理论梳理、现状把握、实证分析、比较借鉴、调控对策等几大板块的系统研究，以乡村振兴、建设富美乡村、实现共同富裕为根本目标，以人地关系地域系统理论、区域经济系统协同发展理论、贫困恶性循环理论、不平衡增长理论、包容性增长理论、可持续旅游理论、旅游乘数理论、社区参与理论、利益相关者理论、科学发展观等为指导，全面分析欠发达地区旅游与乡村发展的耦合协调度和空间差异。实地调查掌握西部乡村代表性案例区乡村旅游发展和人地关系状态等第一手数据资料，明确不同类型案例区人地关系的特征。归纳提炼西部乡村旅游中人地协同的影响因素，建立人地协同的旅游助力乡村发展绩效评价量表，明确人地协同的旅游助力乡村发展绩效评价方法，全面测算案例区的人地系统旅游助力乡村发展综合绩效。分析西部乡村旅游业与传统产业的共生与冲突关系，发展可持续生计分析框架，揭示旅游生计转型的影响。借鉴有益经验，结合西部乡村实际，深刻认识和准确把握乡村旅游中人地协同发展的路径，从学理上丰富和完善旅游助推乡村振兴的理论体系，为其他学者开展同类研究提供范式，也为各级政府开展旅游稳定脱贫调研提供技术支持和参考依据。

7.1.2 欠发达地区旅游与乡村发展协调互促是高质量发展的内在要求

在全面建成小康社会的关键时期和脱贫攻坚阶段，全国农村低收入人口进一步向中西部集聚。为了使旅游发展与乡村发展工作协调互促，以 2016 年中国欠发达地区为研究对象，构建欠发达地区旅游与乡村发展耦合协调评价指标体系，运用熵权层次法计算其旅游和乡村发展水平指数，通过耦合协调度模型评价其旅游与乡村发展的耦合协调度。结果表明，中国欠发达地区可分为严重失调旅游滞后型、轻度失调乡村发展滞后型、轻度失调旅游滞后型、勉强协调乡村发展滞后型、勉强协调旅游滞后型、中级协调乡村发展滞后型、中级协调旅游滞后型 7 种类型。欠发达地区旅游与乡村发展的耦合协调度较好但空间差异较大。在欠发达地区中,协调的省(区、市)有 14 个(63.64%),还没有良好以上协调的省(区、市)。失调的主要是深度欠发达地区、西北民族地区和边疆地区。中国旅游发展水平的区域差异大于乡村发展水平,旅游与乡村发展两大系统评价指数的极差分别为 1.5460 和 0.3650,说明旅游系统与乡村系统相比具有更大的发展灵活性,是旅游与乡村发展耦合协调的关键。13 个省(区、市)(59.09%)的乡村发展滞后于旅游发展,9 个省(区、市)的旅游发展滞后于乡村发展。为进一步提高旅游与乡村发展的耦合协调性,提出以下两点建议。第一,乡村发展滞后于旅游发展的省(区、市),进一步挖掘旅游的带动潜力。综合考虑区域旅游产业发展的吸纳能力和低收入农户的内生能力,科学构建旅游产业发展对欠发达地区乡村发展的传导机制,明确旅游发展中农户的持续受益机制,通过旅游示范项目培育、旅游设施和服务向乡村延伸、旅游产品和商品开发、社会力量参与旅游等,充分发挥旅游助力乡村振兴的功效。第二,旅游发展滞后于乡村发展的省(区、市),进一步提升旅游发展的质量和效益。在产业发展中打造旅游精品,构建旅游产业支撑。通过"旅游+"模式,促进旅游与当地相关一二三产业的融合发展。通过土地流转、资源入股、劳动力入股、门票分红、生态补偿等方式,着力发挥旅游业增收、富民、安民的重要作用。

7.1.3　西部乡村旅游发展模式差异对农户的生计产生不同影响

选取云南和贵州两种不同旅游发展模式的民族村落为研究对象,对村民进行入户访谈和问卷调查,在 DFID 可持续生计框架下构建农户生计资本评价指标体系,对比分析其乡村旅游发展对农户生计的影响。结果表明:第一,不同乡村旅游发展模式的村落精准施策不同。云南轿子山景区沿线村落针对低收入农户和示范户实施农家乐扶持项目,进行有重点的"雁阵引领";贵州南猛村则根据低收入农户的能力和兴趣,成立多渠道参与的乡村旅游合作社。第二,不同乡村旅游发展模式农户的生计策略选择不同。景区依托型云南轿子山景区沿线村落旅游主导型农户的占比高于旅游兼营型农户;传统文化村落贵州南猛村只有旅游兼营型农户没有旅游主导型农户。第三,不同乡村旅游发展模式对低收入农户的吸纳能力不同。景区依托型村落的农家乐扶持项目受地理区位、住房面积和劳动力等因素制约较大,其低收入农户参与旅游的占比低于加入共济乡村旅游合作社模式的传统村落。第四,农户的生计资本仍然有限。旅游参与型农户的生计资本相对较好,在精准帮扶影响下,除社会资本外,传统务农型农户多种生计资本欠缺。揭示了政府供给规制下"雪中送炭"的西部乡村旅游不同于完全市场规律运作下"锦上添花"的普通乡村旅游对农户的社会和物质资本的影响特征。

7.1.4　西部乡村旅游取得一定成效但还需人地协同

当前国内的旅游助力乡村发展绩效研究还较少,主要集中于某一地的区域绩效评价,鲜将区域绩效与人口绩效结合起来进行综合评价,且缺乏对不同类型乡村旅游案例地的对比研究。基于人地协同发展的视角,以景区依托型和传统村落型两种不同类型的云贵乡村旅游示范村为研究对象,构建个体-区域协同的旅游助力乡村发展绩效评价指标体系,采用问卷调查法、层次分析法、德尔菲法评价其旅游助力乡村发展绩效。旅游助力乡村发

的个体绩效考核包括经济减贫、能力提升、生活改善、观念更新 4 个维度,其中经济减贫
用低收入人口参与旅游比率、家庭人均收入年增长率、家庭人均年收入 3 个指标来衡量,
不仅考虑了低收入人口收入的增长,还纳入了对低收入人口的旅游精准识别和帮扶;能力
提升用家庭参与技能培训的比率、家庭旅游从业上升的百分点、家庭总收入来源于旅游业
的比重 3 个指标来衡量,不仅考虑了低收入人口的自生能力培育,还纳入了低收入人口的
生计多样化和旅游生计可持续性;生活改善用家庭房屋非土房或危旧房比率、户均住房面
积增加和家庭固定资产种类 3 个物质资本方面的指标来衡量;观念更新用参与旅游的积极
性、文化自信增强和环保意识增加 3 个指标来衡量。旅游助力乡村发展的区域绩效考核包
括经济效益、社会效益、环境效益、管理效益 4 个维度,其中经济效益用游客人均收益、
旅游经济增速、农户年均脱贫率 3 个指标来衡量,不仅考虑了区域旅游经济效益和成长性,
还纳入了在旅游助力乡村发展绩效研究中常被忽略的区域减贫这一重要指标;社会效应选
择对农户的社会网络支持度、旅游促进年轻人回乡村从业和妇女地位提高 3 个指标来衡
量;环境效益用旅游对生态环境、文化环境和交通等整体环境的影响 3 个指标来衡量;管
理效益用旅游发展项目安排、资金使用和村民对旅游发展的满意度 3 个指标来衡量。研究
发现,云南轿子山景区沿线村落处于"中"等级,贵州南猛村处于"良"等级,受低收入
农户旅游参与门槛影响,多渠道参与乡村旅游专业合作社模式的传统文化村落贵州南猛村
的旅游助力乡村发展绩效略好于政府扶持开办农家乐模式的景区依托型云南轿子山沿线
村落;所调研的云贵两组旅游示范村在家庭人均年收入、家庭房屋非土房或危旧房比率、
农户年均脱贫率、交通等整体环境、旅游发展资金使用是否精准、村民对旅游发展满意度
等重要指标上的表现还有待提升;开展旅游助力乡村发展较早的轿子山景区沿线村落的个
体绩效好于南猛村,发挥出了景区旅游经济增长对交通沿线村落增收富民的带动效应;南
猛村的区域绩效好于轿子山景区沿线村落,体现了更强的旅游经济增长对低收入人口的包
容性和乡村振兴潜力。影响旅游助力乡村发展绩效的主要因素包括:区域经济社会发展程
度与帮扶治理力度、区域旅游开发水平与带动能力、低收入人口的参与渠道设置与门槛高
低。所调研的云贵两种不同类型的民族村落均还需通过人(个体)-地(区域)的高效协同来
进一步提升其旅游助力乡村发展绩效。

7.1.5　西部乡村已有多元主体的旅游创新实践

在脱贫攻坚的决胜时期,我国调动全社会力量广泛参与乡村建设事业,倡导形成政府、
行业和社会"三位一体"大振兴格局,在我国云贵民族地区的乡村旅游中涌现出了公益组
织、民营企业集团、高校专家等社会力量。公益组织"中国扶贫基金会"于 2013 年发起
乡村旅游创新公益项目——百美村宿项目,以民宿改造和运营管理为主的百美村宿项目为
切入点,探索"乡村旅游+"模式。在民生银行、中国旅游集团等外部帮扶力量的支持下,
项目覆盖贵州反排村、白岩村、黄岗村等 9 个村庄。在民宿改造、运营管理、招商引资、
整村规划、环境改善、开发伴手礼、旅游产品、村民培训、公益艺术教育实训基地等方面
引入各类合作伙伴以市场化的方式共同促进村庄发展。使用房屋入股的方式,对村内房屋
进行流转,将房屋改造成民宿。改造后的民宿实行私人管家服务,管家为当地村民。成立

乡村旅游专业合作社这一股份制合作社平台，壮大村集体经济，使村民共享发展，并将乡村振兴机制嵌入股权设计。推出"三级联动、五户联助"精准协同手段。分配原则方面，全民入股、一人一股、低收入翻倍、按股分红，实现帮扶增收、多劳多得、多投多得、全民共享。建设社区融合体系，提供社区服务，助力社区建设与发展。通过活动造势，实现城乡互动，凝聚乡村旅游社会力量，定制开发各类旅游细分市场。2017 年，已运营村庄经营性收益总额为 396 万元，乡村旅游带动村民间接收益估算约 230 万元。民营企业万达集团于 2014 年响应国家"万企帮万村"政策号召，选贵州丹寨县实践其所提出的"包县发展"新设想。通过捐资捐建引入非物质文化遗产、民族手工艺、苗侗美食、苗医苗药、农副特色产品等的丹寨万达旅游小镇，打造独具特色的文旅商业目的地；设立万达丹寨专项基金，帮助全县低收入农户；捐建贵州万达职业技术学院，针对性地开设文旅相关专业，开展技能培训，设立实习基地，提升低收入人口就业创业能力；进行产业"富口袋"、基金"保米袋"、教育"富脑袋"的系统性综合发展。将内生动力强大的旅游产业作为丹寨县脱贫致富的新动能和乡村振兴的有效抓手，在原本没有成熟旅游景点的丹寨打造运营万达旅游小镇，形成以小镇为核心的旅游产业体系，以丹寨万达旅游小镇带动全域发展，注重人群覆盖上的普惠性，确保不让一个低收入人口掉队，整合外部资源，积极引入美食博主、导演、英国男模、演奏家、文化学者、高校教授、知名主持人、自媒体"大 V"等全球各方社会主体，打造社会力量参与乡村旅游的示范标杆，建立"轮值镇长"制度、资产收益增值制度、立体教育和就业制度等创新乡村旅游的制度设计，建立起可持续发展长效机制，使丹寨县顺利脱贫。由高校专家成立的小云助贫中心在云南省西双版纳傣族自治州勐腊县河边村通过"政府+公益+农户"的参与式发展模式，充当政府乡村建设工作的智囊团，引导政府有针对性地投入，将社区需求与政府政策、项目、规划相结合。利用个人影响力和资源，凝聚社会公益支持，调动相关社会力量广泛参与河边村的民居设计、电商开发、旅游培训、乡村建设等乡村旅游发展事业。将会议旅游经济定为河边村稳定脱贫的主导产业，启动了改造村民原有住房嵌入现代商务客房的瑶族妈妈特色客房建设，配以会议、餐饮等辅助设施，形成河边村集商务会议、学生冬令营、家庭亲子游、民族村寨文化体验等于一体的新型旅游产业，并以新业态产业为支柱，发展复合型产业体系，使村民近期增收有保障，远期发展有潜力。为了发挥村民在乡村旅游中的主体作用，激发他们的主观能动性，小云助贫中心在河边村成立了村内核心骨干力量，并以互助的形式调动其他村民积极参与村寨建设、发展生产、创业脱贫，以提升村寨自组织能力，发展村民可持续生计，实现了河边村农户的脱贫致富。

7.1.6　西部乡村旅游中人地协同发展的实现路径基本明确

第一，多元主体协同。西部乡村旅游中的人地协同发展，最为关键的是激发人的主观能动性，使政府、行业、社会"三位一体"的多元参与主体资源整合、力量凝聚。通过多元化的社会帮扶，加人社会网络支持度，提升农户的社会资本。从所调研的两组云贵村落来看，云南轿子山沿线村落在后续的地理标志农特产品、民族工艺品等特色旅游商品开发、激活市场的旅游宣传营销、村落农家乐运营管理、生态建设与保护、产业联动融合等方面还需引入相应的帮扶主体；贵州南猛村在芦笙舞传承展演和研学基地建设、食宿接待条件改善、旅游活动策划与细分市场开发、旅游商品品牌打造与订单对接等方面还需引入相应的帮扶主体。第二，多方资金协同。在乡村旅游发展中，需引导更多的社会资本参与乡村旅游投资，补齐农户金融、物质等生计资本的短板。从所调研的两组云贵村落来看，云南轿子山沿线村落在加大村落基础设施和服务设施的投入、农户建房贷款、村集体经济壮大、获取股权型分红收入、旅游公益金设置、社会爱心资助等方面还需进一步着力；贵州南猛村在用好乡村发展政策进行村民建房、危房和厕所改造补贴、促进城市工商资本反哺乡村建设等方面还需进一步着力。第三，社区农户协同。培育乡村旅游发展的人力资本，构建稳定脱贫、乡村振兴的内生能力。从所调研的两组云贵村落来看，云南轿子山沿线村落在对低收入农户实施分门别类的精细化管理，引导更多经营主体和能人带头创办乡村旅游和种植养殖等专业合作社，促进农户集体兴办农产品加工实体，组建民族民俗文化演艺或工程相关劳务用工公司，扶持农副产品或民族手工艺品小微企业，成立景区-社区联合管理委员会，选聘低收入农户为生态护林员等方面还有较大提升空间；贵州南猛村在扶持农家乐、民宿、文创等村民自主经营项目，芦笙文化演艺和研学旅游，鼓励村民参与型旅游产品开发和市场营销，打造返乡青年和精英乡贤的创客基地，农户互助组织建设等方面均还有较大提升空间。第四，地域产业协同。用好当地特色资源资本，发展乡村文旅产业，做强旅游经济，促进农户生计的多样化。加强文旅相关产业和原有生计的融合，降低旅游的季节性和脆弱性等生计风险。从所调研的两组云贵村落来看，云南轿子山沿线村落在兴办观光休闲农业，彝族歌舞、刺绣、习俗、康养等旅游相关产品开发，有机农副产品、手工艺品等旅游商品开发，高山有机种植园和生态养殖园等特色种植养殖业和经济作物，无公害农产品、绿色食品、有机农产品和农产品地理标志的"三品一标"认证，开展农产品精深加工，提高乡村旅游农副产品附加值等方面还需努力；贵州南猛村在芦笙文化演艺、芦笙文化传承中心和生态农家乐特色乡村等相关旅游接待产业支点建设，以及旅游产品研发、活动策划、线路设计、市场开拓等方面还需努力。第五，地域环境协同。保护村落的自然、文化等资源资本，改善人居和旅游环境，完善基础和旅游设施，提升公共和旅游服务能力。从所调研的两组云贵村落来看，云南轿子山沿线村落在生活垃圾集中收集点、生活污水处理设施、环境卫生、村落景观美化、网络开通、村内道路拓宽、旅游活动空间、旅游标识系统、农家乐庭院设计与设施配套等方面还需进一步完善；贵州南猛村在嵌入现代客房设施的特色乡村民宿改造、生态厕所改建、研学活动空间、旅游购物商店、乡创基地建设等方面还需进一步完善。第六，制度管理协同。西部乡村旅游应探索制度化的可持续发展长效机制，实施制度化管理。主要包括不同层级和部门协同制度、多元主体激励制度、低收入群体参与受益、资产收益增值和能力提升制度。从所调研的两组云贵村落来看，云南轿子山沿线村落在壮大村集体经济的资产收益增值制度、系统长远的低收入农户分类帮扶受益制度、激励社会力量广泛参与制度、村民能力提升制度、稳定脱贫长效制度等方面还有改进的余地；贵州南猛村在增强各旅游细分市场和公益力量的黏性制度、搭建乡村和外部的联结制度、多元主体协同机制、自我积累的可持续发展制度等方面还有改进的余地。

7.2　研　究　展　望

7.2.1　综合运用多学科方法加强相关研究

　　本书对西部乡村旅游中的人地协同发展探索集中于理论与实地调查相结合,综合运用实地考察法、问卷调查法、深度访谈法、构建评价体系、熵权层次分析法、构建耦合协调度模型、可持续生计框架、德尔菲法、数理统计分析法、案例分析法等方法,进行系统综合集成研究,得到了一些主要结论,具有一定的指导意义。未来可进一步综合运用多学科方法加强相关研究。西部乡村旅游中的人地协同发展是一个涉及多主体、多层次的复合系统,可运用系统动力学探求其影响因素及作用机理,并提出优化策略以使整个系统更加高效稳定运转。运用数据包络分析技术明确区域旅游发展的效率特征与演化趋势。运用地理信息系统软件呈现区域乡村旅游发展的空间分异效应。运用模糊综合评价法评估乡村旅游发展的绩效。运用差距分析法把握旅游发展实际绩效与乡村振兴方针要求之间的差距,分析差距产生的原因并提出减小或消除差距的方法。

7.2.2　进一步完善相关评价指标体系

　　本书构建了欠发达地区旅游与乡村发展耦合协调度评价体系、农户生计资本评价指标体系和人地协同的旅游助力乡村发展绩效评价指标体系,进行基于宏观统计数据和微观村落一手调查数据的定量评价,以便发现西部乡村旅游中人地协同发展的模式和路径,也为相关研究提供了新的分析思路、具可操作性的评价方法和一定的决策依据。但所选指标多是参考已有文献和基于数据的可获得性,所建评价指标体系可能仍未完全准确反映欠发达地区旅游助力乡村发展情况。由于社会科学研究涉及难以量化的心理、社会、文化、经济等因素,要准确量化是一件比较难的事情。西部乡村旅游中人地协同发展是一个涉及多主体、多层次的复合系统,从系统全面的角度,评价指标体系还存在不足。针对难以量化的社会研究因素,本书采用了问卷调查的可持续生计框架、利克特量表等进行评价,有一定的有效性。但在云贵民族地区村落,调查对象的受教育程度、理解能力、文化背景、调查问题表达的准确性和易接受性等因素均可能影响调查结果,未来还可应用扎根访谈等方法进行深入探究。

7.2.3　加强典型案例和后续跟踪研究

　　本书对以景区为依托、"政府+能人大户+低收入农户"农家乐雁阵引领模式的云南省昆明市轿子山旅游开发试验示范区沿线村落,以传统村落为依托、"村集体+低收入农户+企业"的共济乡村旅游合作社模式的贵州省雷山县南猛村等云贵民族地区不同类型的西部乡村旅游典型案例地进行实地调研。全面调查和搜集其旅游助力乡村发展的主要方法、模式,以及乡村旅游发展中的人地关系状态,评估不同类型区乡村旅游中的人地协同发展绩效,探讨西部乡村旅游中人地协同发展的实现路径。既可为其自身更好发展乡村旅游、实现稳定脱贫和共同富裕提供重要参考，也可为其他类似地区提供有益借鉴。未来可结合云贵民族地区的旅游发展和乡村振兴对其进行后续跟踪研究。除调研上述两种政府主导型旅游模式以外，还对全国性公益组织的百美村宿乡村旅游创新公益项目、大型民营企业万达集团的贵州丹寨县文旅小镇旅游项目、高校专家成立 NGO 小云助贫中心的云南勐腊河边村参与式旅游项目等社会力量参与云贵民族地区乡村旅游模式进行了案例分析，提取了其乡村旅游中人地协同发展的有益经验。未来可进一步进行社会力量参与乡村旅游助力乡村振兴的典型案例等专题研究。

参 考 文 献

保继刚，左冰，2012.为旅游吸引物权立法[J].旅游学刊，27(7)：11-18.

保继刚，林敏慧，2014.历史村镇的旅游商业化控制研究[J].地理学报，69(2)：268-277.

蔡雄，程道品，1999. 开发一方景区，繁荣地方经济，致富周边百姓——安顺地区旅游扶贫的功能与模式[J]. 桂林工学院学报，
　　19(4)：375-381.

蔡雄，连漪，1997. 穷乡僻壤奔小康——黄山汤口村发展旅游的调查[J]. 旅游研究与实践，(1)：57-60.

曹务坤，辛纪元，吴大华，2014. 民族村寨社区参与旅游扶贫的法律机制完善[J]. 云南社会科学，(6)：130-133.

曹新向，丁圣彦，2003. 政府在旅游扶贫开发中的行为研究[J]. 许昌学院学报，22(2)：60-64.

曹文道，2000. 转型期中国反贫困机制与对策研究[D]. 北京：中国农业科学院.

常慧丽，2007. 生态经济脆弱区旅游开发扶贫效应感知分析——以甘肃甘南藏族自治州为例[J]. 干旱区资源与环境，21(10)：
　　125-130.

陈佳，杨新军，王子侨，等，2015.乡村旅游社会生态系统脆弱性及影响机理：基于秦岭景区农户调查数据的分析[J].旅游学
　　刊，30(3)：64-75.

陈静，2014，充分发挥旅游富民作用自觉做好旅游扶贫工作[N]. 中国旅游报，2014-12-08.

陈前恒，2011.会员制村级扶贫发展基金能够瞄准穷人吗？ ——H村扶贫发展基金个案研究[J].农村经济，(3)：57-60.

陈巧，周燕芳，张传统，2006. 对西部贫困地区旅游开发带来的环境问题的思考[J]. 科技与经济，(17)：10-12.

陈升，潘虹，陆静，2016.精准扶贫绩效及其影响因素：基于东中西部的案例研究[J].中国行政管理，(9)：68-72.

陈晔，李天元，赵帆，2014. 目的地网络界面对旅游者体验及品牌形象的影响[J]. 旅游学刊，29(10)：31-41.

陈勇，徐小燕，2005. BOT 模式在我国西部旅游扶贫项目中的应用[J]. 商业研究，(7)：167-169.

陈志永，王化伟，李乐京，2010.少数民族村寨社区居民对旅游增权感知研究[J].商业研究，401(9)：173-178.

陈准，2011.信息不对称视角下的农村贫困对象瞄准研究[D].长沙：湖南农业大学.

崔楚，郭佩霞，2011.四川省民族地区财政扶贫资金投入与减贫效率研究：以凉山州 11 个国家扶贫重点县为例[J].行政事业
　　资产与财务，(9)：32-34.

崔海洋，2009. 人与稻田——贵州黎平黄岗侗族传统生计研究[M].昆明：云南人民出版社：29-43.

崔晓明，杨新军，2018. 旅游地农户生计资本与社区可持续生计发展研究——以秦巴山区安康一区三县为例[J]. 人文地理，
　　33(2)：147-153.

澹丰霞，2006.旅游扶贫与农村社区变迁——以河南二郎庙村为例[D]. 郑州：郑州大学.

邓维杰，2013.贫困村分类与针对性扶贫开发[J].农村经济，(5)：42-44.

邓维杰，2014.精准扶贫的难点、对策与路径选择[J].农村经济，(6)：78-81.

邓小海，2015. 旅游精准扶贫研究[D]. 昆明：云南大学.

邓小海，2015.旅游扶贫精准帮扶探析[J].新疆大学学报(哲学·人文社会科学版)，43(6)：21-27.

邓小海，曾亮，罗明义，2015.精准扶贫背景下旅游扶贫精准识别研究[J].生态经济，31(4)：94-98.

丁焕峰，2006. 农村贫困社区参与旅游发展与旅游扶贫[J]. 农村经济，(9)：49-52.

丁昭，蒋远胜，徐光顺，2014.贫困村互助资金社瞄准贫困户了吗？ ——来自四川的经验[J].农村经济，(9)：63-67.

范俊，汪璐，周蓓蓓，2011. 旅游扶贫长效机制的系统分析框架构建[J]. 中国商贸，（6）：157-158.

范向丽，郑向敏，丁秀荣，2007. 试析女性与旅游扶贫[J]. 中华女子学院学报，19（6）：42-47.

冯灿飞，2006. 贫困型旅游地文化变迁的动因及规范研究[J]. 特区经济，5：200-201.

冯万荣，赵庆红，2007.旅游扶贫的受益人群及其受益模式研究——以云南西双版纳傣族园为例[J].昆明冶金高等专科学校学报，23（4）：82-84.

冯旭芳，徐敏聪，王红，2011. 基于贫困人口发展的旅游扶贫效应分析——以锡崖沟为例[J]. 生产力研究，5：91-130.

冯学钢，1999. 皖西地区旅游开发扶贫探讨[J]. 经济地理，19（2）：111-115.

高舜礼，1997. 旅游扶贫的经验、问题及对策[J]. 旅游学刊，（4）：8-11.

高永久，朱军，2009. 民族社区研究理论的渊源与发展[J].西南民族大学学报（人文社科版），12（6）：6-11.

桂拉旦，唐唯，2016. 文旅融合型乡村旅游精准扶贫模式研究——以广东林寨古村落为例[J]. 西北人口，37（2）：64-68.

郭舒，2015.基于产业链视角的旅游扶贫效应研究方法[J].旅游学刊，30（11）：31-39.

郭为，黄卫东，汤斌，2004. 改革开放以来鄂西北旅游发展与扶贫的可行性：一些发现和解释[J]. 旅游学刊，19（3）：27-31.

郭向阳，穆学青，明庆忠，2017. 云南省旅游经济与交通系统耦合空间态势分析[J]. 经济地理，37（9）：200-206.

国家统计局住户调查办公室，2017. 中国农村贫困监测报告2017[M]. 北京：中国统计出版社.

哈肯，1984. 协同学[M]. 北京：原子能出版社.

何红，王淑新，2014. 集中连片特困区域旅游扶贫绩效评价体系的构建[J]. 湖北文理学院学报，（8）：74-79.

何景明，2010.边远贫困地区民族村寨旅游发展的省思——以贵州西江千户苗寨为中心的考察[J].旅游学刊，25（2）：59-65.

何景明，李辉霞，何毓成，等，2003.四川少数民族自治区域旅游开发与贫困缓解[J].山地学报，21（4）：442-448.

何玲姬，李庆雷，明庆忠，2007. 旅游扶贫与社区协同发展模式研究——以云南罗平多依河景区为例[J]. 热带地理，27（4）：375-384.

何茜灵，宋亮凯，2015. 旅游扶贫试点村背景下旅游精准扶贫调查研究——以葫芦岛市建昌县玉带湾村为例[J]. 国土与自然资源研究，（6）：81-83.

何士荣，2014.蒙城：精准扶贫"四五六"[J]. 中国扶贫，（19）：49.

何喜刚，高亚芳，2006.甘南藏族自治州旅游扶贫开发研究[J].西北师范大学学报，42（14）：97-99.

何艺玲，2002. 如何发展社区生态旅游？——泰国Huay Hee村社区生态旅游（CBET）的经验[J]，旅游学刊，17（6）：57-60.

贺爱琳，2015.乡村旅游对秦岭北麓山区农户生计的影响研究——基于可持续生计分析视角[D]. 西安：西北大学.

胡锡茹，2003.云南旅游扶贫的三种模式[J].经济问题探索，（5）：109-111.

黄承伟，2000. 石山地区反贫困战略研究——桂西北地区生存环境与反贫困战略[D]. 北京：中国科学院.

黄承伟，覃志敏，2015. 我国农村贫困治理体系演进与精准扶贫[J]. 开发研究，56（2）：56-59.

黄继元，2008.民族生态文化村旅游扶贫开发模式研究——以石林县大糯黑阿诗玛民族生态文化村规划为例[J].昆明大学学报，19（2）：10-14.

黄梅芳，于春玉，2014. 民族旅游扶贫绩效评价指标体系及其实证研究[J]. 桂林理工大学学报，34（2）：406-410.

姬丹，2007.乡村旅游·扶贫致富·政府行为——以安顺天龙屯堡为典型个案[D].贵阳：贵州大学.

贾生华，陈宏辉，2003. 利益相关者管理：新经济时代的管理哲学[J]. 软科学，17（1）：39-46.

蒋长春，2005. 行政边界地区PPT战略研究[D]. 厦门：华侨大学.

金方梅，2003.乡村民族文化旅游保护开发模式探讨——重视文化旅游者在文化保护中的作用[J].贵州师范大学学报，21（4）：13-16.

李国平，2004. 基于政策实践的广东立体化旅游扶贫模式探析[J]. 旅游学刊，19（5）：56-60.

李会琴，李晓琴，侯林春，2012.黄土高原生态环境脆弱区旅游扶贫效应感知研究——以陕西省洛川县谷咀村为例[J].旅游研究，4(3)：1-6.

李会琴，侯林春，杨树旺，等，2015. 国外旅游扶贫研究进展[J].人文地理，(1)：26-32.

李佳，2010. 扶贫旅游理论与实践[M]. 北京：首都经济贸易大学出版社.

李佳，2013. 中国连片特困地区反贫困研究进展[J]. 贵州社会科学，(12)：87-91.

李佳，2015. 连片特困民族地区旅游经济差异分析——以四省藏区为例[J]. 西南民族大学学报(人文社会科学版)，(3)：130-134.

李佳，2015. 西部旅游资源富集区旅游经济空间差异分析——以四川省为例[J]. 干旱区资源与环境，(9)：198-202.

李佳，2017. 少数民族连片特困区域旅游精准扶贫机制研究[M]. 北京：经济科学出版社.

李佳，田里，2016. 连片特困民族地区旅游扶贫效应差异研究——基于四川藏区调查的实证分析[J]. 云南民族大学学报(哲学社会科学版)，33(6)：96-102.

李佳，田里，王磊，2017.连片特困民族地区旅游精准扶贫机制研究——以四川藏区为例[J].西南民族大学学报(人文社会科学版)，(6)：116-121.

李佳，钟林生，成升魁，2009a.民族贫困地区居民对旅游扶贫效应的感知和参与行为研究——以青海省三江源地区为例[J].旅游学刊，24(8)：71-76.

李佳，钟林生，成升魁，2009b. 中国旅游扶贫研究进展[J]. 中国人口·资源与环境，19(3)：156-162.

李佳，成升魁，马金刚，等，2009c. 基于县域要素的三江源地区旅游扶贫模式探讨[J]. 资源科学，31(11)：1818-1824.

李锦，2005. 在发展中维护民族文化生态——对泸沽湖摩梭社区的研究[J]. 中南民族大学学报(人文社会科学版)，25(3)：37-41.

李锦宏，金彦平，2008.喀斯特山区乡村旅游开发模式研究：以贵州省为例[J].农业经济，(5)：20-23.

李燕琴，2011.旅游扶贫中社区居民态度的分异与主要矛盾——以中俄边境村落室韦为例[J]. 地理研究，30(11)：2030-2042.

李燕琴，2018. 反思旅游扶贫：本质、可能陷阱与关键问题[J]. 中南民族大学学报(人文社会科学版)，38(2)：99-104.

李燕琴，束晟，2015. 聚焦旅游视域下的中国边疆研究[J]. 地理研究，(3)：407-421.

李玉恒，王艳飞，刘彦随，2016. 我国扶贫开发中社会资本作用机理及效应[J].中国科学院院刊，31(3)：302-308.

李裕瑞，曹智，郑小玉，等，2016. 我国实施精准扶贫的区域模式与可持续途径[J].中国科学院院刊，31(3)：279-288.

良警宇，2005. 旅游开发与民族文化和生态环境的保护：水满村的事例[J]. 广西民族学院学报(哲学社会科学版)，27(1)：54-58.

梁坤，杜靖川，吕宛青，2014. 西南地区旅游产业与城镇化耦合协调度的时空特征分析[J]. 经济管理，(12)：125-134.

梁明珠，2004. 生态旅游与"三农"利益保障机制探讨[J]. 旅游学刊，(6)：69-72.

廖胜，2010. 虎牙藏族乡旅游扶贫问题研究[J].商业时代，(32)：139-140.

刘安乐，王成，杨承玥，等，2018. 边疆山区旅游城市的交通与旅游发展耦合关系——以丽江市为实证案例[J]. 经济地理，38(1)：196-203.

刘筱筱，2006. 旅游扶贫的经济风险及应对策略探析[J]. 商业经济，(12)：96-115.

刘宏宇，李琰，2011.从达斡尔族的语言转用看城市化进程对少数民族语言发展的影响[J].中南民族大学学报(人文社会科学版)，31(2)：79-83.

刘流，2010.民族地区农村扶贫瞄准问题研究：基于贵州省民族地区乡级扶贫瞄准绩效的分析[J].贵州民政研究，(4)：118-123.

刘南勇，2012. 国家民委发布2011年少数民族地区农村贫困监测结果[N]. 贵州民族报，2012-12-05.

刘绍吉，2008.滇东少数民族贫困地区旅游扶贫问题研究——以云南省师宗县五龙壮族乡为例[J].经济师，(11)：259-260.

刘纬华，2002.社区参与旅游发展研究应有的理论视野：兼与黎洁老师商榷[J].海南大学学报(人文社会科学版)，(2)：98-103.

刘小鹏，苏晓芳，2014. 空间贫困研究及其对我国贫困地理研究的启示[J]. 干旱区地理，37(1)：144-152.

刘彦随，周扬，刘继来，2016. 中国农村贫困化地域分异特征及其精准扶贫策略[J].中国科学院院刊，31(3)：269-278.

刘锟，2006.民族地区旅游开发中的外部性影响及其消除[J].黑龙江民族丛刊，95（6）：56-60.

龙茂兴，2006. 论乡村旅游扶贫模式创新[J]. 发展，（9）：39-40.

龙祖坤，杜倩文，周婷，2015. 武陵山区旅游扶贫效率的时间演进与空间分异[J].经济地理，35（10）：210-217.

隆学文，马礼，2004.坝上旅游扶贫效应分析与对策研究——以丰宁县大滩为例[J].首都师范大学学报（自然科学版），25（1）：74-80.

罗江月，唐丽霞，2014.扶贫瞄准方法与反思的国际研究成果[J].中国农业大学学报：社会科学版，（4）：10-17.

罗庆，李小建，2014. 国外农村贫困地理研究进展[J]. 经济地理，34（6）：1-8.

罗盛锋，黄燕玲，2015. 滇桂黔石漠化生态旅游景区旅游扶贫绩效评价[J]. 社会科学家，（9）：97-101.

罗永常，2003.民族村寨旅游发展问题与对策研究[J].贵州民族研究，3（2）：102-107.

罗永常，2006.民族村寨旅游开发的政策选择[J].贵州民族研究，26（4）：32-37.

罗永常，2006.民族村寨社区参与旅游开发的利益保障机制[J].旅游学刊，21（10）：45-48.

马创，2010.少数民族地区旅游投资的扶贫效应研究——以云南丘北县仙人洞村为例[J].云南电大学报，12（2）：90-92.

马忠玉，2001. 论旅游开发与消除贫困[J]. 中国软科学，（1）：4-8.

邱云美，2004. 社区参与是实现旅游扶贫目标的有效途径[J]. 农村经济，（12）：43-45.

全承相，贺丽君，全永海，2015.产业扶贫精准化政策论述[J].湖南财政经济学院学报，（2）：118-123.

中共中央国务院，2011. 中国农村扶贫开发纲要（2011—2020 年）[M]. 北京：人民出版社.

荣金凤，闵庆文，郑林，2007. 贫困地区的生态旅游资源及其可持续利用探讨[J]. 资源科学，29（1）：112-117.

沈新忠，2014.辽宁省建档立卡精准扶贫措施探讨[J].农业科技与装备，（3）：83-84.

史玉丁，李建军，2018.乡村旅游多功能发展与农村可持续生计协同研究[J]. 旅游学刊，33（2）：15-26.

宋瑞，2005. 我国生态旅游利益相关者分析[J]. 中国人口·资源与环境，15（1）：36-41.

宋亚伟，2018.关中民俗文化旅游"小镇"开发绩效评估及其规划引导策略——以茯茶小镇为例[D].西安：西安建筑科技大学.

粟娟，2009.武陵源旅游扶贫效益测评及其优化[J].商业研究，389（9）：205-208.

汤敏，2008. 包容性增长与中国新阶段扶贫[Z]. 中国发展研究基金会报告第四十期.

谭丽燕，李月兰，2006.少数民族地区旅游开发扶贫模式探讨——以广西少数民族地区旅游开发扶贫为例[J].广西师范学院学报，23（6）：132-234.

田翠翠，2017.基于管理熵的重庆高山纳凉村旅游精准扶贫绩效研究[D].重庆：西南大学.

佟敏，2005. 基于社区参与的我国生态旅游研究[D]. 哈尔滨：东北林业大学.

汪德根，王金莲，陈田，等，2011.乡村居民旅游支持度影响模型及机理：基于不同生命周期阶段的苏州乡村旅游地比较[J].地理学报，66（10）：1413-1426.

汪三贵，Albert Park，2010. 中国农村贫困人口的估计与瞄准问题[J].贵州社会科学，（2）：68-72.

汪三贵，李文，李芸，2004. 我国扶贫资金投向及效果分析[J].农业技术经济，（5）：45-49.

王波，2003. PPT 战略及其在云南省实施的系统模式研究[D]. 昆明：云南师范大学.

王丛丛，王仕佐，2010. 论旅游在民族地区的扶贫功能——以西江千户苗寨为例[J].中国市场，587（28）：101-102.

王力年，2012. 区域经济系统协同发展理论研究[D].长春：东北师范大学.

王丽，2008. 基于系统论的旅游扶贫动力机制分析[J]. 商业经济，（7）：111-115.

王丽丽，张晶晶，2011.梅里雪山雨崩村旅游扶贫受益机制研究[J].昆明冶金高等专科学校学报，27（2）：84-87.

王蕊，2008. 从日本经验看我国中小企业发展的几个问题[EB/OL]. http://www.gzsgzw.gov.cn/pages/news/2008-04-22/605.htm.

王思铁，2014.浅谈精准扶贫［EB/OL］.[2014-03-27].http://scfpym.gov.cn/show.aspx？id=25213.

王铁，2007. 网络对旅游的影响——从营销到供应链和贫困人口受益[J]. 旅游学刊，22(6)：9-10.

王铁，李梅，2007.PPT 年度回顾的启示——政府职能、供应链与营销[J].旅游学刊，(8)：55-59.

王小强，白南风，1986. 富饶的贫困[M]. 成都：四川人民出版社.

王颖，2006. 中国农村贫困地区旅游扶贫 PPT 战略研究[D]. 上海：上海社会科学院.

王永莉，2007.旅游扶贫中贫困人口的受益机制研究——以四川民族地区为例[J].经济体制改革，(4)：92-96.

王兆峰，2011.民族地区旅游扶贫研究[M].北京：中国社会科学出版社.

王兆峰，张海燕，2002.民族地区旅游扶贫开发的战略[J].老区建设，(4)：24-25.

王志章，王静，2018.基于可持续发展的少数民族地区旅游扶贫绩效评价研究[J].云南民族大学学报(哲学社会科学版)，35(5)：89-97.

文冠超，2009.基于改良的 RHB 战略的贵州乡村旅游扶贫开发研究——以荔波县为个例[J].改革与开放，(10)：80-81.

翁钢民，李凌雁，2016. 中国旅游与文化产业融合发展的耦合协调度及空间相关分析[J]. 经济地理，36(1)：178-185.

吴传钧，2008.人地关系地域系统的理论研究及调控[J].云南师范大学学报(哲学社会科学版)，40(2)：1-3.

吴晶，马耀峰，2014. 东、西部城市旅游产业与城市化耦合协调度对比研究[J]. 旅游论坛，7(1)：46-50.

吴忠军，叶晔，2005.民族社区旅游利益分配与居民参与有效性探讨——以桂林龙胜龙脊梯田景区平安寨为例[J].广西经济管理干部学院学报，17(3)：51-55.

席建超，赵美风，李连璞，等，2013. 旅游诱导下乡村能源消费模式转型与综合效益评估——六盘山旅游扶贫试验区的实例实证[J].自然资源学报，28(6)：898-910.

向玲凛，邓翔，2014. 西南少数民族地区反贫困政策绩效研究[J]. 三峡大学学报(人文社会科学版)，36(7)：65-68.

向玲凛，邓翔，瞿小松，2013. 西南少数民族地区贫困的时空演化——基于 110 个少数民族贫困县的实证分析[J].西南民族大学学报(人文社会科学版)，(2)：124-129.

向延平，2008.贫困地区旅游扶贫经济绩效评价研究——以湖南省永顺县为例[J].湖南文理学院学报(社会科学版)，33(6)：58-60.

向延平，2009. 湘鄂渝黔边区旅游扶贫绩效评价感知调查研究——以德夯苗寨为例[J]. 资源开发与市场，25(7)：655-657.

向延平，2010.基于 CVM 法的凤凰古城旅游扶贫生态绩效评价[J].贵州农业科学，38(10)：234-236.

向延平，2011.民族地区旅游扶贫对民族文化影响的模糊分析——基于两头羊、老洞和德夯三苗寨的个案分析[J]. 湖北民族学院学报，29(4)：39-42.

向延平，2012. 武陵源世界自然遗产地旅游扶贫绩效模糊评价[J]. 中南林业科技大学学报(社会科学版)，6(6)：5-7.

肖胜和，1997. 论我国贫困区发展旅游业的基础[J]. 云南师范大学学报，17(3)：79-83.

肖星，侯佩旭，2005.论西部旅游开发与民族地区的社会经济发展[J].中南民族大学学报，25(1)：69-72.

邢成举，李小云，2013.精英俘获与财政扶贫项目目标偏离的研究[J].中国行政管理，(9)：109-113.

徐俊，2012.公共部门对口扶贫的瞄准问题初探[J].老区建设，(2)：19-21.

闫沙庆，李鸿，崔亚虹，2006.新农村建设与民族地区扶贫开发模式新探——以内蒙古额尔古纳市为例[J].满族研究，(4)：42-46.

颜亚玉，黄海玉，2008.历史文化保护区旅游开发的社区参与模式研究[J].人文地理，23(6)：94-98.

杨栋会，2009. 西南少数民族地区农村收入差距和贫困研究——以云南布朗山乡住户调查数据为例[D]. 北京：中国农业科学院.

杨桂华，2004. 生态旅游景区开发[M]. 北京：科学出版社.

杨桂华，张志勇，徐永红，2004. 生态旅游案例研究[M].天津：南开大学出版社.

杨红英，1998.少数民族贫困地区旅游扶贫的思考[J].经济问题探索，(4)：60-61.

杨建春，肖小虹，2011.贵州旅游扶贫效应动态分析[J].商业研究，411(7)：212-216.

杨立华，2005. 南非经济——放眼非洲谋发展[J]. 西亚非洲，(6)：59.

杨龙，李萌，汪三贵，2015.我国贫困瞄准政策的表达与实践[J].农村经济，(1)：8-12.

杨敏，宋保平，李君轶，2003.西部民族地区旅游扶贫开发研究——以青海循化撒拉族自治县为例[J].青海社会科学，(4)：47-49.

杨小柳，2010. 参与式扶贫的中国实践和学术反思——基于西南少数民族贫困地区的调查[J]. 思想战线，(3)：103-107.

杨学燕，金海龙，2004.六盘山旅游扶贫开发实验区的开发对策探讨[J].干旱区资源与环境，18(3)：121-124.

杨园园，刘彦随，张紫雯，2016. 基于典型调查的精准扶贫政策创新及建议[J].中国科学院院刊，31(3)：337-345.

叶初升，邹欣，2012.扶贫瞄准的绩效评估与机制设计[J].华中农业大学学报：社会科学版，(1)：63-69.

叶俊，2014.大别山试验区旅游扶贫效应评估——以麻城龟峰山风景区为例[J].湖北农业科学，53(13)：3187-3190.

殷泓，2015. "十二五"以来民族八省区贫困人口减少1712万人[N].光明日报，2015-10-28(3).

游佩媛，2006. 旅游扶贫模式研究——以北京郊区民俗村、贵州省巴拉河乡村旅游项目为例[D]. 北京：北京第二外国语学院.

于欢，孔博，陶和平，等，2012. 四川省自然灾害危险度综合评价与区划[J]. 地球与环境，(3)：397-404.

于敏，张晓颖，Salehuddin Ahmed，2012.中国扶贫瞄准机制的创新与实践：以广东省连南县为例[J].农业现代化研究，(3)：199-202.

袁明达，2009.基于 PPT 战略的民族地区贫困人口受益模式研究——以湖南省湘西土家族苗族自治州为例[J].科技和产业，9(11)：68-70.

曾本祥，2006. 中国旅游扶贫研究综述[J]. 旅游学刊，21(2)：89-94.

张川杜，2000. 澳大利亚洲450万游客带来160亿澳元[N]. 光明日报，2000-03-17.

张方，2011.对少数民族地区旅游扶贫的思考[J].区域经济，(2)：170.

张环宙，许欣，周永广，2007. 外国乡村旅游发展经验及对中国的借鉴[J]. 人文地理，96(4)：82-85.

张磊，2007. 中国扶贫开发历程(1949—2005)[M]. 北京：中国财政经济出版社.

张伟，2005.风景区旅游扶贫开发的效应分析及优化研究——以安徽省铜锣寨风景区为例[D]. 芜湖：安徽师范大学.

张伟，张建春，2005.国外旅游与消除贫困问题研究评述[J].旅游学刊，20(1)：90-96.

张伟，张建春，魏鸿雁，2005.基于贫困人口发展的旅游扶贫效应评估——以安徽省铜锣寨风景区为例[J].旅游学刊，20(5)：43-49.

张小利，2007.西部旅游扶贫中的乘数效应分析[J]. 商业时代，(7)：89-91.

张笑芸，唐燕，2014.创新扶贫方式，实现精准扶贫[J].资源开发与市场，(9)：1118-1119.

张遵东，章立峰，2011. 贵州民族地区乡村旅游扶贫对农民收入的影响研究——以雷山县西江苗寨为例[J]. 贵州民族研究，32(6)：66-71.

赵陈，宋雪茜，方一平，2017. 四川省旅游与城镇化耦合协调度及其空间差异[J]. 山地学报，35(3)：369-379.

赵传松，任建兰，陈延斌，等，2018. 全域旅游背景下中国省域旅游产业与区域发展时空耦合及驱动力[J]. 中国人口·资源与环境，28(3)：149-159.

赵磊，方成，毛聪玲，2018. 旅游业与贫困减缓——来自中国的经验证据[J]. 旅游学刊，33(5)：13- 25.

赵世钊，吕宛青，2015.民族地区旅游扶贫机制的协同学分析：以贵州省郎德苗寨为例[J].贵州民族研究，36(1)：152-155.

赵小芸，2004. 旅游投资在西部旅游扶贫中的效用分析[J]. 旅游学刊，19(1)：16-20.

郑长德，2014. 中国少数民族地区经济发展报告(2014)[M]. 北京：中国经济出版社：10-11.

周成，冯学钢，唐睿，2016a. 区域经济-生态环境-旅游产业耦合协调发展分析与预测——以长江经济带沿线各省市为例[J]. 经济地理，36(3)：186-193.

周成，金川，赵彪，等，2016b. 区域经济-生态-旅游耦合协调发展省际空间差异研究[J]. 干旱区资源与环境，30(7)：203-208.

周民良，2014.推动精准扶贫开发的丹凤样本[J].中国发展观察，（9）：66-70.

周歆红，2002. 关注旅游扶贫的核心问题[J]. 旅游学刊，17（1）：17-21.

朱海森，王颖，2007. 南非旅游扶贫探析[J]. 西亚非洲，（1）：32-37.

朱华，董婷，2011.政府主导下社区参与的民族村寨旅游开发模式——以北川县擂鼓镇吉娜羌寨为例[J].改革发展研究，168（4）：68-70.

朱晶晶，陆林，朱桃杏，2005. 基于运行机制的旅游扶贫支持系统和开发模式[J]. 资源开发与市场，21（4）：296-299.

庄天慧，张海霞，杨锦秀，2010. 自然灾害对西南少数民族地区农村贫困的影响研究——基于21个国家级民族贫困县67个村的分析[J]. 农村经济，（7）：52-56.

左冰，2016. 分配正义：旅游发展中的利益博弈与均衡[J]. 旅游学刊，31（1）：12-21.

左冰，保继刚，2016.旅游吸引物权再考察[J].旅游学刊，31（7）：13-23.

Adama B，Harold G，2003. Improving Access for the Informal Sectorto Tourism in The Gambia[Z].PPT Working Paper No.15.

Ali I, Zhuang J, 2007. Inclusive Growth toward a Prosperous Asia: Policy Implications[Z]. ERD Working Paper No.10, Economic and Research Department, Asian Development Bank, Manila.

Ashley C，2003. Methodology for Pro-Poor Tourism Case Studies[Z]. PPT Working Paper No.10.

Ashley C，2006. Participation by the poor in Luang Prabang Tourism economy：current earnings and opportunities for espansion[R]. ODI Overseas Development Institute，SNV Netherlands Development Corporation，Working Paper 273：7.

Ashley C，Boyd C，Goodwin H，2000. Pro-poor Tourism：Putting Poverty at the Heart of the Tourism Agenda[Z].ODI.

Ashley C，Roe D，1998. Enhancing Community Involvement in Wildlife Toueism：Issues and Challenges[R]. London：International Institute for Environment and Development（IIED）.

Ashley C，Roe D，2002.Making tourism work for the poor：strategies and challenges in southern africa[J].Development Southern Africa，1：62-82.

Ashley C，Roe D，Goodwin H，2001.Pro-Poor Tourism Strategies：Making Tourism Work for the Poor：A Review of Experience（Pro-poor tourism report No.1）[M].London：The Russell Press.

Ashley C，Roe D，Goodwin H，2001.Pro-Poor Tourism Strategies：Making Tourism Work for the Poor[Z].ODI，IIED，CRT.

Belisle F，Hoy D R，1980. The perceived impact of tourism by residents: a case study in Santa Marta，Colombia[J]. Annals of Tourism Research，7（1）：83-101.

Bennett O，Roe D，Ashley C，1999. Sustainable Tourism and Poverty Elimination：A Report for the Department for International Development[Z].London：Deloitee and Touche，IIED and ODI. Journal of Sustainable Tourism：313.

Blake A，Arbache J S，Sinclair M T，et al.，2008. Tourism and poverty relief[J]. Annals of Tourism Research，35（1）：107-126.

Braman S，Amazonia F A，2001. Practical Strategies for Pro-Poor Tourism: Tropic Ecological Adventures-Ecuador[Z].PPT Working Paper No.6.

Bramwell B，Sharman A，1999. Collaboration in local tourism policymaking[J].Annals of Tourism Research，26（2）：392-415.

Brass J L，1995. Community Tourism Assessment Handbook[R]. Oregon State University，Western RuralDevelopmentCenter，Corvallis，Oregon.

Cattarinich X，2001. Pro-Poor Tourism Initiatives in Developing Countries：Analysis of Secondary Case Studies[Z]. PPT Working Paper No.8.

CHI-OK O H，2005. The contribution of tourism development to economic growth in the Korean economy[J]. Tourism management，26（1）：39-44.

Cornet C，2015. Tourism development and resistance in China[J]. Annals of Tourism Research，52(5)：29-43.

Denman R，Denman J，2004. Tourism and Poverty Alleviation：Recommendations for Action[R]. Madrid：World Tourism Organization.

Donaldson J，2007. Tourism，development and poverty reduction in Guizhou and Yunnan[J]. The China Quarterly，190：333-351.

Dehra D，1995. Tourism for Local Community Development：A Report on Case Studies in Kinnaur District H. P. and the Badrinath Tourist Zone[Z]. AME：Academy for Mountain Environics Mountain.

Fessenmaier D，Fessenmaier J，1993. Helping Rural Communities Prepare for Economic Development：Assessing and Developing Tourism Resources[R]. Illinois Laboratory for Community and Economic Development，University of Illinois，Urbana-Champaign，Illinois.

Gascón J，2015. Pro-poor tourism as a strategy to fight rural poverty：a critique[J]. Journal of Agrarian Change，15(4)：499-518.

Ghaderi Z，Henderson J C，2012. Sustainable rural tourism in Iran：a perspective from Hawraman Village[J]. Tourism Management Perspectives：2/3：47-54.

Grant J，1994. The State of the World's Children[M]. New York: UNICEF/Oxford University Press.

Gurung H，1991. Environmental Management of Mountain Tourism in Nepal[Z].Report on study conducted for Economic Social Commission for the Asia and the Pacific(ESCAP)，Bangkok，New York：United Nations(ST/ESCAP/959).

Hadi M Y A，Roddin R，Razzaq A R A，2013. Poverty eradication through vocational education(tourism)among indigenous people communities in Malaysia：Pro- poor tourism approach(PPT)[C]. 3rd World Conference on Learning，Teaching and Education Leadership(2013- 10- 21). Procedia - Social and Behavioral Sciences，93：1840-1844.

Hampton M P，2005. Heritage，local communities and economic development[J]. Annals of Tourism Research，32(3)：735-759.

Hill W，Pickering C M，2006. Vegetation associated with different walking track types in the Kosciuszko alpine area，Australia[J]. Journal of Environment Management，78(1)：24-34.

Holland J，Dixey L，Burian M，2003. Tourism in Poor Rural Areas：Diversifying the Product and Expanding the Benefits in Rural Uganda and the Czech Republic[Z].PPT Working Paper No.12.

Horn C，Simmons D，2002. Community adaptation to tourism：comparisons between Rotorua and Kaikoura，New Zealand[J]. Tourism Management，23(2)：133-143.

HWHL，2007. Management Plan 2002-2007[EB/OL]. [2007-01-26]. http：//www.hadrians-wall.org/downloads.aspx？id=5.

Jalan J，Ravallion M，1997. Spatial Poverty Traps[M]. Citeseer.

Job H，Paesler F，2013. Links between nature-based tourism，protected areas，poverty alleviation and crises the example of Wasini Island(Kenya)[J]. Journal of Outdoor Recreation and Tourism，(1/2)：18-28.

Kadt E D，Jehuda E，1979. Tourism：Passport to Development：Perspectives on the Social and Cultural Effects of Tourism in Developing Countries[M]. Oxford：Oxford University Press：34-39.

Kareithi S，2003. Coping with Declining Tourism，Examples from Communities in Kenya[Z].PPT Working Paper No.13.

Karin M，Jurgens V Z，2001. Practical Strategies for Pro-Poor Tourism：Case studies of Makuleke and Manyeleti tourism initiatives：South Africa[Z].PPT Working Paper No.2.

Kiernan K，2013. The nature conservation，geotourism and poverty reduction nexus in developing countries：a case study from the Lao PDR[J]. Geoheritage，5(3)：207-225.

King B，Pizam A，Milman A，1993. Social impacts of tourism：host perceptions[J]. Annals of Tourism Research，20(4)：650-665.

Knight D W，Cottrell S P，2016. Evaluating tourism- linked empowerment in Cuzco，Peru[J]. Annals of Tourism Research，56(1)：

32-47.

Koth B，Glenn K，John D，1995. A Training Guide forRural Tourism Development[R]. S.t Pau，l Minnesota：Rural Tourism Center，Minnesota Extension Service.

León Y M，2007. The impact of tourism on rural livelihoods in the Dominican Republic's Coastal Areas[J]. The Journal of Development Studies，43（2）：340-359.

Lepp A，2007. Residents' attitudes towards tourism in Bigodi Village，Uganda[J]. Tourism Management，28（3）：876-885.

Lewis J B，1998. The development of rural tourism [J]. Parks& Recreation，33（9）：12-16.

LI Y J，Turner S，Cui H Y，2016. Confrontations and concessions：an everyday politics of tourism in three ethnic minority villages，Guizhou province，China[J]. Journal of Tourism and Cultural Change，14（1）：45-61.

Li Y J，Hu Y U，Chen T，et al.，2016. Livelihood changes and evolution of upland ethnic communities driven by tourism：a case study in Guizhou province，Southwest China[J]. Journal of Mountain Science，13（7）：1313-1332.

Liddle M J，1998. Recreation and the Environment：The Ecology of Recreation Impacts，Section 2，Vegetition and Wear[R]. Brisbane，Australin：Griffith University.

Liu J，Zhu J，Lin C，et al.，2017. Farming versus tourism：the case of a world heritage site in China[J]. Tourism Economics，23（8）：581-590.

Matthew J W，Harold J G，2000. Local economic impacts of dragon tourism in Indonesia[J]. Annals of Tourism Research，27（3）：559-576.

Meyer D，2004. The UK Outbound Tour Operating Industry and Implications for Pro-Poor Tourism[Z].PPT Working Paper No.17.

Meyer D，2010. Pro-poor tourism：can tourism contribute to poverty reduction in less economically developed countries？//Cole S，Morgan N. Tourism and inequality：problems and prospects[C]. London：CABI.

Minghuang L，Brown F，Hall D，2008. Tourism and sustainable livelihoods：the case of Taiwan [J]. Third World Quarterly，29（5）：961-978.

Mitchell J，2012. Value chain approaches to assessing the impact of tourism on low-income households in developing countries[J]. Journal of Sustainable Tourism，20（3）：457-475.

Mitchel J，Ashley C，2009. Value chain analysis and poverty reduction at scale-Evidence from tourism is shifting mindsets[R]. ODI Overseas Development Institute：49.

Mitchell J，Ashley C，2009. Tourism and Poverty Reduction：Pathways to Prosperity[M]. London：Routledge：33-43.

Montgomery S，2013. Big Ideas of Small Entrepreneurs-Understanding the needs and priorities of small-scale farmers and business owners[R]. November.

Muchapondwa E，Stage J，2013. The economic impacts of tourism in Botswana，Namibia and South Africa：is Poverty Subsiding？[J]. Natural Resources Forum，37（2）：80-89.

Murphy P E，1985. Tourism：A Community Approach [M]. New York：Methuen.

Naomi M S，2001. Practical Strategies for Pro-Poor Tourism：Case study of Pro-Poor Tourism and SNV in Humla District，West Nepal[Z].PPT Working Paper No.3.

Nicanor N，2001. Practical Strategies for Pro-Poor Tourism：NACOBTA the Namibian Case Study[Z].PPT Working Paper No.4.

Nicholson T，1997. Culture，Tourism and Local Strategies Towards Development：Case Studies in the Philippines and Vietnam[Z]. Research Report（R6578）submitted to ESCOR，London：DIFD.

Peters M，1969. International Tourism：The Economics and Development of the International Tourist Trade[M]. London：Hutchinson

Radius: 1-12.

Pillay M, Rogerson C M, 2013. Agriculture-tourism linkage and pro-poor impacts: the accommodation sector of urban coastal kwa zulu natal, south Africa[J]. Applied Geography, 36(special): 49-58.

Poultney C, Spenceley A, 2001. Practical Strategies for Pro-Poor Tourism: Wilderness Safaris South Africa: Rocktail Bay and Ndumu Lodge[Z].PPT Working Paper No.1.

Poyya M G, 2003. Promotion of peace and sustainability by community based heritage eco-cultural tourism in India[J]. The International Journal of Humanities and Peace, 19(1): 40-45.

Pratiwi S, 2000. Understanding local community participation in ecotourism development: a critical analysis of select published literature[D]. Lansing: Michigan State University.

Pro-poor tourism partnership, 2007. Pro-Poor Tourism: Annual Register 2007[R]. Pro-poor Tourism Initiatives: 1-6.

Renard Y, 2001. Practical Strategies for Pro-Poor Tourism: A Case Study of the St. Lucia Heritage Tourism Programme[Z].PPT Working Paper No.7.

Rid W, Ezeuduji I O, Haider U P, 2014. Segmentation by motivation for rural tourism activities in the Gambia[J]. Tourism Management, 40(2): 102-116.

Ritchie B J R, 1988. Consensus policy formulation in tourism: measuring resident views via survey research[J]. Tourism management, 9(3): 199-212.

Roe D, Urquhart P, 2001. Pro-Poor Tourism: Harnessing the World's Largest Industry for the World's Poor[R]. London: IIED.

Roe D, Harris C, 2003. Addressing Poverty Issues in Tourism Standards[Z]. PPT Working Paper No.14.

Roe D, et al., 2004. Tourism and the Poor: Analysing and Interpreting Tourism statistics from a Poverty Perspective[Z]. PPT Working Paper No.16.

Rogerson C M, 2012. Tourism-agriculture linkages in rural South Africa: evidence from the accommodation sector[J]. Journal of Sustainable Tourism, 20(3): 477-495.

Rojek D G, Clemente F, Summers G F, 1975. Community satisfaction: a study of contentment with local services[J]. Rural sociology, 40: 177-192.

Saarinen J, 2010. Local tourism awareness: community views in Katutura and King Nehale Conservancy, Namibia[J].Development Southern Africa, 27(5): 713-724.

Scheyvens R, 2009. Pro-poor tourism: is there value beyond the rhetoric? [J]. Tourism Recreation Research, 34(2): 191-196.

Scheyvens R, Russell M, 2012.Tourism and Poverty alleviation in Fiji: comparing the impacts of small and large-scale tourism enterprises[J].Journal of Sustainable Tourism, 20(1): 189-195.

Schilcher D, 2007. Growth versus equity: the continuum of pro-poor tour-ism and neoliberal governance[J]. Current Issues in Tourism, 10(2): 166-193.

Shah K, 2000. Tourism. The poor and other stakeholders: Asian experience[Z].ODI Fair-Trade in Tourism Paper, London: ODI.

Sharp K, 2003. Measuring Destitution: Integrating Qualitative and Quantitative Approaches in the Analysis of Survey Data[R]. IDS Working Paper: 217.

Shen F, Hughey K F D, Simmons D G, 2008. Connecting the sustainable livelihoods approach and tourism: a review of the literature[J]. Journal of Hospitality & Tourism Management, 15(1): 19-31.

Simpson B, 1993. Tourism and tradition: from healing to heritage[J]. Annals of Tourism Research, 20(1): 164-181.

Simpson M C, 2009. An integrated approach to assess the impacts of tourism on community development and sustainable livelihoods[J]. Tourism Management，30（1）：90-98.

Slinger V，2000. Ecotourism in the Last Indigenous Caribbean ommunity[J].Annals of Tourism Research，2：520-523.

SNV Asia，2005. Pro-Poor Sustainable Tourism in Asia Strategy（2006-2008）[R]. Hanoi：SNV Asia.

Sofield T H B，Bauer J，De Lacy T，et al.，2004. Sustainable Tourism Eliminating Poverty（ST- EP）：An Overview [M]. Brisbane，
　　Australia：CRC for Sustainable Tourism Ptyltd：11-14.

Speceley A，Stragtegies J S，2003. Impacts and Cost of Pro-poor Tourism Approaches in South Africa[Z]. PPT Working Paper：9-10.

Spenceley A， Habyalimana S，Tusabe R，et al.，2010. Benefits to the poor from gorilla tourism in Rwanda[J]. Development
　　Southern Africa，27（5）：647-662.

Suntikul W， Bauer T，Song H，2009. Pro-poor tourism development in Viengxay，Laos：current state and future prospects[J]. Asia
　　Pacific Journal Research，14（2）：153-168.

Tao T C H， Wall G，2009. Tourism as a sustainable livelihood strategy[J]. Tourism Management，30（1）：90-98.

Taylor J E，2001. Tourism to the Cook Islands retrospective prospective[J]. Cornell Hotel and Restaurant Administration Quarterly，
　　（2）：70-81.

Teye V，Sirakaya E，2002. Resident's Attitudes toward tourism development[J]. Annals of Tourism Research，29（3）：668-688.

Torres R，Momsen J H，2004. Challenges and potential for linking tourism and agriculture to achieve pro- poor tourism objects[J].
　　Progress in Development Studies，4（4）：294-318.

Touche D，1999. IIED and ODI：Sustainable Tourism and Poverty Elimination Study：A report for the Department of International
　　Development[Z].

UNWTO，2011. UNWTO Tourism Highlights[R]. Retrieved from http://mkt.unwto.org/sites/all/files/docpdf/unwtohighlights11enlr_1.
　　pdf.

Uriely N，Israeli A A，Reichel A，2002. Heritage proximity and resident attitudes toward tourism development[J] . Annals of Tourism
　　Research，29（3）：859-862.

Wall G，1996. Perspectives on tourism in selected balinese villages[J]. Annals of Tourism Research，23（1）：123-137.

Wilkinson P F，Pratiwi W，1995. Gender and tourism in an indonesian village[J].Annals of Tourism Research：22（2）：283-299.

Williams E，White A，Spenceley A，2001. UCOTA-The Uganda Community Tourism Association：A Comparison with
　　Nacobta[Z].PPT Working Paper No.5.

WTO，2002. Tourism and Poverty Alleviation[M].Madrid：World Tourism Organization.

Yang L，2011. Ethnic tourism and cultural representation[J]. Annals of Tourism Research，38（2）：561-585.

Yang L，Geoffrey W，2009. Ethnic tourism：a framework and an application[J]. Tourism Management，30（4）：559-570.

Zurick D N，1992. Adventure travel and sustainable tourism in the peripheral economy of nepal[J]. Annals of the Association of
　　American Geographers，82（4）：608-628.

附录一 乡村旅游发展对农户生计的
影响和绩效调查问卷

村民朋友：

您好！此次调查是为了了解乡村旅游发展对农户生计的影响和绩效，您的宝贵意见非常重要。绝大多数问题可通过在您同意的选项处画√来完成。谢谢！

调查地点：＿＿＿＿＿＿＿＿＿＿＿＿＿　　调查时间：＿＿＿＿＿＿＿＿＿＿＿＿＿

1. 您家是否为旅游经营户？ a 是 b 否　2. 您家是否为建档立卡贫困户？ a 是 b 否

3. 您家到景区(村寨)门口的距离＿＿＿＿＿＿＿　　4. 您家是否靠近公路？ a 是 b 否

一、农户家庭基本情况

家庭成员	年龄	教育程度	健康状况	从业情况 1 农林业 2 农家乐接待 3 外出打工 4 综合超市 5 景区工作 6 交通运输 7 农特产品和手工艺品 8 建筑业 9 村干部	每年工作几个月	年收入
父亲						
母亲						
儿子						
儿媳						
女儿						
女婿						
孙子						
孙女						

二、农户家庭收支结构

1. 家庭经济收入状况

收入来源	农业收入	打工收入	旅游收入	政府补助	工资性收入	租金收入	股份分红	总收入
收入(元)								

2. 家庭经济支出状况

支出用途	农业投资	旅游经营投资	生活消费	教育投入	看病	人情送礼	总支出
支出(元)							

三、农户生计情况

1. 您家现有耕地_____亩。

2. 您家有住房_____平方米，住房结构：a 楼房　b 平房　c 土房

3. 您家拥有以下哪些资产？(可多选)

a 汽车　b 摩托车　c 电动车　d 电视　e 电脑　f 洗衣机　g 电饭煲　h 微波炉　i 冰箱

j 电风扇　k 空调　l 固定电话　m 手机　n 农用车/拖拉机/货车　o 热水器　p 电热毯

4. 您家贷款难易程度？　a 容易　b 不容易

5. 您家在社区组织或邻里亲朋中获得了哪些支持？

a 政策支持(税收优惠，奖励扶持)　b 资金支持(资金赠送，无息借款)

c 人力支持(劳动力)　d 技术支持(策略，培训)

6. 您家是否有人获得过培训？　a 是　(培训内容_____)　b 否

7. 您家是否有在政府机构或企事业单位任职的亲属？　a 有　b 没有

四、旅游扶贫之前农户生计情况

1. 旅游开发前您家有耕地_____亩，农业种植年收入____元/年；打工收入____元/年，其他收入来源有_____元/年，共_____元/年。

2. 旅游开发前您家拥有以下哪些资产？(可多选)

a 汽车　b 摩托车　c 电动车　d 电视　e 电脑　f 洗衣机　g 电饭煲　h 微波炉　i 冰箱

j 电风扇　k 空调　l 固定电话　m 手机　n 农用车/拖拉机/货车　o 热水器　p 电热毯

3. 旅游开发前您家有住房_____平方米，住房结构：a 楼房　b 平房　c 土房

五、农户旅游业参与情况

1. 您家提供的旅游服务有哪些？(可多选)

a 农家特色餐饮　b 旅游住宿　c 文娱项目　d 旅游纪念品　e 土特产　f 导游讲解

g 游客交通运输　h 景区工作人员　i 给农家乐帮工　j 为酒店等提供粮食蔬菜

k 其他_____　l 未参与，原因(_____)

2. 旅游发展过程中，您参与/享受了政府在你们村(镇、寨)实施的哪些项目、措施？(可多选)

a 村内道路等基础设施建设　b 指导村民经营农家乐等旅游企业　c 水、电、厕改造

d 村貌改造　e 旅游培训　f 小额贷款　g 妇女手工　h 生态补偿　i 资源环境保护

j 减免税收　k 文化传承　l 提供旅游信息服务网络　m 建设民族手工艺生产车间

n 村民参与旅游利润分配　o 倡导旅游企业优先雇佣村民

p 设立村民参与的组织机构共同管理旅游业　q 其他(指明：_____)

3. 您觉得限制您家参与旅游经营的因素有哪些？(可多选)

a 家里接待设施条件较不足　b 资金支持度低　c 家庭劳动力较少　d 文化程度较低

e 距离公路较远　f 距离景区(村口)较远　g 拥有顾客能力较弱

h 参与旅游教育培训较少　i 基础服务设施不完善　j 旅游政策知晓度较低

k 政府等外力未帮扶　l 对现有生活满意,对参与旅游不感兴趣

4. 您家准备采取什么方式增加家庭收入?(可多选)

a 种卖粮食　b 水果、花卉等经济作物种植　c 特色畜牧业　d 民族手工艺产品制作 e 种卖蔬菜　f 外出打工　g 旅游纪念品销售　h 交通运输　i 餐饮住宿　j 生活用品销售 k 导游　l 歌舞、民俗等表演　m 其他(指明:＿＿＿＿＿＿＿＿＿＿＿＿)

六、农户旅游影响感知、态度与建议

旅游发展后	很同意	同意	不知道	不同意	很不同意
1. 旅游收益分配合理,低收入农户也能获得旅游收益					
2. 我对本地旅游发展感到满意					
3. 使妇女的地位提高了					
4. 外出青年回村就业增多了					
5. 使村民之间因经济利益而发生冲突,人际关系淡漠了					
6. 村民受教育和培训的机会多了					
7. 文化价值得到外部肯定,村民自豪感增强了					
8. 促进了民族和传统文化的保护与传承					
9. 破坏了当地村规民俗					
10. 游客歧视影响自尊心					
11. 破坏了本地生态环境					
12. 提高了村民的环保意识					
13. 村里基础设施得到改善(水电交通等)					
14. 旅游项目安排能适应旅游发展需求					
15. 旅游发展资金使用科学合理,投资效益好					
16. 村民有渠道及时获得当地旅游发展的政策和信息,有机会发表意见					

您对本地区乡村旅游发展有何建议?

＿＿＿＿＿＿＿＿＿＿＿＿＿＿＿＿＿＿＿＿＿＿＿＿＿＿＿＿＿＿＿＿＿＿＿

＿＿＿＿＿＿＿＿＿＿＿＿＿＿＿＿＿＿＿＿＿＿＿＿＿＿＿＿＿＿＿＿＿＿＿

＿＿＿＿＿＿＿＿＿＿＿＿＿＿＿＿＿＿＿＿＿＿＿＿＿＿＿＿＿＿＿＿＿＿＿

非常感谢您的协助与配合,祝您安康快乐!

附录二　乡村旅游助力乡村发展绩效评价指标体系专家意见征询问卷

尊敬的专家：

您好！通过参考相关文献和行业标准，结合云贵民族村寨调查实际，确定基于个体-区域协同的旅游助力乡村发展绩效评价指标体系，请您根据重要程度对每个指标进行打分。衡量尺度划分为如下五个等级：不重要、较不重要、一般重要、较重要、重要，分别对应1、3、5、7、9的数值。非常感谢您的帮助和支持！

表　基于个体-区域协同的旅游助力乡村发展绩效评估体系

目标层	准则层	要素层	指标层	重要程度得分
基于个体-区域协同的旅游助力乡村发展绩效评估体系	个体绩效 P	经济减贫 A	低收入人口参与旅游比率 $A1$	
			家庭人均收入年增长率 $A2$	
			家庭人均年收入 $A3$	
		能力提升 B	参与技能培训比率 $B1$	
			家庭总收入来源于旅游业的比重 $B2$	
			家庭旅游从业上升的百分点 $B3$	
		生活改善 C	家庭房屋非土房或危旧房比率 $C1$	
			户均住房面积增加 $C2$	
			家庭固定资产种类 $C3$	
	区域绩效 D	经济效益 E	游客人均收益 $E1$	
			旅游经济增速 $E2$	
			低收入农户年均脱贫率 $E3$	
		社会效益 F	社会网络支持度 $F1$	
			年轻人回乡村从业 $F2$	
			妇女地位提高 $F3$	
		环境效益 G	旅游对资源环境的影响 $G1$	
			旅游对村规民俗等文化环境的影响 $G2$	
			交通、卫生、教育等整体环境 $G3$	
		管理效益 H	旅游发展项目安排是否精准 $H1$	
			旅游发展资金使用是否精准 $H2$	
			村民对旅游发展的满意度 $H3$	

1. 您认为上表设计的绩效评估指标合理与否？

□非常合理　　□基本合理　　□需要进行适当调整　　□完全不合理

如果不合理，您认为应该如何调整？

_____

_____

_____

2. 您认为上表设计的绩效评估指标是否需要补充？

□需要　　□不需要　　□需要进行适当调整　　□完全不合理

如果需要补充，您认为需要补充哪些指标？

_____

_____

_____

附录三 乡村旅游助力乡村发展绩效评价指标权重问卷调查表

尊敬的专家：

您好！为了评价云贵民族村寨旅游助力乡村发展绩效，运用层次分析法和专家咨询法确定评价指标的权重，请各位专家按照下列打分法就指标的重要性给出您的意见，非常感谢您的帮助和支持！

本问卷中两两比较法采用 1～9 的比例标度，含义如表 1 所示。

表 1 指标两两比较评价表

评估项目	前者与后者各分项分别做比较（前者相对于后者而言）									评估项目
前者	极重要	很重要	重要	略重要	同等	略次要	次要	很次要	极次要	后者
	9	7	5	3	1	1/3	1/5	1/7	1/9	

1. 准则层

评估总体绩效的相对重要性。

影响因素	说明
个体绩效	包括经济减贫、能力提升、生活改善、观念更新四个维度
区域绩效	包括经济效益、社会效益、环境效益、管理效益四个维度

下列各组比较要素对于总体绩效的相对重要性如何？

评估项目	前者与后者各分项分别做比较（前者相对于后者而言）									评估项目
前者	极重要	很重要	重要	略重要	同等	略次要	次要	很次要	极次要	后者
	9	7	5	3	1	1/3	1/5	1/7	1/9	
个体绩效										区域绩效

2. 要素层

（1）评估个体绩效的相对重要性。

影响因素	说明
经济减贫	包括家庭人均年收入、家庭人均收入年增长率、低收入人口参与旅游比率
能力提升	包括家庭参与技能培训的比率、家庭旅游从业上升的百分点、家庭总收入来源于旅游业比重
生活改善	包括家庭房屋非土房或危旧房比率、户均住房面积增加和家庭固定资产种类
观念更新	包括参与旅游的积极性、文化自信增强和环保意识增加

下列各组比较要素对于总体绩效的相对重要性如何？

评估项目	前者与后者各分项分别做比较（前者相对于后者而言）									评估项目
前者	极重要	很重要	重要	略重要	同等	略次要	次要	很次要	极次要	后者
	9	7	5	3	1	1/3	1/5	1/7	1/9	
经济减贫										能力提升
经济减贫										生活改善
经济减贫										观念更新
能力提升										生活改善
能力提升										观念更新
生活改善										观念更新

（2）评估区域绩效的相对重要性。

影响因素	说明
经济效益	包括游客人均收益、旅游经济增速、低收入农户年均脱贫率
社会效益	包括对农户的社会网络支持度、旅游促进年轻人回乡村从业和妇女地位提高
环境效益	包括生态环境、文化环境和区域交通、卫生、教育等整体环境的影响
管理效益	包括旅游发展项目安排、资金使用的精准度和村民对旅游发展的满意度

下列各组比较要素对于总体绩效的相对重要性如何？

评估项目	前者与后者各分项分别做比较（前者相对于后者而言）									评估项目
前者	极重要	很重要	重要	略重要	同等	略次要	次要	很次要	极次要	后者
	9	7	5	3	1	1/3	1/5	1/7	1/9	
经济效益										社会效益
经济效益										环境效益
经济效益										管理效益
社会效益										环境效益
社会效益										管理效益
环境效益										管理效益

3. 指标层

下列各组比较要素对于经济减贫的相对重要性如何？

评估项目	前者与后者各分项分别做比较（前者相对于后者而言）									评估项目
前者	极重要	很重要	重要	略重要	同等	略次要	次要	很次要	极次要	后者
	9	7	5	3	1	1/3	1/5	1/7	1/9	
低收入人口参与旅游比率										家庭人均收入年增长率
低收入人口参与旅游比率										家庭人均年收入
家庭人均收入年增长率										家庭人均年收入

下列各组比较要素对于能力提升的相对重要性如何？

评估项目	前者与后者各分项分别做比较（前者相对于后者而言）									评估项目
前者	极重要	很重要	重要	略重要	同等	略次要	次要	很次要	极次要	后者
	9	7	5	3	1	1/3	1/5	1/7	1/9	
参与技能培训比率										家庭总收入来源于旅游业的比重
参与技能培训比率										家庭旅游从业上升的百分点
家庭总收入来源于旅游业的比重										家庭旅游从业上升的百分点

下列各组比较要素对于生活改善的相对重要性如何？

评估项目	前者与后者各分项分别做比较（前者相对于后者而言）									评估项目
前者	极重要	很重要	重要	略重要	同等	略次要	次要	很次要	极次要	后者
	9	7	5	3	1	1/3	1/5	1/7	1/9	
家庭房屋非土房或危旧房比率										家庭户均住房面积增加
家庭房屋非土房或危旧房比率										家庭固定资产种类
家庭户均住房面积增加										家庭固定资产种类

下列各组比较要素对于观念更新的相对重要性如何？

评估项目	前者与后者各分项分别做比较（前者相对于后者而言）									评估项目
前者	极重要	很重要	重要	略重要	同等	略次要	次要	很次要	极次要	后者
	9	7	5	3	1	1/3	1/5	1/7	1/9	
参与旅游的积极性										文化自信增强
参与旅游的积极性										环保意识增加
文化自信增强										环保意识增加

下列各组比较要素对于经济效益的相对重要性如何？

评估项目	前者与后者各分项分别做比较（前者相对于后者而言）									评估项目
前者	极重要	很重要	重要	略重要	同等	略次要	次要	很次要	极次要	后者
	9	7	5	3	1	1/3	1/5	1/7	1/9	
游客人均收益										旅游经济增速
游客人均收益										低收入农户年均脱贫率
旅游经济增速										低收入农户年均脱贫率

下列各组比较要素对于社会效益的相对重要性如何?

评估项目	前者与后者各分项分别做比较(前者相对于后者而言)									评估项目
前者	极重要	很重要	重要	略重要	同等	略次要	次要	很次要	极次要	后者
	9	7	5	3	1	1/3	1/5	1/7	1/9	
社会网络支持度										年轻人回乡村从业
社会网络支持度										妇女地位提高
年轻人回乡村从业										妇女地位提高

下列各组比较要素对于环境效益的相对重要性如何?

评估项目	前者与后者各分项分别做比较(前者相对于后者而言)									评估项目
前者	极重要	很重要	重要	略重要	同等	略次要	次要	很次要	极次要	后者
	9	7	5	3	1	1/3	1/5	1/7	1/9	
旅游对资源环境的影响										旅游对文化环境的影响
旅游对资源环境的影响										旅游对生活环境的影响
旅游对文化环境的影响										旅游对生活环境的影响

下列各组比较要素对于管理效益的相对重要性如何?

评估项目	前者与后者各分项分别做比较(前者相对于后者而言)									评估项目
前者	极重要	很重要	重要	略重要	同等	略次要	次要	很次要	极次要	后者
	9	7	5	3	1	1/3	1/5	1/7	1/9	
旅游发展项目安排是否精准										旅游发展资金使用是否精准
旅游发展项目安排是否精准										村民对旅游发展的满意度
旅游发展资金使用是否精准										村民对旅游发展的满意度

致　　谢

首先要感谢我的博士后合作导师云南大学工商管理与旅游管理学院田卫民教授给我继续深入研究旅游助力乡村发展的机会。感谢云南大学社科处"云南大学高端智库建设项目"、文化和旅游部旅游业青年专家培养计划、中国博士后科学基金对本书的大力支持。

感谢中国科学院地理科学与资源研究所的成升魁研究员、钟林生研究员，云南大学吕宛青教授、杨桂华教授、杨先明教授、吕昭河教授、梁双陆教授、吴东副教授，西南林业大学生态旅游学院叶文教授，云南财经大学许南垣教授，首都经济贸易大学工商管理学院柳学信教授、蔡红教授、李云鹏教授，北京市农村工作委员会范子文研究员，北京林业大学园林学院旅游管理系张玉钧教授，北京联合大学旅游管理学院赵晓燕教授，自然资源部霍雅琴研究员，北京体育大学蒋依依教授，四川大学刘俊教授，北京第二外国语学院旅游规划系唐承财教授、冯凌副教授，宁夏大学王磊教授，普洱学院科研处蒋智林处长，四川省旅游发展委员会王燕林二级巡视员，深圳市光明新区城市发展促进中心郑华玉部长，国家林业和草原局调查规划设计院刘迎春高级工程师等对本书提出的宝贵意见。

感谢云南大学工商管理与旅游管理学院的各位领导、同事和同门，与他们一起讨论交流为完成本书搭建了坚实的基础。感谢长江第二师范学院的夏薇老师，南猛村李汉杰、王学武夫妇、文英等与我们一起进行访谈录音、资料收集和问卷调查等相关工作。

感谢云南省昆明市"两区"旅游局舒斌局长、规划发展科朱祥军科长，原"两区"扶贫办皮成章，转龙镇原扶贫办李林堂、焦永健，转龙镇恩祖村委会上下则老村张伟高组长，炭山村小组长张学元，转龙镇大法期村张福奎组长，通共德村杨与斌组长及其夫人，贵州省黔东南苗族侗族自治州雷山县郎德镇南猛村第一书记刘为、村支书杨炳兴、村主任余洪先、村会计李玉强，雷山大酒店王继奎总经理，北京大基石文化旅游有限公司窦磊，原中国扶贫基金会"百美村宿"项目经理车毛毛、吴定国、张通等对我们实地调研、深度访谈和数据资料搜集的大力支持和帮助。

感谢轿子山景区沿线村落和南猛村那些帮我们填写问卷的热心、善良、纯朴的村民，感谢参与乡村旅游和研究的每一个你，感谢你们带给我的感动与启迪！

感谢家人和朋友的倾情支持，我们要永远相亲相爱，温暖彼此！